国家責任法

国家責任法

宮田三郎

信山社

はしがき

本書は、国家責任法に関する簡潔な体系的説明であり、国家が何についてどのような責任を負うべきかに関する学説・判例の整理を目標にしている。

現行の国家責任法の主要な内容を形成している国家賠償法は、昭和二二年に制定され、当時はこれにより、公権力の不法行為に対する救済は殆ど完璧を期することができ、まさに画期的な法律であるといわれた。しかしその後の半世紀における社会の急激な変容とともに、国家賠償請求訴訟の量的増加と質的多様化には著しいものがあり、今日、国家賠償法は、一方において重要な点で制定法の枠を越えたケース・ローとなり、他方において多くの点で民法の束縛から脱却できず、国家の不法責任に十分対応できない状況にある。国家賠償法は歴史的役割を終えたということができよう。

法治国家の理想は公権力の不法の阻止、不法の除去および不法状態の完全復旧にある。われわれは、実質的な法治国家を確立するために、新たな包括的・直接的な「国家責任法」の創造に向かって飛躍しなければならない時期に直面していることを強調したい。

本書の出版については、信山社の袖山　貴氏に大変お世話になった。ここに厚く感謝の意を表したい。

平成一二年二月

宮田三郎

凡　例

一　判例および判例集略記

最判　最高裁判所判決
東京高判　東京高等裁判所判決
東京地判　東京地方裁判所判決
支判　支部判決
民録　大審院民事判決録
行判録　行政裁判所判決録
民集　最高裁判所民事判例集
刑集　最高裁判所刑事判例集
行集　行政事件裁判例集
訟月　訟務月報
高民集　高等裁判所民事判例集
下民集　下級裁判所民事裁判例集
交通民集　交通事故民事裁判例集
判時　判例時報
判タ　判例タイムズ

二　文献略記

塩野　宏『行政法II』
　塩野　宏『行政法II（第二版）』（平六・有斐閣）
田中二郎『行政法上』
　田中二郎『新版行政法　上（全訂第二版）』（昭四九・弘文堂）
『行政法講座　三巻』
　田中二郎・原　龍之助・柳瀬良幹編『行政法講座　第三巻』（昭四〇・有斐閣）
『現代行政法大系6』
　雄川一郎・塩野　宏・園部逸夫編『現代行政法大系6』（昭五八・有斐閣）
『国家補償法大系1～4』
　西村宏一・幾代　通・園部逸夫編『国家補償法大系1～4巻』（昭六二～六三・日本評論社）
『新・実務民訴講座(6)』
　鈴木忠一・三ケ月　章編『新・実務民事訴訟法講座　6巻』（昭五八・日本評論社）
『行政法の争点』
　成田頼明編『行政法の争点（新版）』ジュリスト増刊（平二・有斐閣）
『行政法判例百選II』
　塩野　宏・小早川光郎・宇賀克也編『行政法判例百選II（第四版）』別冊ジュリスト（平一一・有斐閣）

目　次

目　次

第一篇　国家責任法序説

文献　田中二郎『行政上の損害賠償及び損失補償』（昭二九・酒井書店）、下山瑛二『国家賠償』（昭二九・日本評論新社）、今村成和『国家補償法』（昭三二・有斐閣）、下山瑛二『国の不法行為責任の究』（昭三三・有斐閣）、今村成和『損失補償制度の研究』（昭四三・有斐閣）、山田準次郎『国の無過失責任の研究』（昭四三・有斐閣）、古崎慶長『国家補償法』（昭四六・有斐閣）、下山瑛二『国家補償法』（昭四八・筑摩書房）、同『健康権と国の法的責任』（昭五四・岩波書店）、古崎慶長『国家賠償法の理論』（昭五五・有斐閣）、遠藤博也『国家補償法上巻、中巻』（昭五六、五九・青林書院新社）、雄川・塩野・園部編『国家補償・現代行政法大系6』（昭五八・有斐閣）、秋山義昭『国家補償法』（昭六〇・ぎょうせい）、古崎慶長『国家賠償法の研究』（昭六〇・有斐閣）、西埜章『国家賠償責任と違法性』（昭六二・一粒社）、阿部泰隆『国家補償法』（昭六三・有斐閣）、宇賀克也『国家責任法の分析』（昭六三・有斐閣）、杉村敏正編『行政救済法2』（平元・有斐閣）、古崎慶長『国家賠償法の諸問題』（平三・有斐閣）、西埜章『損失補償の要否と内容』（平三・一粒社）、宇賀克也「国家責任の機能」高柳古稀『行政法学の現状分析』（平三・勁草書房）、村重慶一『国家賠償研究ノート』（平八・判例タイムズ社）

B. Bender, Staatshaftungsrecht, 3. Aufl., 1981.; K. Windthorst/A. Friedel, Staatshaftungsrecht, 1994.; G. Scholz/B. Tremml, Staatshaftung- und Entscädigungsrecht, 5. Aufl., 1994.; S. Pfab, Staatshaftung in Deutschland, 1997.; F. Ossenbühl, Staatshaftungsrecht, 5. Aufl., 1998.

第一章　国家責任法の観念

(1)　国家責任の概念

国家責任とは国および公共団体の公法上の活動に基づく損害・損失・侵害についての責任をいう。したがって、国家責任とは包括的な公権力の行使に対する責任であるということができる。[(1)] このような国家責任の概念は、公務員の個人的な不法行為について国または公共団体が引き受ける責任という狭い意味の国家責任ではなく、違法な行為についての責任と適法な行為についての責任を含む広い意味の直接的な国家責任である。

直接的な国家責任はあらゆる種類の補償を含む。すなわち、金銭または金銭的価値ある物の給付のほか、始めの状態の回復による現物補償ならびに不作為(差し止め)を求める請求権も補償に属する。国家責任は、請求権の法的性質にかかわりなく、補償という目標を対象とするあらゆる請求権を総括する概念である。ただ国家責任は、公法上の活動に基づく損害・損失・侵害についての責任であるから、民法上の国家責任は除外しなければならない。

（1）　国家責任法という概念は最近のドイツの学説に共通する概念となっている。Vgl., B. Bender, Staatshaftungsrecht, 3. Aufl., 1981, S. 1f.; F. Ossenbühl, Staatshaftungsrecht, 4. Aufl., 1991, S. 2.; G. Scholz/B. Tremml, Staatshaftungs- und Entschädigungsrecht, 5.Aufl., 1994, S.3.; K. Windthorst/A. Sproll, Staatshaftungsrecht, 1994, S. 1.

ベンダーは一九八一年のStaatshaftungsgesetz（この法律は、一九八二年一〇月一九日の連邦憲法裁判所の判決で、連邦の立法権限の欠缺を理由に、憲法違反であるとされた）を基礎として、国家責任法の概念を次のように規定している。広義には国家責任法は、公法的に判断される行為であれ私法的に判断される行為であれ、国またはその他の公法上の法人の加害行為の責任を対象とする法規範である。より狭義には、加害的な公権力の行使の場合に国またはその他の公権力担当者の損害補償義務が生じる法規範をいう。これは従来の公法上の補償（いわゆる国家補償）のシステムに相当する。最も狭義には、公権力の違法な行使により損害が生じた場合に、国またはその他の公権力担当者の契約以外による種々の補償義務を規律している法規範をいう。この補償義務は物質的または精神的財産に関し、金銭補償も現物補償も対象とする。

（2）　国家責任法と国家補償法

国家責任は、その内容によって、行政上の損害賠償と公法上の損失補償とに大別することができる。しかし国家責任法は、完結した理論的に整合した法システムではなく、歴史的に生成する概念である。その内容は、国により時代により考察の視点の相違により、様々でありうる[1]。

国家責任の法領域については、従来、統一的な上位概念が存在していなかった。行政上の損害賠償と公法上の損失補償とは基本的に異なる法制度として位置づけられ、両制度の間には何ら体系的関連はないものと考えられていた。それに対して、学説では、損害賠償と損失補償を金銭的救済という点で共通の性格を有するものとして、両制度の区別を相対化し、被害者の立場から、これを共通の法原理の下に統一的に構成しようという試みがなされ、それを「国家補償」として体系化する考え方が支配的見解となった。(2) このような金銭的救済中心の考え方の背景には、公権的侵害に対する権利保護システムの欠如→金銭による清算（救済）という国庫理論に基づく警察国家的発想（dulde und liquidiere! 耐えよ、しからば清算せん）があるということができよう。

（1）　例えば、オッセンビュールは、国家責任法の支柱として、①職務責任（Amtshaftung）、②犠牲補償請求権（Aufopferungsanspruch）、③収用（Enteignung）、④違法な所有権侵害（収用類似の侵害）による請求権（Anspruch wegen rechtswidriger Eigentumsverletzung [enteignungsgleicher Eingriff]）、⑤収用的侵害（enteignende Eingriff）、⑥不作為、除去および回復を求める請求権（Anspruch auf Unterlassung, Beseitung und Herstellung）⑦行政法上の債務関係からの損害賠償請求権（Schadensersatzansprüche aus verwaltungsrechtlichen Schuldverhältnissen）、⑧危険責任（Gefährdungshaftung）、⑨計画保障（Plangewährleistung）などを示している。

（2）　田中二郎「不法行為に基づく国家の賠償責任」同『行政上の損害賠償及び損失補償』二四頁、今村成和『国家補償法』三七頁以下、下山瑛二『国家補償法』六頁以下、遠藤博也『国家補償法上巻』一二頁、秋山義昭『国家補償法』一四頁以下など。

（3）　民主的法治国家の国家責任

民主的な法治国家の法構想は、まず、執行部の行動が法および法律に拘束されること（法律による行政の原理）をもって始まり、ついで、執行部の行政作用によって法律上の利益を侵害された個人が、裁判所に対し、そのような行政作用の取消しを求め、あるいは行政作用の執行をを求めることができることによって、裁判所による法的コントロールを保障され（権利保護）、最後に、国またはその他の公共団体が公権力の行使によって個人に対し不法に、あるいは、特別の犠牲として、加えた損害・損失・侵害について責任を負わなければならないこと（国家責任＝金銭救済に限らない、あらゆる種類の補償）をもって完成される。民主的な法治国家にとって、裁判所による法的コントロールは第一義的な権利保護であり、国家補償は第二義的な権利保護である。法治国家的国家責任は、民法の不法行為法の原則による責任ではなくして、公権力の行使に際して個人に加えられた損害および法的侵害についての国家または公共団体の直接的な自己責任でなければならない。法治国原理は権利保護による適法状態の回復を要請し、それが実行できない場合には、可能な限り同価値の状態の修復を要請する。法治国的国家責任の本質は侵害された法治国家性の治癒である。(1) したがって、民主的な法治国家のもとでは、「防御せよ、しからば補助的に清算せん！」(wehr dich und liquidiere nur hilfsweise!) というように、国家補償の問題は、公権的侵害に対する国家責任の問題に転換され、再構成されなければならないのである。(2)

(1)　H-J. Vogel, Die Verwirklichung der Rechtsstaatsidee im Staatshaftungsrecht, DVBl. 1978, S. 661.

(2)　統一的補償理論的思考と法治国家的責任論的思考は、二者択一の関係にあるのではなく、両者を視野に入れることが有用であるという折衷的立場に立つ見解がある（宇賀克也『国家補償法』六頁、平九・有斐閣）。折衷的立場は、バランスのとれた解決をもたらすが、体系的構成力を弱めるという点で問題がある。

第二章　外国の国家責任法

第一節　フランス(1)

文献　雄川一郎「フランスにおける国家賠償責任法」比較法学九＝一〇号（昭三〇）、同『行政の法理』（昭六一・有斐閣）、神谷昭「フランス行政法における国の危険責任」自治研究三五巻四～六、八号（昭三四）、野村敬造「賠償責任」同『フランス憲法・行政法概説』（昭三七・有信堂）、山田準次郎「フランス法における国の補償責任」法論三九巻四＝五＝六号（昭四一）、近藤昭三「公土木（travaux publics）の損害について」法政三二巻二～六合併号（昭四一）、広岡隆「フランスにおける行政上の無過失責任の最近の動向」杉村還暦『現代行政と法の支配』（昭五三・有斐閣）、池田敏雄「フランスにおける損失補償の法理」公法研究四二号（昭五五）、滝沢正「フランス法における行政の不法行為責任」野田古稀『東西法文化の比較と交流』（昭五八・有斐閣）、同「各国の国家補償法の歴史的展開と動向——フランス」西村・幾代・園部編『国家補償法の理論・国家補償法大系1』（昭六二・日本評論社）、小幡純子「フランスにおける公土木の損害（dommages de travaux publics）（一）～（五）」法協一〇一巻四～六号、一〇二巻六、一一号（昭五九、六〇）、小早川光郎「公務員不法行為と責任の帰属——フランス行政賠

償責任の一側面」『国家と市民　一巻』（昭六二・有斐閣）

（1）概　説

フランスでは、フランス大革命まで、国の無責任制（l'irresponsabilité de l'Etat）の原則が妥当しており、それは一九世紀前半期においては主権のコロラリーであると考えられていた。フランス法には、憲法レヴェルでも法律のレヴェルでも、国家責任に関する一般的規律はない。ただ例外として、例えば、騒乱に基づく損害賠償は共和四年風月一日法により、また公共土木工事による損害賠償は共和八年雨月二八日法により認められた。国家責任に関する法は、大部分、裁判所の判例によって形成されたということができる。

国家責任の形成の基礎は、一八七三年二月八日の権限裁判所（Tribunal des Conflits）の有名なブランコ（Blanco）判決である。この事件は、ブランコという子供が国有のタバコ工場のタバコ積載車に轢かれて負傷したので、従業員および国に対して損害賠償請求訴訟が提起されたものである。この訴訟で権限裁判所は、フランスには二つの不法行為法、すなわち私法上の不法行為法と公法上の不法行為法が共存することを明らかにした。判決はいう、「国が公共役務において使用する者の行為によって、個人に生じた損害のために、国に生じる責任は、個人と他の個人のために民法中に定められた原則によって規律することはできない。この責任は一般的なものでもなければ絶対的なものでもない。それは、役務の要求と、国の権利と私権とを調和する必要とに従って変化する特別の規律を有する」と。ブランコ判決は、次の三つの原則、① 公務員の公共役務の過失については、公務員の過失から解放された国家の公共役務の過失についての責任が問題であること、② この責任は民法の原則とは異なる独自の公法上の規律に従わなければならないこと、そして③ この問題は行政裁判所の管轄権に属するということを明らかにしたのである。

国の賠償責任が成立する要件としては、第一に、損害（dommage）の存在を前提とする。損害は確定的なものであり、特殊なもの、すなわち被害者にとって個人的なものでなければならず、また異常なものであり、法的に保護された地位に関連するものでなければならない。さらに、損害は金銭で評価できるものでなければならず、したがって長い間、物資的損害に限定されていた。しかし最近の判例は、精神的損害の賠償をも認めるに至っている。

第二に、損害は行政の行為に帰することができなければならない。この帰責可能性（imputabilité）とは、行政の責に帰せられる行為がその損害の直接的原因であることが必要であるというものである。もっぱら第三者の関与によってもたらされた損害、すなわち間接損害の場合には賠償を請求することはできない。被害者の過失に帰せられる場合や不可抗力に帰せられる損害については、行政は賠償責任を負わない。

第三に、行政の賠償責任にはfauteを必要とする。フランス法のfauteは過失と訳されるが、それは故意を含み、さらに違法性も含むフランス法に独特の概念である。行政の賠償責任は、通常、損害発生原因(fait dommageable)たる過失（faute）に結び付けられているが、例外的に、過失がなくとも存在し得る。以下、とくに個人過失および役務過失について説明する。

（2） 個人過失（faute personelle）と役務過失（faute de service）
ブランコ事件判決の原則は、その後三〇年間ほとんど採用されず放置されていたが、一九〇三年二月六日のテリエ（Terrier）事件および一九〇八年二月二九日のフウトリー（Feutry）事件において、再び取り上げられ、これに画期的重要性が与えられた。すなわちフウトリー事件において権限裁判所は、ブランコ判決が国家に認めた一般的責任が、市や県のような地方団体や公の営造物など、すべての公的機関にも適用されることを確立した。これらのケースでは、県立病院から逃走した精神病患者により惹起された損害の賠償請求訴訟は行政裁判所の管轄であり、県は損害賠償の責任があるとされた。これらのケースでは、特定の職員の過失を認定できなかったが、公共役務の過失があるとされた。さらに公共の役務の機能不全がその役務の過失に帰するものとされるのが通常の状況となった。

その後ペルチエ事件（TC 30 July 1873）において、役務過失と個人過失との古典的区別がなされた。この事件は、新聞社社主が県知事および将軍の命令に基づき新聞を没収されたことに関して、知事および将軍の過失につき、司法裁判所に損害賠償請求訴訟を提起したものである。これに対し知事は、役務過失を理由に積極的権限争議をもってこれに対抗し、事件は権限裁判所に移された。権限裁判所は、一八七三年七月三〇日の判決で、これは個人過失ではなくして、役務過失であり、したがって司法裁判所の管轄権に属さないと判示した。すなわち、個人過失がある場合、すなわち公共役務に関連しない個人過失がある場合には、職員は司法裁判所で個人的に訴えられる。他方、単に役務過失がある場合には、司法裁判所に対し行政またはその職員に対する訴訟を受理することを禁じ、権力分立の原則を理由に職員は免責を受ける。その代わり、被害者は行政裁判所に対して行政を訴えなければならない。二十世紀初頭においては、個人過失と役務過失が区別され、国は役務過失の場合にのみ損害賠償責任を負うたのである。

しかしこのような状況は、被害者に不利益をもたらす。第一に個人過失については国は責任を負わず、被害者は司法裁判所に損害賠償請求訴訟を提起すべきであり、役務過失については、公務員は責任を負わず、被害者は行政裁判所に損害賠償請求訴訟を提起すべきである。したがって管轄違いの場合、被害者が賠償を受けるのは損害発生から長時間経過後になるという不利益を被る。第二に、個人過失の場合、賠償責任を負う公務員の支払い能力の問題が生じる。被害者のかかる不利益を除くために、二〇世紀初頭以来、判例は過失の重複（cumul des fautes）なる観念を認めた。

アンゲ(Anguet)事件において、郵便局の終業時間前に郵便局の入口が閉められたので、郵便局内にいたアンゲ氏は局員専用の出入口を利用しなければならなかった。この時郵便局の職員がこれを見とがめて、彼を突き飛ばしたため、足を骨折した。一九一一年二月三日のアンゲ判決において、コンセイユ・デタは、二つの別個の過失があるとした。一つは終業時刻前の閉店、これは役務過失である。もう一つは職員の不当な暴行、これは個人過失である。裁判所は、被害を生じしめたのは過失の重複によるものであるが、賠償を重複しない留保のもとに、個人過失には司法裁判所において当該公務員に対し、または役務過失には行政裁判所において国が全損害について責任を負うべきであることを承認するにいたった。この過失の重複の観念は一九一八年七月二六日のルモニエ(Lemonnier）判決において、さらに責任の重複へと進化した。この事件は、タルン県ロックウルブ村の村祭において河上に浮かぶ標的の射撃競技が行われたが、村長は射撃による事故防止につき何らの措置もとらなかったので、この射撃によりモニエ夫人が負傷した。これは村長の重大な職務怠慢による個人過失を構成すると同時に、村長の過失は役務において犯されたと考えられた。したがって被害者は、賠償を村長個人に請求するため司法裁判所に出訴するか、または賠償を村に請求するために行政裁判所に出訴し得る。

しかし公共役務についての国家責任は民事裁判で主張できる官吏の個人過失（faute personelle）を排除するものではなかった。したがって、いかなる場合に国家責任となり、いかなる場合に官吏の個人責任となるかの区別が困難であるため、判例は、疑わしい場合や過失または責任の重複の場合には、誰に対して損害賠償の訴えを提起するかについて、被害者の選択権を認めた。

（3）　無過失責任（responsabilité sans faute）

行政上の無過失責任または危険責任（responsabilité pour risque）は主としてコンセイユ・デタの判例によって形成された。無過失責任が認められる場合には、過失の存否は問題でなく、役務が正常に行われた場合にも責任を免れない。

無過失責任の根拠として、学者は、一七八九年の人権宣言第一三条の「公共の負担の前の平等」をあげる。国家の活動は全コミュニテーの利益において実施される。そこから生じる負担は他人に対するよりも重くてはならない。もし国家活動が特定の市民に対する個人的損害となるならば、国家は、当該公務員に過失があろうとなかろうと、救済すべきである。一般的利益においてなされるものにより負担が特定の人に課せられるときは、それが合法的になされるとしても、それを補償すべき責任があるという原則が認められている。このようなリスク理論は、コンセイユ・デタによって四つの典型的カテゴリーで示される。

①　公共役務における協力者のリスク

フランスは、一八九八年に、労働者の災害補償法を導入したが、その三年前にコンセイユ・デタは、カメ事件において、この立法に先鞭をつける判決を出した。すなわち、国の兵器庫の労働者が誰の責任とも言えない事故で、手を切断された。コンセイユ・デタは、公共役務に従事している人に対し国家は職業上の危険(le risque professionnel）に対し補償すべき義務を負うものとして国家に対する損害賠償を認めた。次に、コンセイユ・デタは、この補償を受ける権利を公共役務の一時的協力者にも拡大した。

② 危険な活動によって生じたリスク

リーデングケースはルノー＝デロジエール事件である。第一次世界大戦中、軍隊がパリ郊外に弾薬その他の危険物の貯蔵所を建設した。この貯蔵所が事故により一九一五年人命および財産に多大の損害を与えた。コンセイユ・デタは、一九一九年三月二八日の判決で、貯蔵所の管理方法ではなく、リスクを理由に、国家の無過失責任を認めた。すなわち、弾薬貯蔵所の設置管理による相隣関係にもたらす異常なリスクがあり、損害について過失を認める必要がないという見解に基づくものであつた。この判決を契機として、一九二一年五月三日法は、弾薬庫、造兵廠の爆発火災により生じた損害について、被害者は国の過失を立証する必要がなく、賠償を請求できることを認めた。

またコンセイユ・デタは、一九六八年一一月六日の判決で、伝染病発生時に女子教員を自分と胎児が感染の危険にさらされるような環境の下で職務をさせられた場合、その結果たる損害について、賠償責任を認めた。

ルコント事件は、犯人追跡中の警察官が放ったピストルの弾丸により通行人が負傷した事件であり、従来この場合、被害者が警察官の重過失を立証した時にのみ国の賠償責任を認めてきたが、一九四九年六月二四日のルコント事件判決において、危険な武器により損害を受けた被害者は警察官の過失を立証することなく、賠償請求をし得ることを認めた。

③ 行政による判決の執行の拒否

クイテイア事件において、一九二三年一一月三〇日コンセイユ・デタは、判決執行の協力拒否につき国の無過失責任を認めた。クイテイア氏は、南部チェニスに広大な土地を購入した。それは原住民によって占拠された。

彼は原住民を立ち退かせることができなかったので、地方警察の協力を求めた。警察は軍隊の派遣を要請した。しかし司令官は派兵は南部チェニスの反乱運動勃発のおそれがあり、本国政府に照会した。政府は、内乱のリスクがあることを理由に私人たるクイテアのために軍隊の協力を拒否させた。クテイア氏は、行政に対する損害賠償を求めて、コンセイユ・デタに訴えた。コンセイユ・デタは、政府に過失があるかどうかを決定することを拒否し、政府は過失を犯すことなく判決の執行を拒否し得ることを認めたが、その代わり、公的負担における平等原則が確立されるべきであるとした。判決を得た市民は判決を執行するにおいて公的機関の助力を期待する権利がある。もしこの協力が拒否されたなら、市民は公的利益における異常な負担を担わなければならない。平等原則を守るためには彼の特別の犠牲について損害を賠償しなければならないと判示した。

④　法律制定の責任

法律制定については、最近に至るまで、立法者たる国の無責任の原則が支配していた。法律の制定により生ずる損害については、賠償を請求することができない。これは法律が国民の一般意思を表明する理念に由来する。しかし国がいろいろの目的から法律により特定の経済活動、例えばタバコまたはマッチの製造を私人に禁止する場合、この種の経済活動に従事していた人は損害を被り、損害賠償の問題を生じる。しかしコンセイユ・デタは、法律が明文をもって定めた場合のみ、国の損害賠償責任を認めた。

従来の判例は、一九三八年一月四日のラフルーレット牛乳会社（Société des produtieslaitiers La Fleurette）事件判決によって、覆された。コンセイユ・デタの判決はいう、「法律の条文、その他制定にいたる経過および諸般の事情を考慮すると、通常において帰せられるべきでない負担をラフルーレツト牛乳会社に課すことを立法者が意図したとは考えられない。公益の目的において生じたこの負担は公共団体により負担されるべきである」と。

判例によれば、損害賠償につき法律の別段の規定がない場合、立法者は、公共の負担の前の平等の原則により賠償の拒否を希望していないという推測が成り立つ。しかし法律の制定により国の賠償責任が生じるためには、第一に、法律の規定により、特別にして重大な損害を被ったことが必要であり、第二に、法律により禁止された経済活動は公序に反しないことが必要であり、公衆衛生にとり危険でないことが必要である、という二つの要件が必要であるとした。

なお、法律により、社会危険については、国が賠償責任を負うことが定められている。すなわち、一九一四年四月一六日法は、示威行進により惹起される損害については、「社会危険に基づき（en vertu du risque social)」、市町村と国が賠償責任を負うことを定めた。この社会危険の理念は、第一次世界大戦において、戦争により惹起される損害にも適用されるに至っている。一九一四年一二月二六日法および一九一九年三月三一日法がそれであり、第二次世界大戦については一九四六年一〇月二八日法が制定され、それは社会的性格を強化し、戦災に対する補償に関する法律というより、公益に基づく国家再建に関する法律であるということができる。

（4）　公用収用（expropriation pour cause d'utilité publique)

公用収用は、行政が一般的利益の実現のために、私人から所有権を現実に剥奪し、これを公共事業のために引き渡すことを内容とする制度である。公用収用法は、一八一〇年五月二八日法以来存在していたが、一九五八年一〇月二三日のオルドナンスで基本法が整備され、一九七七年五月二八日に公用収用法典となっている。公用収用法は、適法な行政法規に基づく財産権の侵害行為であるから、収用手続一般については行政裁判所が管轄し、損失補償額の決定については司法裁判所が管轄権を有する。

① 直接的・実質的・確定的損害（préjudice direct, material et certain）

公用収用に対する損失補償は、それが財産権に対する侵害を理由とする損失の塡補であって、任意買収におけるような売買の対価ではないことである。したがって損失補償の前提としての損失の確定が補償内容を決定する重要な要素となる。この点について現行法は、「直接的、実質的かつ確定的損害のすべて」が補償の対象となると規定する。

「直接的損害」とは、収用と直接的因果関係のある損害のみをいう。したがって、収用の目的となった公土木の執行・管理から第三者に生じる損害は間接的損害であって、行政裁判所の管轄権に服すべきものとされる。

「実質的損害」とは、明確に金銭的評価の可能な損害である。居住の快適さや家族的環境といった精神的損害は補償の対象外とされてきたが、コンセイュ・デタの一九六一年のルティスラン事件判決以来、それが緩和される傾向にあり、学説も精神的損害について肯定的な態度をとっている。

「確定的損害」とは、確定性をもって評価できる損害を意味する。したがって被収用地に対し、たまたま設計の見積り費用をかけていたというような偶発的損害は補償の対象とされない。

② 行政上の地役（servitudes administratives）

「行政上の地役」とは、行政が、一定の行政目的を達成するために、行政法令によって、私人の不動産所有権の行使に対し課せられる一定の制限を意味する。わが国の公用制限に相当し、とくに都市計画に関する都市計画地役が重要である。無補償が原則であるが、侵害の程度が大きいものについては「危険責任の理論」を適用して解決する方向にあるといわれている。

③ 正当な補償（indemnité juste）

損失補償の内容は、人および市民の権利宣言以来、「正当かつ事前の補償」であることが確立している。正当な補償とは完全な補償を意味する。その具体的内容は、財産権の喪失に相当する補償と財産権の喪失に起因する付随的補償に大別できる。付随的補償としては、買換え補償、移転・新居整備補償、営業休止、用益剥奪補償、商工業者に対する営業財産補償、農業者に対する耕作補償、貸借人に対する立退補償、残地補償などが、法令や判例によって認められる。しかし、これらの付随的補償の範囲は、必ずしも明確でなく、補償額の決定については概括的な評価方法が用いられているといわれる。

損失補償の内容は、基本的には、公益に重点を置いた適正化の要請と私益保護に重点を置いた万全化の要請との衡量によるが、前者の考え方が重要視されてきたといわれる。その現れが増加塡補および回収の理論であり、それは、収用の目的となった事業から生じる土地の価値増加について、被収用者に対してはこれを収用補償額と相殺し、被収用者以外の周辺の土地所有者に対しては行政が開発利益を回収することを認める考え方である。

総じていえば、フランス行政法では、賠償と補償とを明確に区別することなく、行政賠償責任に関する判例法理論が、損失補償責任を含めた行政活動による一切の損害に対する一般法たる機能を果たしているといえよう。

（1）以下の叙述は、主として、L.N. Brown/J.S. Bell, France Administrative Law, 4. Ed. 1993, pp. 166–251. に拠った。なお、J・リヴェロ（兼子＝磯部＝小早川編訳）『フランス行政法』二八九頁以下（昭和五七・東大出版会）を見よ。

以下に、戦後の若干の文献を挙げておく。

A. de Laubadêre/J.-C. Venezia/Y. Gaudement, Traité de droit administratif, 9th. ed., 1984.; J. Rivero, Droit administratif, 13th. ed., 1990.; G. Vedel/P. Delvolvê, Droit administratif, 11. th. ed., 1990.; M. Waline, Droit administratif, 9. th. ed., 1963.

第二節　ド　イ　ツ(1)

文献　須貝脩一「西ドイツの国家賠償法」比較法研究六号（昭二八）、秋山義昭「法治国的国家責任論」今村退官『公法と経済法の諸問題上』（昭五〇・有斐閣）、稲葉　馨「行政上の国家責任根拠論の考察——ドイツ一九世紀国家責任論をてがかりとして」法学四二巻二号（昭五三）、宇賀克也「ドイツの国家責任法」同『国家責任法の分析』（昭六三・有斐閣）

秋山義昭「ドイツにおける国の無過失責任論（三）」北大法学論集二六巻二号（昭五七）

渡辺宗太郎「独逸における公用収用の変遷」同『行政法における全体と個人』（昭一五・有斐閣）、沢井　裕「西ドイツにおける犠牲補償の展開」関法一二巻四・五号（昭三五）、平井　孝「西ドイツ損失補償理論におけるAufoperungsanspruchの思想の展開」公法研究二五号（昭三八）、芝池義一「ドイツにおける公法学的公用収用理論の確立（一）（二）（三）」法学論叢九二巻一号、九三巻二号、四号（昭四七〜四八）、同「西ドイツにおける国家責任法の改革」公法研究四二号（昭五五）、棟居快行「公用収用法理の展開と発展可能性（一）〜（五）」神戸法学三二巻二号〜三三巻二号（昭五七〜五八）、同「ボン基本法一四条三項（公用収用）におけるJunktimklauselの一考察」小林（直）還暦『現代国家と憲法の原理』（昭五八・有斐閣）

ドイツの国家責任法は二つの大きな流れに従って発展したということができる。第一の流れは、官吏の個人責任から国家責任への発展である。

一　官吏個人責任―職務責任―国家責任

(1)　官吏個人責任

官吏個人責任制は、大体、一八世紀まで遡ることができる。警察国家においては、領主と官吏との法的関係は私法上の委託（委任）と考えられていた（委任理論 Mandatstheorie）。官吏の委託は、絶対的な領主の意思（要するに法律）を執行することである。したがって官吏が違法に行動すれば、それは委任関係の外で起ったことで、官吏は私人として活動したことになり、この場合私人としての官吏が市民に対し一般的な不法行為法により個人的に責任を負うべきものとされた。したがって国は官吏の法律違反について何んらの責任を負うものではなかった。その場合の国の責任については、一九世紀に学説上論議されたものの、国の責任の理論的根拠、性質等について見解が分かれ、結局、一八九六年八月一八日のドイツ民法典では、官吏の個人責任制の原則が実定法化されたが、同時に、官吏責任に代わる地方公共団体の責任については、各ラントの立法に委ねられた。

(2)　職務責任 (Amtshaftung)

次いで警察国家は市民的法治国家へと変貌し、官吏関係は次第に公法上の関係であることが認識され、承認されるようになった。しかし、職務義務に違反しその権限を逸脱して行動した官吏は、私人として行動したのであって、それによって生じた損害については官吏個人が私法上の責任を負わなければならないという考え方に変化はなかった。

官吏個人責任制の前提は、官吏が土地所有者たる貴族の代表者または不労所得者として責任のリスクを負担するに十分富裕であったことである。市民階級が官吏の地位に浸透しても、官吏の自己責任制は、富裕階級の特権としての官僚制と共に、廃止されなかった。しかし、国家責務の増大に伴って責任リスクが量的・質的に増大し、国民のあらゆる階級に官吏の地位が解放され、したがって被害者に対し賠償能力のある責任負担者を保障する必要があったことなどが、職務責任制による国家責任の導入となった。

一九〇九年のプロイセン国家責任法および一九一〇年のライヒ国家責任法は民法上の官吏責任を国家が代位して負うという制度を採用した。この原則は一九一九年のワイマール憲法一三一条によって受け継がれ、ライヒ、ラントおよびゲマインデのすべてを通じて職務責任制による統一が達成された。また第二次世界大戦後、現行のドイツ基本法三四条も職務責任制度を採用した。

(3)　職務責任制度の大要

現行の国家責任法は、民法八三九条、基本法三四条により、官吏の職務義務違反についての個人責任を前提とし、それについて国または公共団体が賠償責任を引き受けるという構成をとっている。

民法八三九条一項は、「官吏が故意または過失により第三者に対して負う職務義務に違反したときは、官吏は、当該第三者に対しそれに起因する損害を賠償しなければならない。官吏に過失があったにすぎないときは、被害者が他の方法で賠償を得られないときのみ、官吏に対して請求をなしうる。」と規定し、基本法三四条は、「ある人が、自己に委託された公務の執行上、第三者に対して負担する職務上の義務に違反したときは、原則として、この者を使用する国または団体が責任を負う。故意または重過失があるときは、求償を妨げない。損害賠償請求権および求償請求権については、通常裁判所に出訴する途が排除されてはならない。」と規定した。

① 間接(代位)国家責任

職務責任制は間接的な国家責任として構成されている。民法八三九条による官吏責任の構成要件の充足を前提とし、官吏が私法的に行動する場合、民法八三九条により官吏の自己責任となり、官吏が公法的に行動する場合には基本法三四条によって責任は官吏を使用する国または団体に移行する。官吏が公法的に行動する場合有責の職務義務違反に対して包括的な保護が保障された。間接国家責任制度の主たる目的は、被害者の救済にあるが、さらに官吏および行政の利益にもなつた。

② 公務の執行

職務責任にいう公務の執行は、官吏が公権的に行動する場合である。それは通常公法上の手段をもって公的任務を執行することである。官吏たる人および地位は原則として重要でない。職務責任は、官吏たる人の地位責任ではなく、機能責任である。

③ 職　務　義　務

職務義務とは官吏の職務執行に関する個人的な行為義務をいう。それは外部法(法律、命令、条例、一般法原則など）および内部法（行政規則、個別的指示）から生じる。

④ 第三者に対する職務義務

職務義務は第三者に対して負う義務でなければならない。それは公共の利益のみならず、少なくとも被害者がそれに属する特定の範囲の人の保護を目的とするものでなければならない。

⑤　基本法三四条による国への責任の移行は、民法八三九条に根拠を有する過失責任主義に影響を与えるものではない。したがって被害者は官吏の故意または過失を立証しなければならない。

⑥　職務義務違反は職務義務によって保護される第三者に損害を発生させるものでなければならない。職務責任が成立するためには、職務義務違反と損害との間に、いわゆる因果関係が存在しなければならない。損害賠償の種類は、職務責任という法的構成に基づいて、原則として、金銭賠償に限られる。

（4）　判例の展開

裁判所は、従来の判例をさらに発展させ、官吏の職務責任の制度と平行して、収用類似の侵害（Enteignungsgleichen Eingriff=違法な有責でない財産的価値ある権利への侵害）および犠牲または犠牲類似の侵害（Aufopferungsgleichm Eigriff=違法な有責でない非財産的権利への侵害）という法的制度を展開した。それは公権力の違法行使による国家責任であり、その点で直接的国家不法責任であるということができる。収用類似の侵害は通常連邦裁判所によって基本法一四条から演繹されたが、今やその法的根拠は慣習法上の犠牲補償原則にあるとされている。最後に、結果除去請求権が公権力の違法な行使についての不文の責任原則として展開されている。ここでは、職務責任という視点では十分対応できない被害者におけ特別の財産的損害を救済する必要があった。その場合、侵害の違法性および過失はもはや決定的に重要ではなかった。違法性はただ収用類似の侵害を収用と収用的侵害（Enteignendem Eingriff）から区別する基準としてのみ機能した。財産的損害の場合の収用類似の侵害または収用的侵害という法制度は今日職務責任性を排除することなく、それを広く補充し、重畳させている。また非財産的損害については、犠牲補償および犠牲類似の請求権という視点のもとに、同様の展開が行われている。それによって職務責任性の不十分性が一部埋め合わされている。

なお、一九八一年に国家の直接的な自己責任の原則を導入した国家責任法(Staatshaftungsgesetz)が制定公布されたが、連邦憲法裁判所は、一九八二年一〇月一九日の判決で、連邦の立法権限の欠缺を理由として、憲法違反であるとした。

二 犠牲(Aufoperung)と収用(Enteignung)

ドイツの国家責任法の第二の法的発展は、犠牲(Aufopferung)と収用(Enteignung)という思想に由来する。同時に、犠牲と収用は適法行為についての補償義務の根拠ともなった。

(1) 犠牲

近代国家以前の犠牲という観念(Aufopferungsgedanke)は、臣民の既得権(iura quaetia)と領主のユス・エミネンス(ius eminens=公共の必要という要件の下に臣民の既得権を侵害し得る権限)との衝突を解決する理念として展開された。すなわち、一八世紀の警察国家において、自然法的観念に基づき、臣民は特別の権原に基づく権利(いわゆる既得権)もっており、君主は公共の必要という理由でのみ、かつ補償を提供してのみ、臣民の既得権を侵害することが許されるという考え方が形成された。それが初めて、一七九四年のプロイセン一般国法序章第七四条および第七五条の規定として実定法化されたのである。

第七四条　国民の権利利益と共同体の福祉増進のための権利義務との間に現実の矛盾(衝突)が生じたときは、前者は後者に譲歩しなければならない。

第七五条　公共の福祉のために特別の権利および利益を犠牲に供された者に対しては、国家は補償の義務を有する。

この規定は、高権的侵害に対する公法上の権利保護の不存在とその代償として補償義務の存在および当事者には国庫としての国家に対し補償を求めて訴えることの可能性を認めたものである。（既得権に対する高権的侵害に）耐えよ、しからば（民法に服する国庫が）清算せん！（dulde und liquidiere!）という命題こそは警察国家の特質を示すものである。

（2）　その後の変遷

市民的法治国家において国家と国民との関係は根本的に変化した。いまや君主の恣意の代わりに行政の法律適合性の原則が行政の基本原則となり、執行部は議会の議決した法律に基づいてのみ市民の自由と財産を侵害することが許される。その結果、国家と国民との関係については、いわゆる既得権に訴える必要がなくなり、既得権という自然法的観念の代わりに、市民の権利については法律という形式での実定法的原理が必要となった。これは、国家が既得権を侵害し制限する場合、従来のようにユス・エミネンスを主張するのではなく、法律そのものがそれを規定する場合およびその範囲においてのみ、補償義務が存在するということを意味する。

さて、その後、一般国法序章第七四、七五条の解釈適用については、個々の市民が受けた戦争による損失の補償の要否が問題となった。この問題は、一八三一年二月四日のプロイセン最高内閣令（Preußische Allerhöchste Kabinettsorder）によって、公権解釈の方法により、解決された。それは、第一に、一般国法序章第七五条による一般的犠牲補償請求権は行政の個別的侵害に限定され、第二に、法律による直接の制限および戦争による損失についの補償は法律の明文をもって規定される場合に限定され、戦争による損失についての補償は除外されることになった。さらに、プロイセン最高内閣命令は、犠牲補償請求権に二つの制限を課した。第一は、それまで侵害の適法性を問題にせずになされた犠牲補償が適法な国家侵害で特別の犠牲となる場合に限定され、その結果、すべての違法な国家侵害は犠牲補償請求権から除外され、不法行為法に従うことになった。第二の制限は、一般国法序章第七五条の明文が「権利および利益」というように一般的な形で表現されているにもかかわらず、犠牲補償請求権の対象を財産的価値を有する権利についての国家侵害に限定したことである。

（3）古典的収用概念

一九世紀の産業の発展、とくに国道、鉄道の建設による特別の必要から、一連の収用法が制定された。これらの法律は、収用の要件、手続および補償を規定するものであった。その典型例は、一八三七年一一月一七日のバイエルン公共の目的のための土地所有権の譲渡に関する法律、一八七四年六月一一日のプロイセン土地所有権の収用に関する法律、さらに一八八八年一二月二〇日のヴュルテンベルク強制収用法であった。一九世紀において国家は、市場において必要な財貨を調達したが、土地だけは公権力をもって取得しなければならなかった。このような特別法に基づき行政行為によって土地所有権が強制取得された。一般的な犠牲補償はもはや重要な意義をもたなかったといえよう。

これらの法律の基礎にある収用概念は、今日ドイツで、いわゆる古典的収用概念と称されている。古典的収用概念は、収用法の発展を理解する上で重要である。それは次のようなメルクマールによって示すことができる。第一に、収用の目的物は専ら土地またはその他の物権であり、第二に、収用は物権を受益者（公益を目的とする企業）に移転するものであり（権利移転による財貨の調達）、第三に、収用は公共の利益のために行政行為によって行われ、第四に、収用は完全な補償義務を伴う。

（4）　ワイマール憲法の下での収用概念の拡大

ワイマール憲法一五三条の下でのライヒスゲリヒトの判例は、収用概念を拡大した。第一に、収用の対象は、古典的収用概念では土地および動産に限定されていたが、債権等も含め、すべての財産的価値ある私権一般に及ぶことになった。第二に、収用の法的形式としては、これまで法律に基づく行政行為に限定されたが、今や直接法律による収用も認められた。第三に、収用の法的性質については、これまでは収用とは所有権の国家またはその他の公企業への譲渡・引渡しであると見られてきたが、今や所有権の単なる制限、特に例えば文化財保護リストに登録されている建築物の建築上の変更の禁止のような、利用制限も含まれた。第四に、収用の目的としては、収用はこれまで特定の具体的な公企業のために認められたが、一般的に公益のためであれば良いとされた。

収用概念が拡大された結果、犠牲補償の適用領域は極めて狭いものとなったが、ライヒスゲリヒトは、犠牲補償請求権の適用範囲を適法侵害に限定することなく、違法無過失侵害の場合にも適用した。

収用概念の拡大は当時の政治的、経済的および社会的関係の変化に対応するものであった。近代産業社会の発展によって財産構造が変化し、土地所有権と並んで、株式や給与請求権などの他の財産的価値も重要となった。所有権保障は、国家侵害に対する国民の全財産について行われるべきであり、したがって所有権および収用概念が拡大されなければならなかったのである。

（5）　基本法の下における展開

①　連邦通常裁判所（BGH）の収用概念

基本法一四条三項は、「収用は、公共の福祉のためにのみ許される。収用は、補償の方法および程度を規律する法律により、または、法律に基づいてのみ、これを行うことが許される。補償は、公益および関係者の利益を正当に衡量して、これを定めなければならない。補償の額について争いあるときは、通常裁判所に出訴の途が開かれる。」と規定する。連邦通常裁判所は、基本法の下における収用法について、ライヒスゲリヒトの判例を直接受け継ぎ、古典的収用概念を明確に否定した。連邦通常裁判所は、基本法一四条によつて「所有権」として保護されている法的地位に対する直接的な高権的侵害を収用と捉え、それは所有権の許される内容規定または社会的拘束の限界を超えるものであるとする。また、あらゆる私法的財産権のみならず、公法上の法的地位も、その範囲は限定的であるが、収用の対象になりうるとする。

また、基本法一四条は、補償の方法および程度を規律する法律により、または法律に基づいてのみ、収用が許される旨を規定している。このいわゆる付帯条項(Junktimklausel)は、立法者に対し、収用法律そのものに前もって一般抽象的にいかなる措置が収用的性格を有するか、したがって補償を要するかを規定すべきことを強制する。しかし連邦通常裁判所は、付帯条項を無視して、収用の基準が存在すれば、原則として、収用措置が適法であろうとなかろうと、補償が収用法律に規定されていようとなかろうと、補償を認めることとした。

ⓐ　収用類似の侵害に基づく補償

収用補償は適法な侵害を前提とするから、違法な侵害の場合には、どうなるかという問題が生じる。違法で有責の侵害が問題であるときは、被害者は、職務責任法による損害賠償を請求することができる。侵害が違法で有責でない場合には、責任を問う法的根拠が欠けている。一九五二年六月一〇日の連邦通常裁判所の決定は、このすき間を、所有権の違法な侵害も収用概念に含め、違法な収用による補償も認めた。これが収用類似の侵害に基づく補償である。すなわち、適法な所有権の侵害が補償を要するなら、いわんや、違法な侵害についても同様のことが妥当しなければならない。これが、いわんや理論（erst-recht Theorie）である（BGHZ 6, 270）。さらに一九五二年一〇月一六日の判決において、違法な過失のある侵害に対しても、職務責任による損害賠償と並んで、収用類似の侵害に基づく補償が認められるべきであるとした。これが第二のいわんや理論である（BGHZ 7, 296）。収用類似の侵害に基づく補償は、職務責任の場合と異なり、職務義務違反は不要であるという点で被害者にとって有利である。かくして、連邦通常裁判所は、収用類似の侵害を過失を要件としない国家責任の制度に発展させた。

ⓑ　収用的侵害に基づく補償

収用的侵害とは、例えば道路工事や交通騒音による財産権侵害のような、適法な高権的事実行為で非定型的な予測されない付随的損害を伴うものをいう。このような侵害は、憲法一四条三項にいう収用にも収用類似の侵害にも当たらない。そこで連邦通常裁判所は、収用類似の侵害と並んで、収用的侵害の概念を創出し、収用類似の侵害の場合と同様の原則が妥当するものとした（BGHZ 45, 153）。

ⓒ　公法上の犠牲補償

公法上の犠牲補償は、公共の福祉のために高権的侵害によって生命・健康・自由など非財産的法益に特別の犠牲を被った者についての補償をいう。収用、収用類似の侵害および収用的侵害に基づく補償請求権は、財産的価値のある権利が侵害された場合のみを対象とし、生命、健康、自由のような非財産的法益が侵害された場合を対象としない。この国家責任法におけるすき間を、連邦通常裁判所は、一九五三年二月一九日の種痘禍判決で、公法上の犠牲補償請求権を認めることによって、埋めた。

③　連邦憲法裁判所の収用概念

一九八一年七月一五日の連邦憲法裁判所の湿式砂利採掘事件決定（Naßauskiesungsbeschluß）は、収用概念を著しく制限し形式化し、これを古典的収用概念の方向に転回させた。この新たな判例理論の要点は次の通りである（BVerfGE 58, 300）。

ⓐ　基本法一四条三項にいう収用とは、第一に、所有権に対する具体的―個別的侵害であり、第二に、法的行為（法律または行政行為）を手段として、第三に、具体的な所有権的地位の全部または一部の剝奪である。

ⓑ　憲法の所有権概念および収用の要件の規定は専ら立法者自らに規律させるべきであり、この問題を判例に委ねることによって、この規律義務を立法者から奪うことは許されない。

ⓒ　基本法一四条三項にいう収用と基本法一四条一項第二文にいう所有権の内容規定および限界規定は厳格に区別すべきである。所有権の内容を定める法律の規定は、その法的性質上、憲法上の限界を超える場合にも、基本法一四条一項第二文にいう規律である。これは収用規範とならず、憲法違反で無効である。それに基づく措置は、補償を要する収用ではなく、憲法違反で無効の法律に基づくもので、したがって違法な行為であり、第一次的権利保護（行政訴訟）の方法で取消を求めることができる。その結果、社会的拘束を超えるすべての直接的な所有権侵害を収用と評価してきた連邦通常裁判所のテーゼは、その根拠を失った。

ⓓ　当事者は違法な侵害の取消しと補償の要求との間に選択権を有しない。侵害が違法ならば取消しを求めなければならない。この場合、補償請求権には根拠がない。第二次権利保護（金銭補償）に対して第一次的権利保護の優越の原則が妥当する。

その結果、完全な権利保護制度を有する法治国家においては、国民は違法な公権力の行使と戦わなければならず、原則として、戦わずに金銭補償のみを求めることは許されない。警察国家の「耐えよ、しからば清算せん！」(dulde und liquidiere!)という命題は、民主的な法治国家においては、「防御せよ、しからば補助的に清算せん！」(wehre dich und liquidiere nur hilfsweise!) という命題に転回するのである。

④　連邦通常裁判所の結論

連邦通常裁判所の所有権保護に関する判例理論は、連邦憲法裁判所の判例により、基本的に変化した。しかし連邦通常裁判所は、連邦憲法裁判所の判例を法律の根拠を要する狭義の憲法上の収用のみに関するものであると解し、慣習法上の犠牲観念に根拠を有する収用類似の侵害 (Enteignungsgleicher Eingriff) および収用的侵害 (Enteignender Eingriff) という法制度を存続させた (BGHZ 90, 17, 29ff. und 91, 20)。これまで連邦通常裁判所は、いわゆる転換理論 (Umschlagstheorie) により、受忍すべき程度を超える重大な所有権の制限は、すべて補償を要する収用であるとみなしてきたが、今や、許される程度を超えているが故に違法であるが、収用とはいえない所有権の内容制限が存在することになった。

したがって、損失補償としては、①収用による補償、②所有権の内容規定による補償、③収用類似の侵害 (Enteignungsgleicher Eingriff) による補償、④収用的侵害 (Enteignender Eingriff) による補償および⑤公法上の犠牲補償という四つの法制度が存続することになったのである。

（1）　以下の叙述は、主として、H. Maurer, Allgemeines Verwaltungsrecht, 11. Aufl., 1997, S. 612ff.; W. Rüfner, Das Recht der öffentlich-rechtlichen Schadensersatz- und Entschädigungsleistungen, in: Erichsen/Martens, Allg. VerwR, 11. Aufl., 1998, S. 667ff.; F. Ossenbühl, Staatshaftungsrecht, 5. Aufl., 1998. に

拠った。

なお、若干の文献を挙げておく。

G. Scholz/B. Tremml, Staatshaftungs- und Entschädigungsrecht, 5. Aufl., 1994; K. Windthorst/H-D. Sproll, Staatshaftungsrecht, 1994; H-J. Papier, in: Münchener Kommentar, §839 BGB, 2. Aufl., 1986.; B. Bender, Staatshaftungsrecht, 2. Aufl., 1974; Schäfer/Bonk, Staatshaftungsgesetz, Kommentar, 1982; F. Kreft, Öffentlich-rechtliche Ersatzleistungen, 2. Aufl., 1998; N. Luhmann, Öffentlich-rechtlich Entschädigung- rechtpolitish betrachtet, 1965.

第二篇　損害賠償責任

第一章　行政上の損害賠償

文献　有倉遼吉「逐条国家賠償法解説」法時二五巻（昭二八）、今村成和「国の不法行為責任」公法研究一一号（昭二九）、山本正太郎「公務員の不法行為における国及び地方公共団体の賠償責任の性質」ジュリ三〇〇号学説展望（昭三九）、乾　昭三「国家賠償法」『注釈民法（19）債権（10）』（昭四〇・有斐閣）、雄川一郎「行政上の損害賠償」『行政法講座三巻』、下山瑛二「国家賠償法」宮沢還暦『日本国憲法体系六巻』（昭四〇・有斐閣）、雄川一郎「国家補償総説」『現代行政法大系6』、保木本一郎「国家責任論」公法研究四八号（昭六一）、宇賀克也「国家賠償法の課題」ジュリ一〇〇〇号（昭六二）

雄川一郎「行政上の無過失責任」我妻還暦『損害賠償責任の研究・下』（昭四〇・有斐閣）、芝池義一「無過失責任と危険責任」『行政法の争点』

（1）行政上の損害賠償の意義

行政上の損害賠償とは、国または公共団体の違法な活動により国民が被った損害を賠償することをいい、国家賠償ともいう。国家賠償は国家責任の主要な内容を形成しているが、国家責任そのものではない。

（2）国家賠償の機能

現行の国家賠償には、いろいろの機能がある。

① 被害者救済機能　国家賠償の最も重要な機能は被害者救済機能である。国家賠償制度は、公務員の個人的賠償責任を国が肩代わりし、その債務を引き受ける制度である。この場合、被害者は完全な賠償能力を有する債務者を得たことになる。

② 公務員の保護機能　国家賠償によって、公務員は被害者に対し無制限の個人責任を負担しなければならないというリスクを免れることができる。

③ 職務執行促進機能　国家賠償責任は公務員の職務執行を促進するであろう。

④ 法治国機能　国家賠償責任は法律による行政の原理と権利保護機能を補完する。公権力による権利侵害を行政訴訟によって救済ができない場合には、権利侵害は損害賠償によって埋め合わせなければならない。国家賠償責任は、いわゆる法治国の最後の手段（ultima ratio）である。[(1)]

（1）通説は、国家賠償の機能には、被害者救済機能・損害分散機能と制裁機能・違法行為抑止機能・違法状態排除機能の両面があるという（塩野　宏『行政法Ⅱ』二二六頁、阿部泰隆『国家補償法』五頁、宇賀克也『国家補償法』六頁）。しかし制裁機能や違法行為抑止機能が十分機能するかどうかは問題である。

現行の国家賠償制度では、故意または重大な過失があった公務員に対する求償権（国賠一条二項）さえ十分に行使されていない状況にある。国家賠償制度は、むしろ、行政目的実現のために、場合によっては公務員の職権濫用を黙認し、職務執行を促進させるシステムとして機能する傾向にあるという点に注意する必要があろう。

（3）行政上の損害賠償制度の類型

損害賠償責任は、いろいろの視点から、区別することができる。

①　国家無責任・公務員の個人責任・国家の代位責任・国家の自己責任

誰が賠償責任者であるかという視点から、国家無責任（＝被害者負担）、公務員の個人責任、国家の代位責任および国家の自己責任の四類型を区別することができる。

被害者負担は、生じた損害について賠償責任を負う者が存在せず、被害者の負担となる類型である。公務員の職務上の不法行為について、使用者たる国家に対しても加害者たる公務員に対しても、損害賠償を求めることが許されず、被害者が泣き寝入りせざるをえない制度である。この国家および公務員の無責任制度は、明治憲法の下でとられた原則であったが、日本国憲法によって廃棄された（憲法一七条）。

公務員の個人責任は、加害者たる公務員が職務上の不法行為について賠償責任を負い、国家は責任を負わない制度である。公法・私法の区別を知らない一九世紀のイギリスでとられた制度であったが、二〇世紀に至り公務員の職務行為の範囲が飛躍的に拡大したこと、公務員の賠償能力には限界があり、被害者救済に問題を残すことなどの理由により、一九四七年の国王訴追手続法（Crown Proceedings Act）によって廃止された。

国家の代位責任は、国家と公務員が共に責任を負うが、公務員の個人責任を前提とし、それを国家に転化する、換言すれば、憲法の規定により国が債務引受をするもので、国家が公務員に代位して賠償責任を負う間接的な国家責任の制度である。ドイツのワイマール憲法のとった制度がこれである。

国家の自己責任は、公務員の職務上の不法行為について、被害者たる国民に対し賠償責任を負うのは国家であって、公務員個人は責任を負わない直接的な国家責任の制度である。最も現代的な国家責任制度であるということができる。

② 過失責任・違法性・瑕疵ある職務執行・結果責任

責任原因を何に求めるかによって、過失責任、違法性、行政の瑕疵ある職務執行、結果（＝損害発生）責任の四類型を区別することができる。

第一の類型は、行政の違法かつ過失に基づく活動により生じた損害についての責任を規定する制度である。ドイツ、オーストリヤ、ベルギー、オランダ、イギリスなどがこれに属し、我が国の現行法もこのシステムを採用している。

第二の類型は、損害を与えた行政作用の過失ではなく、違法のみを責任原因とする制度である。スイス、ギリシャ、旧ユーゴスラビヤの国家責任法がこれである。この場合、違法の概念は多義的であり、次のような問題点を含んでいる。すなわち違法とは、成文法違反だけか、不文法違反を含むか。実体法違反だけか、手続法の不遵守も含むか。行為不法だけか、結果不法も問題となるか。被害者の利益の保護を目的とする規範だけが問題か、または公益の保護を目的とする規範、すなわち法の反射的利益の侵害も問題になるか。

第三の類型は、損害を与えた瑕疵ある職務執行、要するに賠償責任の原因を職務の瑕疵に求める制度である。フランスの役務過失（faute de service）の責任がこれに属する。役務過失責任とは、違法が問題なのではなく、役務の正常な運行においての欠陥で公務員が個人的責任を負わされることのないものをいう。

第四の類型は、賠償責任の原因を、国家行為の違法または過失に関係なく、行政の公権力的作用による損害の発生に求める制度である。この場合には、行政作用を原因とする一切の損害が補償される。これは一切の結果不法に対する補償責任であるということができる。この類型が最も進歩的なものとされ、例えば、スペインの制度がこれに属する。

以上のモデルは、実際には法律上または判例上修正されている。例えば、過失責任主義のモデルをとっている場合でも、過失の基準を客観化し、結果責任主義のモデルに近付く傾向があるといえよう。

③　金銭賠償・原状回復・差止め

国家責任は、補償の種類によって、金銭、原状回復または差止めを請求するものに分類することができる。金銭の賠償ないし補償を求めるものが国家責任の主要な内容をなしているが、そのほか今日では、原状回復または差止めを求める請求権が重要な意義をもつようになっている。とくに、戦う民主制法治国家のもとでは、公権力の行使に関する不服の訴訟を提起せずに、金銭救済のみを求める請求は、嫌われる傾向にあるといえよう。

第二章　行政上の損害賠償制度の歴史的展開

第一節　明治憲法の下での国家賠償

(1)　国家無責任の原則

明治憲法では憲法の条項の中に国家賠償に関する規定は存在せず、また国家賠償法などのような特別法も存在しなかった。ただ個別的事項について個々の法律で国の損害賠償について定める規定は若干あったが、これらの規定も国の責任を軽減ないし排除することを目的とするものであった(例えば、旧郵便法三三～四〇条、郵便為替法一五条、郵便貯金法一四条、旧電信法二四条)。また公務員個人の賠償責任についても、例外的に、故意または重過失ある場合に官公吏の個人的責任を認める規定があるにすぎなかった(例えば、公証人法六条、戸籍法四条・六条、不動産登記法一三条、民訴五三二条)。さらに、行政裁判所法一六条は「行政裁判所ハ損害要償ノ訴訟ヲ受理セス」と定め、行政裁判所への国家賠償の途は閉ざされていた。

したがって、明治憲法の下における国家賠償責任については、公権力的作用に関する限り、国家無責任の原則が確立され、大審院判例も一貫して国の責任を認めることはなかった。また、国家無責任の法理は公務員の個人責任についても転用された。

（2）　非権力作用と民法

明治憲法の下においても、大審院の判例は、非権力的作用のうち、私経済的行政活動、すなわち営利事業については民法を適用し、国の責任を認める傾向にあった。例えば、鉄道工事の瑕疵に基づく責任、汽車の煤煙による沿道の松樹の枯死、列車の転覆事故、列車による轢死事故等について、大審院判決は、いずれも国が私人と同様に民法上の責任を負うべきことを認めている。

これに対し非権力的な活動のうち、給付行政の分野において生じた問題、すなわち非営利事業については、大審院は、当初民法の適用を否定していた。すなわち河川の改修工事事故、道路改修工事事故、火薬製造所の爆発等について、かかる事業や設備が「公法行為」ないし「公法上のもの」であることを理由に、民法の適用を否定していた。

ところが大審院は、大正五年に至り、有名な徳島市立小学校遊動円棒事件において、公立小学校の遊動円棒が腐朽していたため児童が死亡した事故について、市は校舎施設について民法上の占有権を有するとして民法七一七条を適用し、市の土地工作物責任を認める画期的判決を下した。(1) この判決を契機として、その後の判例は、水道工事、下水道設備、築港工事等による損害について、民法を適用し国の損害賠償責任を認める傾向にあった。しかし管理主体と経済主体が異なる場合において、そのいずれをもって被害者に対する賠償責任者とすべきかについては規定を欠き、判例は、必ずしも一貫した態度をとるものではなかった。

（1）　大判大五・六・一民録二二輯一〇八八頁は、「市立小学校ノ校舎其他ノ設備ニ対スル占有権ハ公法上ノ権力関係ニ属スルモノニアラス純然タル私法上ノ権利ナルノミナラス其占有ヲ為スニモ私人ト不平等関係ニ於テ之ヲ為スニアラス全ク私人カ占有スルト同様ノ地位ニ於テ其占有ヲ為スモノナレハ之ニ因リ被上告人等ニ損害ヲ被ラシメタル本訴ノ場合ニ於テ原院カ民法第七百十七條ノ規定ヲ適用シタルハ毫モ不法ニアラス」と判示した。

（3）　官吏の個人責任

官吏の個人的な不法行為責任については、学説上、民法の適用を肯定する説が有力であった。[1] しかし大審院は、公法行為については民法の適用はないので、公法上の職務行為に基づく損害については、仮に故意または過失に基づく場合であっても、特別の規定がない限り、官吏個人も私人に対し賠償責任を負わないとした。しかし、職務外の行為についてはもちろん、形式上職務行為に属するものについても、職権を濫用し故意に他人の私権を侵害する場合には、もはや官吏としての行為ではなく私人としての行為であることを理由に、官吏の賠償責任を肯定していた。

（1）　美濃部達吉『日本行政法上巻』三四四頁以下（昭一一、復刻昭六一・有斐閣）、田中二郎「判例より見たる行政上の不法行為責任」同『行政上の損害賠償および損失補償』六九頁（昭二九・酒井書店）。

第二節　日本国憲法一七条と国家賠償法

（1）　憲法一七条の法的性質

憲法一七条は、「何人も、公務員の不法行為により、損害を受けたときは、法律の定めるところにより、国又は公共団体に、その賠償を求めることができる。」と規定している。この規定は、厳格な意味の基本的人権には属さず、いわゆるプログラム規定であると解するのが通説である。[1] すなわち、本来の基本的人権は人間性から論理必然的に派生する前国家的、前憲法的な性格を有する権利をいうのであって、憲法一七条の規定は、むしろ、そのような基本的人権を保護し、したがって基本的人権を補完する性格を有する規定であるというのである。しかし憲法一七条は、国家賠償制度について、制度的保障を定めた規定であると解すべきである。憲法一七条は、公務員の不法行為について国または公共団体が損害賠償の責任を負う制度を憲法的に保障し、そのような国家賠償制度そのものの廃止を禁止し、国家賠償制度を最低限保障する趣旨である。(2)

(1)　宮沢俊義『憲法II』一九八頁（昭三四・有斐閣）、田中二郎『行政法上』二〇四頁注(3)、下山瑛二『国家賠償』三〇頁、今村成和『国家賠償法』八四頁。

(2)　Vgl., S. Pfab, Staatshaftung in Deutschland, 1997, S. 59ff.

（2）　憲法的保障の内容

憲法一七条は、直接的な拘束力をもつ国家責任の要件と法的効果を具体化することによって、その目標を達成する。すなわち、法律制定を待って初めて具体的な損害賠償請求権が生じる。客観的な制度的保障は、一方において、立法者による制度の完全廃止またはその本質的内容の侵害を許さないが、他方において、制度的保障から直ちに個人の主観的な権利を演繹することを認めるものではないことに注意しなければならない。

憲法一七条の責任モデルは間接的な国家代位責任制である。直接的な国家自己責任制は、公権力または国家そのものが行為主体または侵害主体として構成されていなければならない。憲法一七条は、行為主体（＝公務員）と責任の帰属主体（＝国または公共団体）とを明確に区別しているから、憲法一七条の責任モデルを直接的国家責任と解することはできない。憲法一七条は、間接的な代位責任制を最低限の国家責任制として制度的保障をしたものと解される。したがって、立法者は、一方において国家賠償制度の核心部分を侵害することは許されないが、他方において直接的な国家自己責任制の導入は、憲法によって、妨げられていないというべきであろう。

(3) 日本国憲法施行後、国家賠償法施行前の法状態

日本国憲法は昭和二二年五月三日に施行され、国家賠償法は昭和二二年一〇月二七日に施行された。この間、約五か月半はいかなる法状態にあったというべきか。この点については学説が対立している。

一つの考え方(=国家責任否定説)は、国家賠償法の施行を待たずに制度の変更は予定されておらず、明治憲法の下における国家無責任の状態と同様、公権力の行使については国家賠償責任は認められない、また公権力の行使に伴う損害について一般的に不法行為責任を認める法令上の根拠はないとするものである。国家責任否定説は、国家賠償法附則六項の「この法律の施行前の行為に基づく損害については、なお従前の例による。」という規定を一つの根拠としている。(1)

これに対して、もう一つの考え方(=国家責任肯定説)は、日本国憲法一七条は、公権力の行使について国家無責任の法状態を廃止することによって、国の特権的地位を剥奪し、これを私人と同様の地位に置こうとしたものであるから、国は、特別の定めがなされるまでは、民法の不法行為に関する規定の適用または類推適用を受けるとする。(2)

憲法一七条は、国家責任に関する制度的保障を定めた規定であると解すると、日本国憲法施行後は制度の最低限は憲法的に保障されており、被害者は憲法一七条および民法の規定に基づいて損害賠償を請求することができることになろう。憲法一七条にいう「不法行為」は、一般に民法の不法行為を指すと解されているから、立法者といえども、これを廃止しまたは賠償責任を「故意」の場合に限るなど制度の核心部分を認めないことは許さ

れず[3]、いわんや行政がそのような賠償請求を否認することは許されないというべきであろう。

(1)　古崎慶長『国家賠償法』二六一頁、遠藤博也『国家補償法上』一〇二頁、秋山義昭『国家補償法』二九頁。

最判昭二七・一・二五ジュリ七号四一頁は、「国家賠償法施行前においては、公務員の不法行為について国家が賠償責任を負わないことは当裁判所の判例とするところである。」と判示した。

東京高判昭四六・一一・二五高民集二四巻四号四一九頁（＝八丈島老女殺し事件）は、「国家賠償法施行以前においては公務員の不法行為に基づく国または公共団体の不法行為責任につき、権力的作用と非権力的作用とを区別していたのであり、非権力的作用に基づく損害については私経済的関係におけるものから非権力的公行政におけるものへと次第に不法行為の規定の適用範囲を拡大し、国または公共団体の責任を肯定する考えが有力であったが、権力的作用に基づく損害については、特別の規定がないかぎり、私法である不法行為の規定は適用されず、したがって国または公共団体は賠償義務を負わないと解すべきである。そして前示のような権力的行為について国の賠償義務を認める特別の規定は存在しなかつたのである。それ故控訴人のこの点に関する国家無答責の理論は、昭和の時代においては誤りであるとの論は採用できないところである。」「国家賠償法附則六項は、この法律施行前の公権力の行使に基づく損害については国または公共団体として賠償責任を負わない趣旨に解すべきである。」と判示した。

大阪高判昭五〇・一一・二六判時八〇四号一五頁は、「この趣旨は、同法施行前に於ては公権力の行使に関しては、民法の不法行為の規定の適用はなく、その他一般的に国又は公共団体に賠償責任を認める法令上の根拠がなかった（昭和二二年五月三日施行の現行憲法一七条は、いわゆる綱領的規定と解される。）ため、国又は公共団体は賠償責任を負わないものとされてきた。その経緯から同法施行前になされた公務員の公権力行使による不法行為については、その損害が同法施行後に生じたときでも、被害者は国又は公共団体に対して損害賠償の請求をなし得ない、即ち同法の適用のないことを定めたものである。」と判示した。

(2)　今村成和『国家補償法』八四頁、下山瑛二『国家賠償』四四頁、塩野　宏『行政法II』二二五頁、阿部泰隆『国家補償法』四四頁、宇賀克也『国家補償法』一九頁。

(3) 佐藤幸治『憲法〔第3版〕』六一四頁(平七・青林書院)。

(4) 国家賠償法の位置づけ

国家賠償法は、憲法一七条に基づき、行政上の不法行為責任に関する一般法として制定され、他の法律に別段の定めがない限り(国賠五条)、国家賠償法が適用され、国家賠償法に規定がないときは、民法の規定が補充的に適用される(国賠四条)。国家賠償法は、公務員個人の責任を前提としているが、公務員の個人的責任については、国または公共団体が賠償する責任を負う旨を規定する(国賠一条一項)。公務員は原則として被害者に対し個人的に責任を負わず、ただ内部的関係において求償権を行使されることがあるにすぎない(国賠一条二項)。

国家賠償法の位置づけについては、国家賠償法は民法の場合よりも責任の範囲を拡大し被害者の救済の範囲を拡大するもので、私人相互間の利害調整の見地を超える特殊な規律を定める法であるとして、国家賠償法を公法に属するものとする考え方があり[1]、また国家賠償法は国の無責任の原則を放棄して、国も一般の不法行為法に服するに至ったもので、したがって国家賠償法は民法の特別法たる地位を有するという考え方もあり[2]、さらに国家賠償法は理論上は公法の領域に属する公法上の特別法と解すべきであるが、公法か私法かの論議は実際上は無意義であり、実益がないとする考え方もある[3]。

判例は一貫して国家賠償請求事件は民事訴訟であるとしている[4]。これは、損害賠償問題は民事裁判所の日々の糧であり、国家賠償請求事件も同じく損害賠償問題であるという伝統的視点に基づくものであるといえよう。

(1) 杉村敏正『行政法講義総論 上』二八七頁(昭四四・有斐閣)。
(2) 今村成和『国家補償法』八九頁、塩野 宏『行政法II』二二六頁。

（3）　田中二郎「国家賠償について」同『行政上の損害賠償及び損失補償』一六五頁。

（4）　最判昭四六・一一・三〇民集二五巻八号一三八九頁は、「国または公共団体が国家賠償法に基づき損害賠償責任を負う関係は、民法上の不法行為により損害を賠償すべき関係と性質を同じくするものであるから、国家賠償法に基づく普通地方公共団体に対する損害賠償請求権は、私法上の金銭債権であって、公法上の金銭債権ではな（い）」と判示した。

第三章　国家賠償責任の成立要件

第一節　公権力の行使に基づく損害の賠償責任

文献　村上義弘「公権力の行使」『現代損害賠償法講座6』、稲葉　馨「公権力の行使にかかる賠償責任」『現代行政法大系6』、芝池義一「公権力の行使と国家賠償責任」杉村編『行政救済法2』（平三・有斐閣）

国家賠償法一条は、国または公共団体の賠償責任が成立する要件として、①公権力の行使に当たる公務員、②その職務を行うについて他人に損害を加えたこと、および③その損害が故意または過失により、④違法に加えられたことを規定する（国賠一条一項）[1]。

（1）　国家責任の根拠規範については次のような法律構成が考えられる。

①　公権力が違法に行動したときは、公権力の主体は、違反した法規が被害者の保護をも目的とする場合に、この法律により責任を負う。

②　公権力が他人の権利を侵害したときは、公権力の主体は、被害者に対し、この法律により責任を負う。

③　公権力が他人に対して負う公法上の義務に違反するときは、公権力の主体が、他人に対しそれによって生じた損害について、この法律により責任を負う。

①は客観法的な構成であり、②は主観法的構成であり、③は行政訴訟法上の権利保護と国家賠償法上の権利保護

との調和を図ることを目標とした構成である。国家賠償法の規定は、③の法律構成に近いといえよう。しかし法律構成の違いによって内容的な差異は生じない。すなわち、国家責任法においては、結果違法を目的とするのではなく行為違法（行動義務違反）を目指している。その場合、公法上の義務違反とは個人的に必要な注意をしてもなお生じ得る客観的な義務違反をいい、特定の人の行為義務違反というよりは、いわば組織法上の過誤行動が問題だからである。

（1）　賠償責任の本質

国家賠償法の規定する損害賠償責任の本質については、国家の自己責任説と代位責任説とが対立している。自己責任説によれば、国家賠償は違法に行使される可能性のある公権力の行使を公務員に授権したことの結果に対する責任を国または公共団体が直接に負担すべきものである。(1) 代位責任説は、国家賠償法一条が規定する賠償責任は、公務員について成立する不法行為責任を国が代わって負担するものである。(2)

自己責任説の論拠として、国家賠償法一条にはドイツの一九一〇年ライヒ責任法一条と違って「官吏に代わって」という文言がないこと、民法七一五条の規定の仕方と異なり免責規定を置かず、公務員の行為について絶対的に責任を負うべきものとしていること、権力作用に基づく国の責任は危険責任の最も典型的な場合であること、「国又は公共団体が、これを賠償する責に任ずる。」と定めているのは国の直接かつ第一次的な責任を定めたものと解せられること、国の責任を根拠づけるのは侵害行為の違法性自体であること、(3) などが挙げられている。これに対して、代位責任説の論拠としては、国家賠償法の構成そのものは私法的不法行為責任の法技術をとったものであること、国家賠償法一条一項が「国又は公共団体が」としていること、同条二項が求償権を規定していることと、わが国の国家賠償責任制度の沿革からいって一挙に自己責任制度を認めたものと解するのは無理であること、被害者救済と行政運営の確保の見地[4]などが挙げられている。

国家賠償法一条は、ドイツのライヒ責任法を母型としたもので、ドイツの国家賠償制度史は、国家無責任→公務員個人責任→国家活動の増大→個人責任の増大→個人責任の負担力の貧弱→被害者救済の不徹底→国が公務員に代位して責任負担→公務員に対し求償、というように図式化することができる。[5] 自己責任説は、国家責任の客観化を意図し、国家権力に内在する危険性に国家責任の根拠を求めるが、このような考え方自体はともかく、法解釈論としては、特殊なイデオロギーに基づく法政策論であるといえよう。代位責任説が通説・判例の立場であり、わが国の国家賠償制度の沿革および国家賠償法の構成、すなわち行為主体（＝公務員）と責任の帰属主体（＝国または公共団体）との違いからみて、代位責任説が客観的な解釈であるということができる。しかし代位責任説は現代的な感覚にマッチしなくなっている。今日、国家責任法における焦点は、加害者および加害行為の非難可能性よりは、むしろ被害者救済という点に向けられており、したがって法政策的に自己責任的な解釈論が展開され、また受け容れられて行く傾向にある。

（1） 東京地判昭三九・六・一九下民集一五巻六号一四三八頁（＝安保教授団事件）は、「公務員が、……公権力を行使するにあたつて違法に他人に損害を与えた場合は、国または公共団体が直接不法行為責任を負う旨を定めたものと解するのが相当であり、民法七一五条一項但書の免責事由もこの場合には適用がないものと解せられる。このように国家賠償責任が、公務員に代わって負担する代位責任を定めたものではなく、公務員の行為に起因して直接負担する自己責任を定めたものと解するときは、公務員の特定の点については、最小限、その公権力の行使にあたった公務員が行政組織の上でいかなる地位にあり、換言すれば行政機構上のどのような部署に所属している者であるかが解明されるならば、これによって国家賠償法上のその他の要件を満たすかぎり国または公共団体の賠償責任を問うことができるものと解するのが妥当であ（る）」と判示した。

札幌高判昭五三・五・二四高民集三一巻二号二三一頁は、「憲法一七条に基づく国賠法一条一項の規定は、公務員の不法行為による損害につき、国又は公共団体の賠償責任を認め、被害者の救済を実効的たらしめることを目的にしたものであることに鑑みれば、違法に公権力を行使した公務員の故意又は過失が、国又は公共団体において賠償責任を負うための要件とされているとは言え、国又は公共団体の右賠償責任は、当該公務員個人の賠償責任を当該公務員に代わって負担するものというよりは、寧ろ国又は公共団体の自己の責任というべきものであって、違法な公権力行使をした当該公務員個人の賠償責任とは別個の独立に存しうるものと解するを相当とする」と判示した。

（2）　札幌高判昭四三・五・三〇判時五五二号五〇頁は、「国家賠償法一条による国又は公共団体の賠償責任が公務員の故意又は過失に基づく加害行為を前提としてその責任を代位するものであることは、上記条文から明らかであって、……国又は公用団体の前掲損害賠償責任が担当公務員の故意過失を問わずその公務運営上の瑕疵により発生するとする控訴人の見解は、国家賠償法一条の解釈上いまだ採用することができない」と判示した。

判例は、代位責任であることを明言していなくても、それが当然の前提であるとしているものが多数である。

（3）　今村成和『国家補償法』九三頁、杉村敏正『行政法講義総論上』二七九頁、西埜　章『国家賠償法』三三頁。

（4）　雄川一郎「行政上の損害賠償」『行政法講座三巻』一三頁、田中二郎『行政法上』二〇八頁、市原昌三郎『行政法講義［改訂第二版］』二五三頁注⑽（平八・法学書院）。

（5）　古崎慶長『国家賠償法』一九三頁。

（2）　公権力の行使＝国賠法一条の適用範囲

公権力の行使の概念は、国家賠償法一条と民法不法行為法の適用領域を分ける基準である。学説上、狭義説、広義説、最広義説の対立がある。

狭義説は、公権力の行使を国家統治権に基づく優越的な意思の発動たる作用を指すという。国家統治権に基づく優越的な意思の発動たる作用というのは、立法権、警察権、刑罰権、統制権、財政権等の作用を指し、それは命令強制の作用はもちろんのこと、法律関係の形成、変更、消滅の作用および法律行為たると事実行為たるを問わず、確認、公証、通知、受理といった準法律行為的行政行為をも含む。狭義説は、もっぱら戦前に損害賠償責任を否定されてきた領域をカバーするのが国賠法一条であると考え、一条の文言に従って、権力的要素に着目するものである。(1)

広義説は、「公権力」の概念を拡張して、私経済行政と公の営造物の設置・管理作用（＝国賠法二条の対象となるもの）を除いた、すべての行政作用に基づく損害にも、国賠法一条を適用するのが立法の趣旨に合致すると解する。広義説の論拠としては、従来、非権力的公行政の領域に民法の適用および類推適用を認めようとしたのは、権力的作用について国家責任を否定したために、公行政をできるだけ権力的作用から除外して被害者救済を図ろうとした技巧にすぎないこと、国賠法のもとでは、国家作用を権力的作用、非権力的作用とに分かつ従来の理論構成に拘泥する必要がないこと、実質的には民法七一五条によって国の使用者責任を問うよりも、国賠法一条の方が免責条項がないだけ被害者に有利であること、などが挙げられる。(2)

最広義説は、公権力の行使という文言に特別の意義を認めず、私経済行政も含め国・公共団体のすべての行政作用が公権力の行使に当たるといい、最広義説が内容的にはより合理的であるという。(3) しかし国または公共団体の私経済作用について民法が適用されることは確立した学説・判例である。

いかなる場合に公権力の行使といえるかという問題は国家賠償法の困難な問題である。この問題は公法・私法の区別の問題に帰着する。公権力の行使とは、権力的作用に限らず公法が適用される一切の作用を指すと解すべきであり、したがって広義説が妥当であるといえる。国家賠償法一条は民法によって損害賠償を受けることのできない場合の救済を目的とするからである。通説は、公法・私法の区別を不要とするから、[4]「公権力の行使」や「職務行為」とは何かといった問題は、結局、いかなる場合に国家賠償法のシステムを適用するのが妥当かという個別的ケースについての機能的・総合的判断にゆだねられることになろう。公権力の行使の意義についての最高裁の判決は必ずしも明確ではないが、広義説が、通説および裁判例の大勢となっている。狭義説と広義説との対立は、実際には主として、行政指導、[5]情報提供、[6]教育活動、[7]医療過誤[8]などの場合に国家賠償法一条一項の適用があるかどうかという問題となって現れる。[9]

なお、「公権力の行使」には、公権力の不行使が含まれるし[10]（第二節第一款を見よ）、また、国または公共団体の行政作用だけでなく、裁判所の行う裁判などの司法作用（第二節第二款を見よ。）および国会や地方議会の立法活動（第二節第三款を見よ。）も含まれる。

（1）　田中二郎『行政法上』二〇五頁、杉村敏正『行政法講義総論上』二七七頁、市原昌三郎『行政法講義〔改訂第2版〕』二四二頁、藤田宙靖『第三版行政法Ⅰ（総論）』四六四頁。

東京地判昭二八・一一・二二下民集四巻一一号一七四〇頁は、国家賠償法「第一条にいう『公権力の行使』とは国家統治権に基く優越的な意思の発動としての作用即ち権力作用をいうのであるが、官公立学校の教員と生徒との関係の如きは公権力の行使を要素としない公法上の行為であるから、仮令教育公務員たる小春教官に過失があったとしても同教官の臨海学校における教育は権力作用でないこと論を俟たないから同法第一条又は第三条の適用される余地はない。」と判示した。

（2）　雄川一郎「行政上の損害賠償」同『行政の法理』三四三頁（昭六一・有斐閣）、古崎慶長『国家賠償法』一〇一頁、下山瑛二『国家補償法』一〇四頁、塩野　宏『行政法Ⅱ』二三六頁。

東京高判昭五二・四・二七高民集三〇巻二号七八頁は、「国家賠償法第一条にいう『公権力の行使』という要件には、国または地方公共団体がその権限に基づく統治作用としての優越的意思の発動として行う権力作用のみならず、国または地方公共団体の非権力的作用（ただし、国または地方公共団体の純然たる私経済作用と、同法第二条に規定する公の営造物の設置管理作用を除く。）もまた、包含されると解するのが相当である。」と判示した。

東京高判昭五六・一一・一三判時一〇二八号四五頁は、国家賠償法にいう「『公権力の行使』とは、国又は公共団体の作用のうち純粋な私経済作用と同法二条によって救済される営造物の設置又は管理作用を除くすべての作用を意味するのであって、国有林野の管理のごときいわゆる非権力的作用もこれに含まれると解するのが相当である。」と判示した。

(3)　村上義弘「公権力の行使」『現代損害賠償法講座6』二八二頁、阿部泰隆『国家補償法』七九頁。

(4)　公法・私法の区別については、宮田三郎『行政法総論』二七頁以下（平九・信山社）を見よ。

(5)　行政指導

京都地判昭四七・七・一四判時六九一号五七頁は、「国家賠償法一条一項の『公権力』とは、国または公共団体の作用のうち、純然たる経済作用と、同法二条によって救済される公の営造物の設置・管理作用をのぞくすべての作用を指称すると解するのが相当である。」「本件行政指導は、国家賠償法一条一項の『公権力の行使』に該当するとしなければならない。」と判示した。

東京地判昭五一・八・二三下民集二七巻五～八号四九八頁（＝コンドルデリンジャー事件）は、がん具けん銃の製造、販売中止勧告等の行政指導が「法令上の根拠を背景にしてなされる場合には、相手方が不服従であれば、法令に基づく強制処分に移行することができるので、その行政指導には相手方は従わざるを得ないから、そのような行政指導は国家賠償法一条一項の公権力の行使に該当するものと解するのが相当である。」と判示した。

静岡地判昭五八・二・四判時一〇七九号八〇頁は、「国家賠償法一条一項所定の『公権力の行使』とは、国又は公共団体の作用のうち、純然たる私的経済作用及び同法二条所定の公の営造物の設置及び管理の作用を除くすべての作用をいうと解するのを相当とするから、……行政指導は、同法所定の公権力の行使に当たるものというべきである。」と判示した。

同旨、大阪地堺支判昭六二・二・二五判時一二三九号七七頁。

東京地判平三・三・二五判時一三九七号四八頁は、控訴審において強盗殺人罪等により死刑判決を受けた被告人が新聞等に掲載するため発送を申し出た創作原稿の一部につき、拘置所職員のした抹消の働きかけについて、「一般に未決勾留者の任意行為を期待して行われる拘置所側の行為は、それ自体としては当該未決勾留者に対して直接何らかの法的義務を負わせるものとまでは解することはできないが、他方、本件抹消の働きかけのようにそれが法令上の根拠を背景にしてなされる場合には、未決勾留者がこれに従わなければ法令に基づく強制処分に移行することができるので、その働きかけに当該未決勾留者は従わざるを得ないから、そのような働きかけは国家賠償法一条一項所定の『公権力の行使』に該当するものと解するのが相当である。」と判示した。

最判平五・二・一八民集四七巻二号五七四頁（＝地方自治判例百選5「宅地開発指導要綱による負担金の納付」）は、「指導要綱の文言及び運用の実態からすると、本件当時、被上告人は、事業主に対し、法が認めておらずしかもそれが実施された場合にはマンション建築の目的の達成が事実上不可能となる水道の給付契約の締結の拒否等の制裁措置を背景として、指導要綱を遵守させようとしていたというべきである。被上告人がXに対し指導要綱に基づいて教育施設負担金の納付を求めた行為も、……Xに教育施設負担金の納付を事実上強制しようとしたものということができる。指導要綱に基づく行政指導が、武蔵野市民の生活環境をいわゆる乱開発から守ることを目的とするものであり、多くの武蔵野市民の支持を受けていたことなどを考慮しても、右行為は、本来任意に寄付金の納付を求めるべき行政指導の限度を超えたものであり、違法な公権力の行使であるといわざるを得ない。」と判示した。

東京高判平五・一〇・二八判時一四八三号一七頁は、廃棄物の処理及び清掃に関する法律の解釈を誤った厚生省環境衛生局水道環境部産業廃棄物対策室長通知を受けて都道府県知事らが行った行政指導は違法であり、被控訴人国は、国家賠償法一条に基づき、損害賠償責任を負う、と判示した。

(6) 情報提供

最判昭五六・四・一四民集三五巻三号六二〇頁(=地方自治判例百選13「区長による前歴照会への応答」)は、「中京区長に回付されたXの前科等の照会文書には、照会を必要とする事由としては……『中央労働委員会、京都地方裁判所に提出するため』とあったにすぎないのであり、このような場合に市区町村長が漠然と弁護士会の照会に応じ、犯罪の種類、軽重を問わず、前科等のすべてを報告することは、公権力の違法な行使にあたると解するのが相当である。」と判示した。

(7) 教育活動

福岡地飯塚支判昭三四・一〇・九下民集一〇巻一〇号二一二一頁は、「教師が……学校教育の目的と、秩序維持のために、学校内の非行事件の容疑者ないし関係者としての生徒を取調べる行為は、国家賠償法第一条第一項にいわゆる国又は公共団体の公権力の行使であるとみるのが相当である、公権力の行使を権力的作用と同義に解する説も存するところであるが、公権力の行使とはこれを広義に解し、国又は公共団体の行為のうち、私経済的作用を除くその他のすべての作用を包含し、本来の意味における権力作用に限らず所謂非権力的作用もこれに属するものと解しなければならない。而して教師の生徒に対する前述の如き取調をする行為はここにいう非権力的作用に属するものと解すべきである。」と判示した。

最判昭五八・二・一八民集三七巻一号一〇一頁(=行政判例百選II 143「国家賠償責任の要件―クラブ活動顧問教諭の監視指導義務」=トランポリン喧嘩事件)は、中学校の課外クラブ活動における事故について、国家賠償法一条一項の適用を前提として、「課外のクラブ活動であっても、それが学校の教育活動の一環として行われるものである以上、その実施について、顧問の教諭をはじめ学校側に、生徒を指導監督し事故の発生を未然に防止すべき一般的な注意義務のあることを否定することはできない。しかしながら、課外のクラブ活動が本来生徒の自主性を尊重すべきものであることに鑑みれば、何らかの事故の発生する危険性を具体的に予見することが可能であるような特段の事情のある場合は格別、そうでない限り、顧問の教諭としては、個々の活動に常時立会い、監視指導すべき義務まで負うものでないと解するのが相当である。」と判示した。

最判昭六二・二・六判時一二三二号一〇〇頁は、「国家賠償法一条一項にいう『公権力の行使』には、公立学校における教師の教育活動も含まれると解するのが相当であ（る）」と判示した。

仙台高判平七・一二・一一判タ九一一号一〇〇頁は、国立大学付属研究所における実験に従事していた同研究助手が爆発事故により死亡した事案につき、「本件実験は右のような大学における研究活動として行われていたし、公の営造物である本件実験所を利用し、その費用も全額予算措置も経て国の負担とされており、かつ中川教授初め後藤助手と淳に対しても大学院の指導担当者としての手当が毎月支払われ、現に今回の実験に本多大学院生も参加していたことなどに照らすと、大学院生に対する教育活動の一環や大学生に対する将来の教育活動に備えての研究という一面も有することを否定できず、純粋の私経済的な行政活動とは異なるものがあるというべきである。してみれば、被控訴人は本件事故により淳が被った損害につき国家賠償法一条一項に基づく責任を負担すべきである。もっとも、本件実験については、これが私経済的作用であって国家賠償法の適用がないと解する向きもあると思われるが、そのように解するとしても中川教授が被控訴人の被用者に該ることは明らかであるから民法七一五条が適用され、いずれにしても被控訴人は本件事故の賠償責任を負うのである。」と判示した。

否定例

東京高判昭二九・九・一五高民集七巻一一号八四八頁は、「学校教育の本質は、学校という営造物によってなされる国民の教化、育成であって、それが国又は公共団体によって施行される場合でも、国民ないし住民を支配する権力の行使を本質とするものではない。このことは、学校を設置することができるものが、国又は地方公共団体だけに止まらず、私立学校の設置を目的として設立された法人をも含む（教育基本法第六条、学校教育法第三条参照）ことから考えても判るだろう。従って、学校教育は、国又は公共団体によってなされると、学校法人によってなされるとを問わず、所謂非権力作用に属するものである。それ故学校教育に従事する公務員は公権力の行使に当たるものではない」と判示した。

同旨、松山地西条支判昭四〇・四・二一下民集一六巻四号六六二頁。

(8)　医療過誤

国公立病院の医師等の医療行為について、梅毒輸血事件における最判昭三六・二・一六民集一五巻二号二四四頁が民法不法行為法を適用し、これが判例となり、通説もこれを支持している。しかし、医療行為であっても、公権力の行使に当たるとする判例がある。

大阪地判昭四八・九・一九下民集二四巻九～一二号六五〇頁は、拘置所での医療行為を公権力の行使にあたるとし、被収容者に対する手術及び手術後の治療について医師の過失を認め、国に損害賠償責任があるとした。

(9)　その他の事例

東京地判昭五五・六・一八下民集三一巻五～八号四二八頁は、「弁護士会がその会員たる弁護士に対して行う懲戒は、弁護士法の定めにより弁護士会に付与された公の権能の行使として行うものであり、この懲戒に対しては同法五九条により日本弁護士会連合会に行政不服審査法による審査請求ができ、さらに、日本弁護士会連合会のなした審査裁決又は懲戒については、同法六二条によって東京高等裁判所に行政事件訴訟法による取消訴訟を提起できるから、右懲戒処分は国家賠償法にいう『公権力の行使』にあたると解することができる」と判示した。

東京高判昭五五・六・二三判時九七三号九四頁は、「国民が国の運営する郵便事業を利用する場合の関係を権力関係と捉えること、換言すれば、郵便局郵政事務官（以下「郵便局員」という）の郵便利用者に対する役務の提供を公権力の行使と解することは、その性質上適当でなく、郵便局員が右役務の提供にあたり他人に損害を加えたとしても、国家賠償法一条の場合に該当しないものと解すべきである」と判示した。

大阪地判昭五八・六・八判時一〇八九号八〇頁は、年賀ハガキの売りさばきにつき、「郵便事業は、国が国民に対し郵便の役務を提供することによって公共の福祉の増進をはかることを目的としたものであって、公企業として行われるものであるが、事業内容自体私人の行う行為と特に異なるところがなく、私的事業に類似する非権力的なものであって、もとより国の権力の行使を本質とするものではなく、このことにかんがみると、国の郵便事業を行う郵政省と郵便利用者との間に生ずる郵便の利用に関する法律関係は、純然たる経済関係であって、私法上の法律関係であるといわなければならないところ、郵便切手類の売りさばきは、郵便の送達等に付随するものであって、右にいう郵便の利用に含まれることはいうまでもないことである。」と判示した。

(10) 横浜地判昭三八・一〇・三〇下民集一四巻一〇号二一三五頁は、「国家賠償法第一条の公務員の公権力の行使としての職務上の行為の中には作為のみならず不作為もまた包含されるものと解すべきである」と判示した。

(3) 国または公共団体

国家賠償法一条にいう「国又は公共団体」とは、公権力の行使の帰属主体をいう。そのうち、「公共団体」とは、地方公共団体のほか、公共組合や特殊法人がこれに属する。ある団体の業務執行が公権力の行使に当たるときは、その団体が組織法上の公共団体であるか否かを問わず、結果的に、その団体は国家賠償法一条にいう公共団体となる。(1) 判例は、日本自転車振興会(2)や弁護士会(3)を公共団体に含めているが、社団法人たる医師会(4)については学説が別れている。

(1) 塩野　宏『行政法上』二三三頁、西埜　章『国家賠償法』三四頁、稲葉　馨「公権力の行使にかかる賠償責任」『現代行政法大系6』二四頁。

(2) 東京地判昭四七・一二・二五下民集二三巻九～一二号七〇三頁は、「日自振（＝日本自転車振興会）の業務執行機関である会長、副会長、理事（自転車競技法一二条の八、一項ないし三項）がその業務として競輪選手の登録削除およびあっせん保留の処分を決定する行為は、国家賠償法一条一項にいう『公共団体の公権力の行使に当たる公務員が、その職務を行う』行為であって、その者の故意または過失によって違法に他人に損害を加えたときは、同条により、公共団体たる日自振が損害賠償の責任を負うものというべきである。」と判示した。

（3） 東京地判昭五五・六・一八下民集三一巻五～八号四二八頁は、「弁護士会は弁護士の指導、連絡および監督に関する事務を行うことを目的とする法人でり、弁護士を強制加入させ、国から管理の権能を委譲された公の団体であって、国家賠償法一条にいう『公共団体』に該当（する）」と判示した。

（4） 仙台地判昭五七・三・三〇行集三三巻三号六九二頁は、優生保護法により妊娠中絶を行うことのできる医師を「指定」する権限（＝公権力の行使）を授与されている医師会は、「行政庁」に該当するとしたが、「国又は公共団体」に含まれるかどうかの問題にはふれていない。学説は、公権力の行使は国の機関としての都道府県医師会が行うものであるから国が公権力の帰属主体であるという見解と公権力の行使は都道府県自体に法律上付与された権限であるから当該医師会が国家賠償法にいう「公共団体」であるという見解に分かれている（宇賀克也『国家補償法』三三頁）。

（4） 公務員

公務員とは公権力の行使の権限を与えられた一切の者を指す[1]。公務員の概念は身分上の概念ではなく機能上の概念である。したがって、公務に従事する期間が臨時的・一時的なものでもよいし、給与・報酬等を要件としない[2]。私人であっても、所得税の源泉徴収義務者（所税一八一条、一八三条）や地方税の特別徴収義務者（地税三二一条の三、四）は、ここにいう公務員に該当する。公務員に当たるとされた例としては、執行吏（執行官）[3]、拘置所長の委託により拘置所内で医療行為を行った開業医[4]、検察官の留置した物件を保管した私人[5]、地方競馬の審判員として派遣された地方競馬全国協会の職員[6]、精神薄弱者収容施設（社会福祉法人）の職員[7]、道交法一〇四条四項の指定医[8]、弁護士会の懲戒委員会委員[9]、非常勤の消防団員[10]、拘置所の非常勤医師[11]、執行官の執行補助者[12]、補導委託の受託者[13]などがある。また、公務員に当たらないとされる例としては、裁判官が不動産の評価を命じた評価人[14]、市の許可を受けた汚物収集業の被用者、[15] 仮処分の執行の際の目的物の保管者、[16] 行政委嘱ボランティアがある。ボランティア活動は公務の遂行ではなく、ボランティア活動を奨励するための行政嘱託に従事する者は公務員に当たらないといえよう。[17]

（1）田中二郎「国家賠償法について」同『行政上の損害賠償及び損失補償』一六八頁。
（2）稲葉　馨「公権力の行使にかかる賠償責任」『現代行政法大系6』二四頁、西埜　章『国家賠償法』四五頁。
（3）最判昭四一・九・二二民集二〇巻七号一三六七頁は、「民法四一四条・民訴法七三三条一項による授権決定にもとづく代替執行は、債務者のなすべき作為の内容を代わって行う者が、債権者自身であると、債権者の委任した第三者であると、あるいは債権者の委任した執行吏であるとを問わず、ひとしく債務者の意思を排除して国家の強制執行権を実現する行為であるから、国の公権力の行使であるというべきである。
　この権限を債権者が執行吏に委任したときは、当該執行吏は、国家賠償法上の公務員となる。」と判示した。
（4）大阪地判昭四八・九・一九下民集二四巻九～一二号六五〇頁は、「喜多幅医師は、……開業医であって国の公務員ではないが、大阪拘置所長の委託により本件虫垂切除手術に及んだものであり、……拘置所での医療行為が……公権力の行使にあたることはいうまでもないから、被告国は前記委託に基づく履行補助者としての喜多幅医師……の所為につき、国家賠償法一条一項、六条により、そのため原告の被った損害を賠償する責任を負うものといわねばならない。」と判示した。
（5）東京地判昭四九・三・一八下民集二五巻一～四号一八一頁は、「検察官が刑訴法二二二条一項、一二一条一項二によって、その保管を私人である第三者に委託するいわゆる庁外保管の場合でも検察官の留置は継続するのであつて、その委託を受けた私人のする保管は、それが検察官の留置行為を具体的に形成するものであるという意味において、公権力の行使たる性質を有し、その限りにおいて右私人は、検察官の補助者として、国家賠償法一条にいう公務員に該当するものというべきである。」と判示した。

(6)　金沢地判昭五〇・一二・一二判時八二三号九〇頁は、地方競馬全国協会の職員（審判委員）が市町村に派遣され、「派遣を受けた地方公共団体において処理する事務が公権力の行使に相当するものであるときは、その事務を処理する協会の職員は、右地方公共団体の長の指揮、監督を受けてこれを処理するものであって、国家賠償法制定の趣旨に照らせば、当該地方公共団体の身分を有する職員がその事務を処理した場合とその効果において何ら異なるところなく、これと同視すべきものであるから、この場合の協会の職員をもって派遣を受けた地方公共団体の公権力の行使に当たる公務員と解するのが相当である。」と判示した。

(7)　広島地福山支判昭五四・六・二二判時九四七号一〇一頁は、国家賠償法一条にいう「『公務員』には、同法の被害者救済の目的に照らし、必ずしも公務員としての身分資格を有するものに限定せず、実質的に公務を執行するすべての者、したがって、すべての国または公共団体のために公権力を行使する権限を委託された者をも含むと解するのが相当である。

そうすると、被告福山市の行う社会福祉事業は国家賠償法一条一項にいう『公権力の行使』に該当し、また被告福山市から精神薄弱者の生活指導、職業授産の委任を受けた被告愛生会の被用者として、現実に右業務の執行に携わるその職員は、右法条にいう『公権力の行使に当たる公務員』であるということができる」と判示した。

(8)　津地判昭五五・四・二四判時九九四号九四頁は、公安委員会の指定医につき、「国家賠償法一条一項所定の『公務員』とは同条の立法目的よりして国家公務員法等により公務員としての身分を与えられたものに限らず、およそ、公務を委託されてこれに従事する一切のものを指すと解するのが相当である。……指定医もまた国家賠償法の関係においては、『公務員』というにさまたげないものということができる。」と判示した。

(9)　東京地判昭五五・六・一八下民集三一巻五〜八号四二八頁は、弁護士会の「懲戒委員会は弁護士会の懲戒権の行使を担当する機関として法律上設置されたもので、右会の委員長ら委員は弁護士会の機関の構成員として公権力の行使にあたる懲戒権を委託されこれを遂行するものと考えられるから、右委員は国家賠償法一条にいう『公権力の行使にあたる公務員』にあたると解するのが相当である。」と判示した。

(10)　岐阜地判昭五六・七・一五判時一〇三〇号七七頁は、市設置の消防団に属する非常勤消防団員につき、「消防員に任命された者は、公務に従事していると否とにかかわらず公務員たる地位にあると解されるから、国家賠償法適用の有無はもっぱら……職務行為該当性によって決せられるべきことがらである。」と判示した。

(11)　大阪地判昭五八・五・二〇判時一〇八七号一〇八頁は、拘置所の非常勤医師につき、「医師も、同拘置所の被拘禁者の診療に関しては公権力を行使する公務員というを妨げない。」と判示した。

(12)　名古屋高判昭六一・三・三一判時一二〇四号一一二頁は、執行官の執行補助者としての私人につき、「国家賠償法一条の『公務員』とは、同法の目的に照らし、単に組織法上の公務員たるにとどまらず実質的に公権力の行使たる公務の執行に携わる者を広くいうものと解するのが相当であるから、この点からみると、債権者の委任を受け、国の公権力の行使として代替執行を行った執行官の執行補助者として、執行行為たる本件搬出行為に携わった被控訴人らの前記従業員らも、右執行補助者としての行為に関する限り、同法条にいう公務員というに妨げないものというべきである。」と判示した。

(13)　浦和地判平八・二・二一判タ九一九号九四頁は、補導委託の受託者につき、国家賠償法「一条にいう『公務員』とは、組織法上の公務員に限らず、実質的に国又は地方公共団体のために公権力の行使たる公務の執行に携わる者を広く指すものと解すべきところ、補導委託における補導行為の右のような性質に鑑みれば、その受託者は、補導行為に関する限り、同法上の公務員というを妨げないものと解される。」と判示した。

(14)　高知地判昭六一・六・二三判時一二四八号一〇八頁は、「原告は、評価人は被告の公権力の行使に当たる公務員である旨主張する。しかしながら、評価人は執行裁判所によって選任され、執行裁判所の評価命令に基づき、競売物件である不動産の適正な評価を行うべき立場にあるが、執行裁判所または執行官の補助機関として右評価を行うものではなく、裁判所とは身分上の関係もなく、裁判所から独立して、専門家として自己の意見を述べるにすぎないから、公権力を行使するものではない。

従って、評価人は執行裁判所または執行官の補助機関ではなく、また国賠法上の職員にも該当しない」と判示した。

(15) 大阪高判昭四九・一一・一四判時七七四号七八頁は、市の許可を得た業者の行う特別清掃地域内の汚物の収集・運搬・処分は市の公務の執行に属さず、「業者の被用者である訴外Aの惹起した本件事故は、公務員がその職務を行うにつき控訴人に損害を加えた場合にあたるものとは認められないというべきである。」と判示した。

(16) 最判昭三四・一・二二訟月五巻三号三七〇頁は、仮処分の執行の際執行吏が第三者を執行の目的物の保管者に選任した場合、右保管者は国家賠償法にいわゆる公務員に当たらない、と判示した。

(17) 宇賀克也『国家補償法』三六頁。

(5) 職務を行うについて

(1) 「職務を行うについて」の意義

「職務を行うについて」とは、公務員がその職務行為を誤った場合を意味する。(1) すなわち、職務行為自体より広いが、単に「職務行為に際して」より狭く、それは当該加害行為が職務行為と実質的に関連する一切の場合を指し、その行為が客観的に見て職務執行行為たる外形を有する場合にも「職務を行うについて」に該当する。(2) これがいわゆる外形主義である。外形主義の根拠は、被害者救済を重視する点に求められているが、(3) それだけでは理由は薄弱であり、学説は、外形主義について、次のような説明を加えている。民法七一五条の適用に関して外形主義が採用されていること、(4) 公務員に職務・権限を授ける以上それが違法に行使される可能性があり、(5) したがって国または公共団体はその結果について当然に危険主義に基づく責任を負わなくてはならない。(6) しかし、賠償責任を肯定する実質的理由は被害法益の重大性にあり、外形主義の一般的妥当性を疑問視する見解もある。(7)(8)

(2)　職務義務

職務行為を誤った場合とは職務義務に違反することをいう。すなわち、損害賠償責任が成立するためには、個別の国民に対する職務義務違反がなければならない。[9] 職務義務は公務員と国との関係において成立するが、それは外部法および内部法から生じる。したがって、職務義務は自動的に同時に第三者に対する法的義務ではない。職務義務は、それが一般的利益のためだけでなく第三者(個別の国民)をも保護する目的を有する場合に、法的義務となる。[10] その違反が損害賠償責任を生じさせる。個別の国民に対する職務義務は、個別具体的に判断されなければならないが、重要なものは次の通りである。

①　適法な行為をすべき義務　この義務は、法律による行政の原理または当該個別的法律および公務員法の規律から生じる。法律による法的義務違反は同時に適法な行為をすべき職務義務違反である。

②　瑕疵なき裁量行使をすべき義務　裁量の当不当は不法行為法の問題にならない。裁量権の範囲を逸脱し、または裁量権の濫用があった場合に、そのような違法な裁量行使が賠償責任を根拠づける。[11]

③　無関係の第三者を思いやる義務　無関係の善良な第三者が侵害を受けないように職務を執行しなければならない。例えば、警察官が犯人を追跡中、徒にピストルを乱射し、無関係の市民を射殺した場合には、損害賠償の問題が生じる。

④　正しい情報を提供をすべき義務　行政庁に対し申請をした国民が不利な結果となる措置を受けることがわかった場合には、情報提供に努め(行手九条二項)、説明し教示しなければならない。説明・教示は、正しく一義的で、かつ完全でなければならない。情報提供を故意に怠るときは、損害賠償責任が問題になりうるといえよう。[12]

⑤　迅速な決定をすべき義務　法治国家においては、行政庁は、適正な決定を行う義務だけでなく、申請を

迅速に処理し、その審査が終了したら、遅滞なく決定をすべき義務を負う。申請処理の遅滞は不作為の違法確認の訴えにより攻撃することができるが、故意過失ある場合には損害賠償請求もできる。[13]

⑥　行政介入ないし規制権限を行使すべき義務　　国民が警察ないし行政の規制権限の行使を求める請求権を有する場合に、警察ないし行政が権限を行使しないときは、被害者に対する職務義務違反となる。行政便宜主義をとる場合または規制権限行使につき行為裁量が認められる場合に、具体的事情により裁量収縮が認められるときは、規制権限を行使すべき義務が生じる。[14]

⑦　特別権力関係における安全配慮義務　　特別権力関係においても、民法上の雇用契約関係におけると同様に、生命・健康等を保護すべき安全配慮義務がある。国の安全配慮義務違反を理由とする損害賠償請求は、債務不履行に基づく損害賠償請求であり、最高裁はこれを公務災害について認め、[15]下級審判例は学校事故に関してこれを認めている。[16]しかし、国家賠償法一条が適用できる場合に、これを債務不履行に基づく損害賠償として構成する実益は、消滅時効の点を除いて、ほとんどない。[17]ちなみに、安全配慮義務違反に基づく債務不履行責任の消滅時効期間は、民法一六七条一項により一〇年であり、国が債務者であっても、会計法三〇条の適用はない。むしろ、安全配慮義務は公務員の職務上の法的義務として構成し、国家賠償法一条の問題として考えるべきであろう。

（1）　柳瀬良幹『行政法教科書（再訂版）』一三五頁（昭四四・有斐閣）。

（2）　田中二郎『行政法上』二〇五頁、乾　昭三「国家賠償法」『注釈民法⒆』四〇二頁、今村成和『国家補償法』一〇五頁、古崎慶長『国家賠償法』一〇五頁。

最判昭三一・一一・三〇民集一〇巻一一号一五〇二頁（＝行政判例百選Ⅱ139「公務員の職務行為の範囲」）は、国家

賠償法第一条は、「公務員が主観的に権限行使の意思をもってする場合にかぎらず、自己の利をはかる意図をもってする場合でも、客観的に職務執行の外形をそなえる行為をしてこれによって、他人に損害を加えた場合には、国又は公共団体に損害賠償の責を負わしめて、ひろく国民の権益を擁護することをもって、その立法の趣旨とするものと解すべきである」と判示した。

本判決は、「職務を行うについて」に関する指導的判例であり、事件は、非番の巡査が、もっぱら自己の利益を図る目的で、制服制帽を着用し、管轄区域外で、警察官の職務執行をよそい、被害者の所持品を不法領得するため、同僚から盗んだ拳銃で同人を射殺したものである。本件は、警察官が純粋な個人的問題のためにした強盗殺人事件であり、警察官は、「職務を行うについて」ではなく、「職務行為に際して」行動しているというべきであろう。本件については、盗まれた拳銃の管理責任（国賠法一条一項）または管理瑕疵（同法二条一項）を追求することによって、国家賠償責任を肯定することも可能であったという見解もある（宇賀克也『国家補償法』四一頁）。

大阪地判昭六一・九・二六判時一二二六号八九頁は、警察官がけん銃を無断で持ち出して愛人を殺害したことにつき、同警察官の上司にけん銃の管理上の過失があると判示し、大阪高判昭六二・一一・一七判時一二七五号六二頁は、けん銃及びその保管箱の設置・管理に瑕疵があると判示した。

（3）古崎慶長『国家賠償法』一三九頁。
（4）我妻　栄・有泉　亨『債権法』五七二頁（昭二六・日本評論社）、加藤一郎『不法行為』一八〇頁以下（昭三三・有斐閣）、幾代　通『不法行為』一九四頁（昭五二・有斐閣）。
（5）柳瀬良幹「公務員の職務行為の範囲」行政法百選II［第一版］二七一頁。
（6）今村成和『国家補償法』一〇六頁。
（7）雄川一郎「行政上の損害賠償」『行政法講座三巻』一二頁。
（8）「職務を行うについて」に該当するとされた事例
広島地呉支判昭三四・八・一七下民集一〇巻八号一六八六頁は、「国家賠償法第一条に規定する『職務を行うにつき』の法意が純然たる職務の執行行為のみならず職務行為に社会常識上通例関連ある行為を行う場合をも含むと解せられるところから」、取り調べ警察官の「発言が雑談中になされたものであり、所謂公式発表としてなされたものでないこと……本件捜査の継続中に警察署内でなされたこと……自らなした捜査事件に関し、聞き手が新聞記者であり且つ当該事件に関して取材に来ている事実を充分に認識しながらなされていること……等諸般の事情を考え合わせるとこれを職務を行うにつきなしたる行為と解するを相当とする。」と判示した。

広島地呉支判平五・三・一九判時一四八〇号一二九頁は、町立小学校の教諭が担任する児童に猥褻行為をしたこと、その後謝罪に赴いた際に同女を殺害したことにつき、それらの行為は職務行為の外形の中にあったと認めるのが相当である、と判示した。

「職務を行うについて」に該当しないとされた事例

福島地判昭三〇・三・一八下民集六巻三号四八八頁は、「国家賠償法第一条の規定により国は損害賠償責任を負担すべきものは、国の公権力の行使にあたった公務員の不法行為が、少なくとも、外形上その者の職務範囲に属し、または、その職務遂行に必要な事務上のものに限定されるのである。もともと当該公務員の職務にかような関連がない不法行為についてまでも国がその損害賠償責任をおうべきいわれはない。本件において、捜査の結果を発表して、取材記者に新聞記事の素材を提供するかどうかは、司法警察職員である右、本宮地区警察署次席、同署捜査主任の職務範囲に属しないものであることは明らかであり、右の者らがその職務を遂行するに必要な事務でもないことはいうまでもないところである。従って、原告が前示の新聞記事の掲載により損害を被ったものとして、国にその賠償を求めるのは、その前提において失当である」と判示した。

大阪地判昭四一・一〇・三一訟月一三巻六号六六九頁は、受刑者の性格、素行等について刑務職員が民事法廷で証言をなすことは、「裁判権に服する者の義務としてなされるものであって、本来の『職務を行うについて』とは関係のないところである。それ故……前記証言が原告に対し不法行為を構成するものとしても、その職務を行うについてなしたものと解せられないから、国に対してその損害の賠償を請求することはできない。」と判示した。

最判昭五八・七・八判時一〇八九号四四頁は、県立高校ラグビー部顧問兼監督教諭が社会人ラグビーチームの要請に応じて他の県立高校のラグビー部員に対して右社会人チームへの参加を呼びかけポジションを指定したことが右部員に対して公権力を行使したことにあたらず、これを公権力の行使として判断したことは、公務員の職務行為に関する法令の解釈を誤ったものである、と判示した。

東京高判昭六一・八・六判時一二〇〇号四二頁は、刑事事件において違法に逮捕した検挙警察官とその友人が偽証工作をしたとして、東京都につき国家賠償法一条により、また友人につき民法七〇九条の不法行為により各賠償責任があるとした事件について、警察官個人については、捜査機関の取調べに対して虚偽の供述をし、かつ刑事裁判で偽証したことは、同人の警察官としての職務を行うについてした行為に該当しないので、右行為については東京都に国家賠償法一条一項の責任はなく、警察官個人に民法七〇九条の損害賠償責任がある、と判示した。

福島地平支判昭三四・二・一〇訟月五巻三号四〇二頁は、「登記官吏である地方法務局の出張所長が私人間の売買を斡旋するように装うて他人を欺罔し金員を騙取した場合において、その欺罔の一手段として登記済み及び歴印を押捺した内容虚偽の公文書を行使したときは、同出張所長の右行為は、登記官吏の取扱う登記事務のどれかを行うについてなされたものでないばかりでなく、行為の外形からみてもその職務を行うについてなされたものと目することはできない。」（判決要旨）と判示した。

（9）　最判昭六〇・一一・二一民集三九巻七号一五一二頁（＝行政判例百選II 149「立法活動と国家賠償責任」＝在宅投票制廃止事件）は、「国家賠償法一条一項は、国又は公共団体の公権力の行使に当たる公務員が個別の国民に対して負担する職務上の法的義務に違背して当該国民に損害を加えたときに、国又は公共団体がこれを賠償する責に任ずることを規定するものである。」と判示した。

（10）　職務義務は公務員の使用者としての国に対する関係において成立する。職務関係においては、公務員と国民との間には直接的な法律関係は存在しない。公務員の国民に対する直接的な行為義務は国に対して負うている義務である。この相互に関係のない二つの法律関係の間のすき間は、特定の職務義務が外部的効果（＝第三者効果）を認められ、したがって、国家だけでなく、国民も職務義務の享受者である場合に、埋められる(F. Ossenbühl, Staatshaftungsrecht, 5. Aufl., 1998, S. 42f.)。

(11)　最判昭五三・五・二六民集三二巻三号六八九頁（=行政判例百選Ⅰ27「行政権の濫用」=個室付浴場事件）は、「原審の確定した事実関係のもとにおいては、本件児童遊園設置認可処分は行政権の著しい濫用によるものとして違法であり、かつ、右認可処分とこれを前提としてなされた本件営業停止処分によってXが被った損害との間には相当因果関係があると解するのが相当であるから、Xの本件損害賠償請求はこれを認容すべきである。」と判示した。

最判昭六三・六・一六訟月三五巻三号三七二頁は、「公務員が刑事事件につき起訴された場合に、休職処分を行うか否かは、任命権者の裁量に任されているというべきであり、任命権者が右の裁量権の行使としてした休職処分は、裁量権の範囲を逸脱し、又はこれを濫用したと認められる場合でない限り、国家賠償法一条一項にいう違法な行為には当たらない」と判示した。

(12)　宮田三郎『行政手続法』八七頁（平一一・信山社）。

京都地判平三・二・五判時一三八七号四三頁は、認定主義（非遡及主義）を採用する児童扶養手当制度について、行政庁には制度の周知徹底を図るべき義務があり、広報が不完全ないし不徹底なため、受給者が制度を知りうる状況になく、受けうる支給を受けられなかったとして、周知徹底義務に違反したことを理由に国家賠償請求を一部認容した。

しかし、大阪高判平五・一〇・一五判例地方自治一二四号五〇頁は、広報は法的強制を伴わない責務であり、行政の対応は裁量の範囲を著しく逸脱し違法となるものではないとして、第一審判決を取り消した。

(13)　最判昭六〇・七・一六民集三九巻五号九八九頁（=行政判例百選Ⅰ110「行政指導による建築確認の留保」）は、「建築主が、建築確認申請に係る建築物の建築計画をめぐって生じた付近住民との紛争につき関係機関から話合いによって解決するようにとの行政指導を受け、これに応じて住民と協議を始めた場合でも、その後、建築主事に対し右申請に対する処分が留保されたままでは行政指導に協力できない旨の意思を真摯かつ明確に表明して当該申請に対し直ちに応答すべきことを求めたときは、行政指導に対する建築主の不協力が社会通念上正義の観念に反するといえるような特段の事情が存在しない限り、行政指導が行われているとの理由だけで右申請に対する処分を留保することは、国家賠償法一条一項所定の違法な行為となる。」（判決要旨）と判示した。

最判平三・四・二六民集四五巻四号六五三頁（＝行政判例百選Ⅱ145「申請処理の遅延による精神的損害の賠償」＝水俣病認定遅延訴訟）は、㈠「認定申請者としての、早期の処分により水俣病にかかっている疑いのままの不安定な地位から早期に解放されたいという期待、その期待の背後にある申請者の焦操、不安の気持ちを抱かされないという利益は、内心の静穏な感情を害されない利益として、これが不法行為法上の保護の対象になり得るものと解するのが相当である。」

㈡「一般に、処分庁が認定申請を相当の期間内に処分すべきは当然であり、これにつき不当に長期間にわたって処分がされない場合には、早期の処分を期待していた申請者が不安感、焦燥感を抱かされ内心の静穏な感情を害されるに至るであろうことは容易に予測できることであるから、処分庁には、こうした結果を回避すべき条理上の作為義務があるということができる。

そして、処分庁が右の意味における作為義務に違反したといえるためには、客観的に処分庁がその処分のために手続上必要と考えられる期間内に処分できなかったことだけでは足りず、その期間に比して更に長期間にわたり遅延が続き、かつ、その間、処分庁として通常期待される努力によって遅延を解消できたのに、これを回避するための努力を尽くさなかったことが必要であると解すべきである。」と判示した。

⒁　裁量収縮論については、宮田三郎『行政法総論』一四七頁以下（平九・信山社）を見よ。

⒂　最判昭五〇・二・二五民集二九巻二号一四三頁（＝行政判例百選Ⅰ21「国家公務員に対する国の安全配慮義務」）は、「国は、公務員に対し、国が公務遂行のために設置すべき場所、施設もしくは器具等の設置管理又は公務員が国もしくは上司の指示のもとに遂行する公務の管理にあたって、公務員の生命及び健康等を危険から保護するよう配慮すべき義務（以下「安全配慮義務」という。）を負っているものと解すべきである。もとより、右の安全配慮義務

の具体的内容は、公務員の職種、地位及び安全配慮義務が問題となる当該具体的状況等によって異なるべきもので……あるが、国が、不法行為規範のもとにおいて私人に対しその生命、健康等を保護すべき義務を負っているほかは、いかなる場合においても公務員に対し安全配慮義務を負うものではないと解することはできない。けだし、右のような安全配慮義務は、ある法律関係に基づいて特別な社会的接触の関係に入った当事者間において、当該法律関係の付随義務として当事者の一方又は双方が相手方に対して信義則上負う義務として一般的に認められるべきものであって、国と公務員との間においても別異に解すべき論拠はなく、公務員が前記の義務を安んじて誠実に履行するためには、国が、公務員に対し安全配慮義務を負い、これを尽くすことが必要不可欠である」、「原判決は、自衛隊員であった訴外Aが特別権力関係に基づいてYのために服務していたものであるとの理由のみをもって、X_1らのYに対する安全配慮義務違背に基づく損害賠償の請求を排斥しているが、右は法令の解釈を誤ったもの」である、と判示した。

(16)　福岡高判平元・二・二七高民集四二巻一号三六頁は、「(判決要旨) 県立高等学校生徒のクラブ活動におけるラグビー部夏季合宿中の練習の一環として、同部顧問教諭の指導監督のもとに行われた、高校生チームと、技能・体力等に格段の差のある強力な社会人チームとの試合同様の練習において、右教諭は、経験と技術が特に必要で危険なフッカーに、未熟で経験の浅い生徒を急きょ起用しないよう配慮すべき義務を負う。」と判示した。

東京地判平二・六・二五判時一三六六号七二頁は、市立高校三年生が放課後文化祭用のぬいぐるみを着用して個人的な記念撮影中誤って校舎屋上から転落死した事故につき、在学契約に付随する安全配慮義務違反があったとして、民法四一五条により、学校の損害賠償責任を認めた。

京都地判平五・五・二八判時一四七二号一〇〇頁は、市立中学二年生が野球部の紅白戦でマスクを着けずに主審をし、ファルチップで負傷した事故につき安全配慮義務違反を認める、判示をした。

大阪地判平五・一二・三判タ八六八号二三四頁は、高校ラクビー部での紅白試合の中でスクラムを組みもみ合う最中に高校一年生が頸髄損傷等の傷害を負った事故について、指導教諭の安全配慮義務違反によるものであるとして、学校側に損害賠償義務を認めた。
(17)　宇賀克也『国家補償法』三七一頁。

(6)　違　法　性

文献　村上義弘「行政権の行使における違法と国家賠償法上の違法」『国家補償法大系2』、阿部泰隆「国家賠償法における違法と抗告訴訟における違法」『行政法の争点』

(1)　違法の意義

国家賠償法一条は権利侵害ではなく違法性を国家責任の成立要件とした。国家賠償法一条の「違法に」という表現は、民法七〇九条にいう「権利侵害から違法性へ」という判例・学説の成果を取り入れたものであるとされている。(1)

何が違法かについては、違法を法令違反に限定する狭義説(2)と行為の客観的正当性を欠く場合を含むとする広義説が対立している。広義説では、客観的な成文法の違背だけでなく、人権の尊重、権利濫用、信義誠実、公序良俗などの一般法原則、その他、条理、慣習法を基準として違法性が判断される。(3)しかし広義説のいう「客観的正当性を欠く場合」の具体的内容は不明確である。(4)

国家賠償法で問題となる違法とは、成文法および不文法の違背はもちろん、単なる行政内部的な訓令および職務命令の違反であっても、訓令および職務命令が外部法化している場合を含み、すなわち、職務を行うについて公務員に課せられている一切の法律上の作為・不作為義務に違反することをいうものと解すべきである。

(2) 違法性の判断基準＝結果不法説と行為不法説

一つの法秩序において異なる違法概念がありうる。一つは、違法性を侵害行為の結果（被侵害利益）に結びつけて定めるもの、すなわち、法が認めない結果不法＝権利侵害が違法であるとする考え方があり[(5)]、もう一つは、違法性を侵害行為そのものに結びつけて定めるもの、すなわち、行為規範によって認められない行為不法＝法律による行政の原理に対する違反をいうと解する考え方である[(6)]。結果不法説と行為不法説は架橋できない対立ではない。したがって、行為違法（侵害行為の性質・態様）と結果違法（被侵害利益の種類・内容）とを総合的に考慮すべきであるという折衷説があり[(7)]、これは相関関係説と呼ばれている[(8)]。

(3) 違法性相対説

違法性相対説には、国家賠償訴訟と行政訴訟とでは違法の概念が異なるという主張と、同一の職務行為・権限行使であっても、相手方に対する関係で生じる違法と第三者に対する関係で生じる違法とは異なるという主張が含まれている。

前者は、違法性二元説ともいわれ、取消訴訟における違法性は行為規範違反であるのに対し、国家賠償法における違法性は損害の公平な分担の観点から定められるというものである[(9)]。しかし、同一の行為規範の違反については、当然ながら、国家賠償訴訟でも取消訴訟でも、違法性は同一であるというべきであろう（違法性一元説[(10)]）。

後者は、職務行為の相手方に対する行為規範と第三者に対する行為規範は異なるという考え方に立っており、したがって、違法性の対人的相対性が認められるとする[(11)]。しかし、第三者に対する法益侵害を許容する行為規範は通常欠けているから、公務員の職務行為は、侵害行為と侵害の結果を含めた全体的事象として、公務員の職務上の法的義務に違反するかどうか、すなわち、違法かどうかを統一的に評価すべきであり、現行法のもとでは法の明示に認めない行為はすべて違法の行為というべきであり[12]、違法性の対人的相対性は認められないと解すべきであろう[13]。

(4)　職務行為基準説と結果違法説

職務行為基準説と結果違法説は、警察官の逮捕や検察官の公訴の提起が、刑事事件で無罪が確定した場合、公訴の提起等が直ちに違法となるかどうかについての考え方の対立である。職務行為基準説とは、警察官や検事が職務執行に際し、合理的な判断・職務執行を行ったかどうかを基準とし、したがつて公訴の提起等は無罪判決が確定することによって直ちに違法となるものではないとする。これに対し結果違法説は、無罪判決が確定すれば、公訴の提起等は結果的に妥当といえないので当然に違法であるとする考え方である。判例は職務行為基準説をとっている[14]。

職務行為基準説と結果違法説との対立の問題は、むしろ、違法判断の基準時の問題として考えるべきである。職務行為基準説は、警察官の逮捕や検察官の公訴の提起等の職務行為の適法性を逮捕や公訴提起の時点における事実関係および法的関係を基準にして判断すべきであるという考え方であり、結果違法説は、それらの職務行為の適法性を判決時における事実関係および法的関係を基準にして判断すべきであるという考え方であると見ることができよう。

また、行為不法説の中に、さらに、公権力発動要件の欠如を違法と解する公権力発動要件欠如説と職務行為基準説を区別する見解があるが[15]、両者は多くの場合一致するということができる。しかし結果不法説と結果違法説は区別しなければならない。結果不法説は行為がもたらした結果についての法的評価であり、結局行為と結果を一体と見るのに対し、結果違法説は行為そのものについての評価であるといえよう。

（1）　宇賀克也『国家補償法』四二頁。

大判大一四・一一・二八民集四巻十二号六七〇頁は、「民法第七百九條ハ故意又ハ過失ニ因リテ法規違反ノ行為ニ出テ以テ他人ヲ侵害シタル者ハ之ニ因リテ生シタル侵害ヲ賠償スル責ニ任スト云フカ如キ廣汎ナル意味ニ外ナラス」と判示した。

（2）　磯崎辰五郎『行政法（総論）』三九七頁（昭三〇・青林書院）。

（3）　今村成和『国家補償法』一〇七頁、古崎慶長『国家賠償法』一七一頁、秋山義昭『国家補償法』六九頁。

東京高判昭四五・八・一判時六〇〇号三二頁（＝松川事件国賠訴訟）は、「捜査権および公訴権の行使は、その性質上当然に相手方たる被疑者又は被告人の基本的人権を多かれ少なかれ侵害するものであるから、その違法性判断の基準として権利侵害の概念を持ち出すのは相当でないことは明らかで、国家賠償法第一条の規定する『違法に』というのは、右の権利侵害が違法に加えられたこと、すなわち、国の権力行使が、客観的に見て、法の許容する限界を超えてされることを指しているものと考えてよいであろう。これらの権力行使は多くの場合法令によって規制されているが、その違法性の有無を判断するについては、狭義の法規違反のみに限るべきでなく、基本的人権の尊重・権利濫用の禁止・公共の福祉の維持・公序良俗・信義則・条理などの、法運用の一般原則をもとり入れて判断の基準とすべきことは言うまでもない。なお、これらの権力を行使する公務員は、第三者たる被疑者又は被告人に対しその権力の行使をするに当たって、法の許容する限界を超えてはならない、という職務上の義務を負担しているから、公務員の主観的側面からみれば、『違法性』はかかる公務員の職務上の義務違反を指すことになる。」と判示した。

東京地判昭五一・五・三一判時八四三号六七頁は、「国家賠償法一条一項にいわゆる違法とは、厳密な法規違反のみを指すのではなく、当該行為（不作為を含む）が法律、慣習、条理ないし健全な社会通念等に照らし客観的に正当性を欠くことをも包含するものと解するのが相当である。けだし、不法行為責任が元来損害の公平な分担を目的としているのみならず、今日では公務員が法令に基づかないで事実上職務行為を行っている場合（例えば行政指導等）が少なくないからである。」と判示した。

最判昭六二・一〇・三〇判タ六五七号六六頁は、「租税法規に適合する課税処分について、法の一般原理である信義則の法理の適用により、右課税処分を違法なものとして取り消すことができる場合があるとしても、法律による行政の原理なかんずく租税法律主義の原則が貫かれるべき租税法律関係においては、右法理の適用については慎重でなければならず、租税法規の適用における納税者間の平等、公平という要請を犠牲にしてもなお当該課税処分に係る課税を免れしめて納税者の信頼を保護しなければ正義に反するといえるような特別の事情が存する場合に、初めて右法理の適用の是非を考えるべきものである。」と判示した。

(4)　客観的正当性を欠く場合とは、具体的には、裁量行為の不当性をそれに含めるか否かの問題である。肯定説として、下山瑛二『国家賠償法』五〇頁があり、否定説として、杉村敏正『行政法講義総論　上』二七八頁（昭四四・有斐閣）がある。

判例は裁量権の範囲逸脱・濫用を国家賠償法上違法とする。

最判平三・五・一〇民集四五巻五号九一九頁は、捜査機関が弁護人と被疑者の接見の「日時等を指定する際いかなる方法を採るかは、その合理的裁量にゆだねられているものと解すべきであるから、電話などの口頭による指定をすることはもちろん、弁護人等に対する書面（いわゆる接見指定書）の交付による方法も許されるものというべきであるが、その方法が著しく合理性を欠き、弁護人等と被疑者との迅速かつ円滑な接見交通が害される結果になるようなときには、それは違法なものとして許されないことはいうまでもない。」と判示した。

最判平五・三・一六民集四七巻五号三四八三頁は、教科用図書の検定における合否の判定等の判断は、「学術的、教育的な専門技術的判断であるから、事柄の性質上、文部大臣の合理的な裁量に委ねられるものというべきである。したがって、合否の判定、条件付合格の条件の付与等についての教科用図書検定調査審議会の判断の過程（検定意見の付与を含む）に、原稿の記述内容又は欠陥の指摘の根拠となるべき検定当時の学説の状況、教育状況についての認識や、旧検定基準に違反するとの評価等に看過し難い過誤があって、文部大臣の判断がこれに依拠してされたと認められる場合には、右判断は、裁量権の範囲を逸脱したものとして、国家賠償法上違法となると解するのが相当である。」と判示した。

最判平一〇・四・一〇民集五二巻三号七七六頁は、協定永住許可を受けていた者に対してされた指紋押なつ拒否を理由とする再入国不許可処分につき、「再入国の拒否の判断に関する法務大臣の裁量権の範囲がその性質上広範なものとされている趣旨にかんがみると、協定永住資格を有する者についての法務大臣の右拒否の判断に当たってはその者の本邦における生活の安定という観点もしんしゃくすべきであることや、本件不許可処分が上告人に与えた不利益の大きさ、本件不許可処分以降、在留外国人の指紋押なつ義務が軽減され、協定永住資格を有する者についてはさらに指紋押なつ制度自体が廃止されるに至った経緯等を考慮してもなお、右処分に係る法務大臣の判断が社会通念上著しく妥当性を欠くことが明らかであるとはいまだ断ずることができないものというべきである。したがって、右判断は、裁量権の範囲を超え、又はその濫用があったものとして違法であるとまでいうことはできない。」と判示した。

(5)　山田準次郎『国の無過失責任の研究』一七七頁（昭四三・有斐閣）、松岡恒憲「国家賠償法第一条の違法概念」北九州大学商学論集八巻一＝二号二八頁（昭四七）。国家責任の本質を結果に対する危険責任とみる自己責任説は、むしろ、結果不法説に立つべきであるが、自己責任説と結果不法説の関係は明らかにされていない。

(6)　塩野　宏『行政法II』二四六頁、藤田宙靖『第三版　行政法I』三四一頁（平七・青林書院）、宇賀克也『国家補償法』六一頁、西埜　章『国家賠償法』五七頁、村上義弘「行政権の行使における違法と国家賠償法上の違法」『国家補償法大系2』一〇三頁、高木　光「国家賠償法に於ける『行為規範』と『行為不法論』」石田・西原・高木還暦（中）『損害賠償法の課題と展望』三九頁（平二・有斐閣）。

最判昭六〇・一一・二一民集三九巻七号一五一二頁（＝行政判例百選II 149「立法活動と国家賠償責任」＝在宅投票制廃止事件）は、「国家賠償法一条一項は、国又は公共団体の公権力の行使に当たる公務員が個別の国民に対して負担する職務上の法的義務に違背して当該国民に損害を加えたときに、国又は公共団体がこれを賠償する責に任ずることを規定するものである。」と判示した。

東京地判平四・二・七訟月三八巻一一号一九八七頁は、「国賠法一条一項にいう違法とは、公務員が個別の国民に対して負担する職務上の法的義務に違背することである」と判示した。

これらの判決は行為不法説に立ち、違法性について「職務義務の第三者関係性」を必要とするものであると見られており、このような考え方は国家賠償責任を限定するもので、その適用には慎重な対応が必要であるという批判もある（芝池義一『行政救済法講義』二一一頁・平七・有斐閣、藤田宙靖『第三版 行政法Ｉ』四七四頁、西埜 章『国家賠償法』五七頁）。しかし「職務上の法的義務」違反という構成をとっていることから、直ちに行為不法説（＝職務行為基準説）が演繹されるわけではないという見解がある（宇賀克也『国家補償法』一〇四頁）。

国家賠償法にいう違法とは、当然に、被害者たる国民に対する関係における違法を意味する。違法とは、法令違反をいい、職務上の法的義務違反の必要はないという考え方もあるが（西埜 章『国家賠償法』六五頁）、違法とは職務義務の第三者関係性と同義であるというべきであろう。職務義務違反が、国家賠償責任を成立させるためには、職務義務違反が、同時に、外部効果（第三者関連性）を認められ、法的義務違反となることが必要である。

（7）　村重慶一『国家賠償研究ノート』三四頁、秋山義昭『国家補償法』七一頁、國井和郎「国家賠償法第一条」『国家補償法大系3』八三頁。

京都地判昭四七・七・一四判時六九一号五七頁は、「加害行為が違法であるかどうかは、被侵害利益の種類・性質と、侵害行為の態様との相関関係から判断し、被侵害利益が強固なものでない場合には、侵害行為の不法性が大きくなければ、加害に違法性がないと解するのが相当である。」と判示した。

東京高判昭六二・七・一五訟月三四巻一一号二一一五頁（＝横田基地訴訟）は、「不法行為における違法性の概念は必ずしも明確ではないが、ここでは侵害行為の程度が被侵害利益に対して法律上の救済を与えるのを相当とする程度の被害を被らせるほどのものであるとき、右侵害行為が違法性を帯びることになるという意味でこれを使用することとする。そうすると、不法行為における違法性を判断するには、被侵害利益（その性質と内容）と侵害行為（その態様と程度）の両面から検討することが必要となる。しかし、原則として、それで足りるというべきである。被侵害利益が、例えば、生命権又は身体権であるときは、生命侵害や身体傷害をもたらすような侵害行為は直ちに違法性を帯びるものと解すべきである。」と判示した。

(8)　我妻　栄『事務管理・不当利得・不法行為』（新法学全集）一二五頁以下（昭一四・日本評論社）。

(9)　下山瑛二『国家補償法』一三六頁、遠藤博也『実定行政法』二七三頁（昭六三・有斐閣）、村上義弘「行政権の行使における違法と国家賠償法上の違法」『国家補償法大系2』九頁以下。

東京地判平元・三・二九判時一三一五号四二頁は、運転免許取消処分が違法であるとして求めた国家賠償請求につき、「本件処分には、これを取り消すべき瑕疵があることは右一で判示したとおりであるが、このことから本件処分に関わる公務員の行為が国家賠償法上当然に違法となるものではない。なぜなら、国家賠償法上の違法性は、公務員が具体的状況の下において職務上尽くすべき法的義務に違反したかどうかという観点から判断すべきものであり、したがって、行政処分がその根拠となる行政法規に定める実体的又は手続的な要件を客観的に欠缺しているかどうかという瑕疵判断とは、その判断基準を異にしているからである。」と判示した。

最判平五・三・一一民集四七巻四号二八六三頁（＝奈良民商事件）は、所得税の確定申告に対する更正処分につき、「税務署長のする所得税の更正は、所得金額を過大に認定していたとしても、そのことから直ちに国家賠償法一条一項にいう違法があったとの評価を受けるものではなく、税務署長が資料を収集し、これに基づき課税要件事実を認定、判断する上において、職務上尽くすべき注意義務を尽くすことなく漫然と更正したと認め得るような事情がある場合に限り、右の評価を受けるものと解するのが相当である。」と判示した。

(10)　遠藤博也『国家補償法上』一七二頁以下、阿部泰隆「国家賠償訴訟における違法と抗告訴訟における違法」『行政法の争点』一七七頁、藤田宙靖『第三版　行政法Ⅰ』四七一頁、森田寛二「処分取消訴訟の訴訟物との同一性」雄川献呈『行政法の諸問題中』五二九頁以下（平二・有斐閣）。

熊本地判昭五八・七・二〇判時一〇八六号三三頁（=水俣病認定遅延訴訟）は、「国賠法一条一項の違法と行訴法三条五項の違法と別異に解すべき理由を見い出し得ず、まして本件国家賠償請求における違法は、原告らの主張からも明らかなように不作為判決の違法と全く重なり合っているということができるから、……不作為判決原告らの本件国家賠償請求は、その違法性の判断に関する限り不作為判決の規範力に拘束され、これと異なる判断はできず、被告らもこれと異なる主張はできないということになる。」と判示した。

(11)　遠藤博也『国家補償法上』一六二頁以下、藤田宙靖「行政活動の公権力性と第三者の立場」雄川献呈『行政法の諸問題（上）』一七五頁以下（平二・有斐閣）

(12)　柳瀬良幹『行政法教科書〔再訂版〕』一三二頁（昭四四・有斐閣）。

(13)　横浜地判昭五二・一・二五判時八五五号九五頁（=パトカー追跡事件）は、パトカーによる加害車の追跡行為につき、「追尾の継続が第三者への危害の発生を予測させるのであるから、加害車の追尾を中止するか、又は追尾の継続による……心理的影響を考慮して道路状況に応じた安全速度に減速する等して第三者への損害の発生を防止すべき注意義務があるのに、取締りを急ぐ余り右注意義務を欠き、加害車を同一速度で追尾し続け、その追尾の継続によって、加害者をして本件事故を発生させた点につき過失があるものといわねばならない。」「パトカーで加害者を追尾したことは、……警察官としての適法な職務行為と認めることができる。しかしながら、そのような場合にも、第三者の法益を侵害することを極力避けねばならないことは当然であり、他に手段方法がなく、第三者の法益の侵害が不可避であって、かつ、当該追尾によって達成しようとする社会的利益が、侵害される第三者の法益を凌駕する場合にのみ、第三者の法益侵害につき違法性を阻却されることがあるにすぎないと解すべきものである。」と判示した。

富山地判昭五四・一〇・二六判時九五一号一〇二頁（=パトカー追跡事件）は、パトカーに追跡された逃走中の交通違反車両が惹起した事故につき、「同車の暴走により、通過する道路付近の一般人の生命・身体・財産等に重大な損害を生ぜしめる客観的可能性は極めて高かったものというべきであり、また、このことは、A巡査らにおいても十分認識できたものというべきである。しかも、同巡査らは、……あえて追跡を続行しなくとも交通検問など他の捜査方法ないし事後の捜査によりこれを検挙することも十分可能であったというべきである。

そうであるとすれば、……直ちに追跡速度を減じるか、追跡を中止する等の措置をとって右の如き交通事故の発生を未然に防止すべき注意義務があったものというべきところ、同巡査らは検挙を急ぐあまり、右注意義務を怠り、……時速八〇キロメートルの高速度で追跡を続行するという過失を犯したものというべきである。」と判示した。

最判昭六一・二・二七民集四〇巻一号一二四頁（＝行政判例百選Ⅱ142「パトカー追跡による第三者の損害」）は、「警察官が……交通法規等に違反して車両で逃走する者をパトカーで追跡する職務の執行中に、逃走車両の走行により第三者が損害を被った場合において、右追跡行為が違法であるというためには、右追跡が当該職務目的を遂行する上で不必要であるか、又は逃走車両の逃走の態様及び道路交通状況等から予測される被害発生の具体的危険性の有無及び内容に照らし、追跡の開始・継続若しくは追跡の方法が不相当であることを要するものと解すべきである。」

Y県の巡査であるAらは交通法規等の違反車両の運転手であるBを「現行犯人として検挙ないし逮捕するほか挙動不審車」として「職務質問する必要も」あり、違反車両車の「車両番号は確認」していても「運転者の氏名等は確認できておらず、無線手配や検問があっても、逃走する車両に対しては究極的には追跡が必要」であるから、「当時本件パトカーが加害車両を追跡する必要があった」。また、「本件パトカーの乗務員において当時追跡による第三者の被害発生の蓋然性のある具体的な危険性を予測」することはできず、さらに「本件パトカーの前記追跡方法自体にも特に危険を伴うものはなかった」。従って、「追跡行為が違法であるとすることはできない」と判示した。

右の最高裁判決は事実の評価に問題のある不当な判決である。本件のパトカーによる追跡行為は、無関係の第三者を思い遣る義務あるいは無関係の第三者の法益侵害を回避すべき義務に違反する違法な職務行為であり、また犯人を追いつめた過剰な警察権の行使であって、比例原則を遵守すべき法的義務に違反する違法な行為であるというべきである。比例原則を遵守すべき義務は、警察法の領域では、より厳格に解釈されなければならない。

(14)　最判昭五三・一〇・二〇民集三二巻七号一三六七頁（=行政判例百選II 151「検察官の公訴提起と国家賠償責任」=芦別国賠訴訟）は、「刑事事件において無罪が確定したというだけで直ちに起訴前の逮捕・勾留、公訴の提起・追行、起訴後の勾留が違法となるということはない。けだし、逮捕・勾留はその時点において犯罪の嫌疑について相当な理由があり、かつ、必要性が認められるかぎりは適法であり、公訴の提起は、検察官が裁判所に対して犯罪の成否、刑罰権の存否につき審判を求める意思表示にほかならないのであるから、起訴時あるいは公訴追行時における検察官の心証は、その性質上、判決時における裁判官の心証と異なり、起訴時あるいは公訴追行時における各種の証拠資料を総合勘案して合理的な判断過程により有罪と認められる嫌疑があれば足りるものと解するのが相当である」と判示した。

最判平元・六・二九民集四三巻六号六六四頁（=沖縄ゼネスト訴訟）は、「刑事事件において無罪の判決が確定したというだけで直ちに公訴の提起が違法となるということはなく、公訴提起時の検察官の心証は、その性質上、判決時における裁判官の心証と異なり、右提起時における各種の証拠資料を総合勘案して合理的な判断過程により有罪と認められる嫌疑があれば足りるものと解するのが当裁判所の判例であるところ、公訴の提起時において、検察官が現に収集した証拠資料及び通常要求される捜査を遂行すれば収集し得た証拠資料を総合勘案して合理的な判断過程により有罪と認められる嫌疑があれば、右公訴の提起は違法性を欠くものと解するのが相当である。」と判示した。

東京地判平八・三・一九判時一五八二号七三頁は、ひき逃げ死亡事故を起こしたとして業務上過失致死罪で起訴され、一・二審で有罪判決を受けたが、上告審で無罪となった自動車運転手が、公訴の提起及び追行、一・二審判決の違法を理由になした国家賠償請求、起訴検察官、担当裁判官に対する損害賠償請求について、「起訴時における各種の証拠資料を総合勘案して、合理的な判断過程により、判決において有罪と認められた嫌疑（蓋然性）が存在する場合においてのみ、公訴を提起すべき職務上の義務があるのであって、それで足りると考えるべきである。換言すれば、右程度の犯罪の嫌疑が存在する場合に限って起訴するのが、検察官の職務上の義務であり、証拠の証明力の評価の仕方について通常考えられる個人差を考慮に入れても、有罪の判断が行きすぎで、経験則・論理則に照らして、その合理性を肯定できない場合には、かかる公訴の提起は違法となると解するのが相当であり、刑事事件において無罪の判決が確定（本件においては、最高裁での本件無罪判決の確定）したというだけでは、公訴の提起が違法となるものではないことはいうまでもない。」と判示した。

最判平八・三・八民集五〇巻三号四〇八頁（＝京都市屋外広告物条例事件）は、京都市屋外広告物条例により現行犯として逮捕され、約四四時間にわたり留置された事案について、「司法警察による被疑者の留置については、司法警察官が、留置時において、捜査により収集した証拠資料を総合勘案して刑訴法二〇三条一項所定の留置の必要性を判断する上において、合理的根拠が客観的に欠如していることが明らかであるにもかかわらず、あえて留置したと認め得るような事情がある場合に限り、右の留置について国家賠償法一条一項の適用上違法の評価を受けるものと解するのが相当である。」として、本件における留置の継続には違法性は認められない、と判示した。

(16)　宇賀克也『国家補償法』四六頁。

（7）　故意過失

(1)　故意・過失の概念

国家賠償法一条は、違法な加害行為が公務員の「故意または過失によって」なされること、すなわち過失責任主義を規定する。法律は、故意と過失を区別しているが、現実にはもっぱら過失の存否が問題となる。

故意とは、職務行為が違法または義務違反となる事実が発生することを認識しながら、わざとそれを行いまたは行わないことをいい、過失とは、職務行為を行うに必要な注意義務を怠ったことをいう[1]。国家賠償責任を自己責任とみる立場によれば、故意・過失とは、公務員の主観的な認識の有無と関係がなく、国または公共団体に対する帰責事由となりうる「公務運営の瑕疵」という客観的事情である。[2] これは、文理に反し、解釈論として無理があるといえよう。[3]

(2)　予見可能性・回避可能性

民法不法行為法の領域では、故意とは、権利侵害という結果の発生（またはその可能性）を認識しながら、あえて直接権利侵害に向けられた行為をすることをいい、過失とは、権利侵害回避のための注意義務に違反することであり、その注意義務は結果の発生を予見しそれを回避すべき義務である、と定義されている。[4] 伝統的に結果不法＝権利侵害を基準とする民法理論の影響を受けて、国家賠償法でも、過失とは客観的な注意義務違反であり、それは損害発生についての予見可能性と回避可能性があった場合に認められるという学説・判例が優勢である。[5] しかし、結果不法の予見可能性・回避可能性を要件とする考え方は、国家賠償法上、その理論的根拠が薄弱であるといえよう。故意・過失は、法律上要求されるに職務義務違反、すなわち違法行為（行為不法）に関してのみ存在すれば足りるのであり、損害発生の結果（結果不法）についてまで存在しなければならないものではない。

(3)　過失の客観化

わが国の国家責任法は、国家無責任の原則から国の間接的・代位責任の制度へと発展したものであり、過失責任主義に基づいている。しかし判例理論は、過失を客観化し脱個人主義化することによって、公務員の職務責任を一応客観的・直接的な国家の自己責任に近づけているということができる。過失の客観化は三つの方法によって行われる。

①　過失の一般的基準　　第一に、過失について客観的・抽象的な注意基準が設定される。注意基準は、具体的に行動をした個々の公務員の個人的な能力水準ではなく、平均的な公務員に客観的に要求される個人的な能力

水準である。これを抽象的過失ということもできる。その場合、職務の遂行に平均的に必要な知識と能力が基準となる。これは過失認定の客観化であり、過失の客観化に基づいて過失の脱個人主義化（Entindividualisierung）が生じる。[6]このような客観的注意義務違反は客観的に見て必要な慎重さを欠いていたという証明だけで十分である。[7]

第二に、欠陥のある法的知識は注意義務違反となる。公務員はその職務の基準となる法規を、判例・学説による解釈を含めて、知ってなければならない。解釈について疑問がある場合には、公務員が代替性のある法的見解に従っていれば、その後の判例によってそれが認められず、したがって正しくない解釈であったとしても、過失はない。[8]

② 過失の推定　違法性または職務義務違反から直接過失を推定することによって、過失の要件はフィクションとなる。この場合、公務員に過失があったことが一応推定され、国または公共団体側で無過失の反証をしない限り、不法行為責任を免れない。[9]

通説は、違法性は不法行為成立のための客観的要件であり、過失は不法行為成立のための主観的要件であるとして、違法性と過失とを明確に区別してきた。[10]しかし判例は、過失の客観化に伴い、過失を客観的注意義務違反と解し、違法性と過失を統合して一元的に判断する傾向にある。この考え方では、違法性と過失は不可分であり、違法性を立証すれば、過失の認定は不必要となる。[11]

③ 違法性と過失の統合　法律上、職務義務が客観的に明瞭でない場合には、違法性と故意過失を区別するのは難しく、区別の実益に乏しい。非権力行為や不作為による加害行為の場合は、違法性判断の中に過失の要件（注意義務違反）が含まれることになるため、両者は一元的に判断される傾向にあり、過失の判断のみで違法性の判

断がないものが多い[12]。

また、裁判官、検察官、警察官などの司法作用の違法性認定について、職務行為基準説がとられている場合には、結果が不法でも職務行為は違法とならず、違法性が認定される場合には、過失が推定されるから、違法性と過失がほぼ一元的に判断される[13]。

④　いわゆる組織過失の承認　過失の脱個人主義化が行われ、過失は、具体的な公務員の主観的な過失ではなく、匿名化され、行政組織体の一種の組織過失とされる[14]。この場合、加害公務員の名前を特定する必要がない[15]。それは被害者にとってしばしば不可能だからである。

(1)　東京高判昭二九・三・一八高民集七巻二号二二〇頁は、「国家賠償法第一条一項にいう故意とは違法行為であることを知りつつ行うことであり、過失とはそのことを知りうべきに拘らず不注意により知らないことをいう。」と判示した。

熊本地判昭五八・七・二〇判時一〇八六号三三頁（＝水俣病認定遅延訴訟）は、「国賠法一条一項にいう『故意』とは、当該公務員が職務を執行するに当たり、当該行為によって客観的に違法とされる事実が発生することを認識しながら、これを行う場合をいうのであるから、これを本件についてみると、不作為の性質上、知事が、不作為判決によって違法と確認された事実を認識していれば、当然故意があると認めるのが相当である。」と判示した。

(2)　今村成和『国家補償法』一一二頁以下、杉村敏正『行政法総論講義上』二八〇頁。

(3)　塩野　宏『行政法Ⅱ』二三一頁。

札幌高判昭四三・五・三〇判時五五二号五〇頁は、「国家賠償法第一条による国又は公共団体の賠償責任が公務員の故意又は過失に基づく加害行為を前提としてその責任を代位するものであることは、上記条文から明らかであって、……国又は公共団体の前掲損害賠償責任が担当公務員の故意過失を問わずその公務運営上の瑕疵により発生するとする控訴人の見解は、国家賠償法第一条の解釈上いまだ採用することができない」と判示し、その上告審判決である最判昭四四・二・一八判時五五二号四七頁も、原審の判断を是認している。

（4）四宮和夫『事務管理・不当利得・不法行為中巻』三〇〇頁以下（昭五八、青林書院新社）。

（5）芝池義一『行政救済法講義』二一六頁（平七・有斐閣）。

最判昭五八・一〇・二〇民集三七巻八号一一四八頁（=欠陥バトミントン・ラケット公売事件）は、「税関長により公売に付された収容貨物をその買受人等を経由して取得した最終消費者等が右貨物に存した瑕疵により損害を被った場合において、右損害の発生につき税関長に過失があるとするためには、税関長が、当該貨物に構造上の欠陥等の瑕疵のあることを現に知ったか、又は税関長の通常有すべき知識経験に照らすと容易にこれを知ることができたと認められる場合であって、右貨物を公売に付するときには、これが最終消費者によって、右瑕疵の存するままの状態で取得される可能性があり、しかも合理的期間内において通常の用法に従って使用されても、右瑕疵により最終消費者等の損害の発生することを予見し、又は予見すべきであったと認められ、さらにまた、税関長において、最終消費者等の損害の発生を未然に防止しうる措置をとることができ、かつ、そうすべき義務があったにもかかわらず、これを懈怠したと認められることが必要である。」と判示した。

ちなみに、最判平七・七・七民集四九巻七号一八七〇頁（=国道四三号線訴訟）は、「国家賠償法二条一項は、……国又は公共団体の責任発生の要件につき、公の営造物の設置又は管理に瑕疵があったため他人に損害が生じたときと規定しているところ、所論の回避可能性があったことが本件道路の設置又は管理に瑕疵を認めるための積極的要件になるものではない」と判示している。

（6）K. Windthorst/H-D. Sproll, Staatshaftungsrecht, 1994, S.107.

（7）古崎慶長『国家賠償法』一五四頁、秋山義昭『国家補償法』五一頁、稲葉　馨「公権力の行使にかかわる賠償責任」『現代行政法大系6』四〇頁。

（8）古崎慶長『国家賠償法』一五四頁、秋山義昭『国家補償法』五五頁、阿部泰隆『国家補償法』一七一頁。

最判昭四四・二・一八判時五五二号四七頁は、登記官吏が仮処分登記を抹消した過失により損害を被ったとして国家賠償請求訴訟を提起し、また、法務省民事局長が誤った司法省民事局長の回答を維持してきたのは、同局長の故意、過失に基づくと主張した事件につき、法令の解釈に学説、行政実務上の見解が対立している場合には、行政上の通達、解答に基づいてした公務員の行為、またその回答を維持してきた所管局長に故意、過失があるとはいえない、と判示した。

最判昭四六・六・二四民集二五巻四号五七四頁は、「ある事項に関する法律解釈につき異なる見解が対立し、実務上の取扱も別れていて、そのいずれについても相当の根拠が認められる場合に、公務員がその一方の見解を正当と解しこれに立脚して公務を執行したときは、のちにその執行が違法と判断されたからといって、ただちに右公務員に過失があったものとすることは相当でない。」と判示した。

同旨、最判昭四九・一二・一二民集二八巻一〇号二〇二八頁。

最判平三・七・九民集四五巻六号一〇四九頁は、「(判決要旨) 拘置所長が監獄法四五条に違反して未決勾留により監禁された者と一四歳未満の者との接見を許さない旨の処分をした場合において、右処分は監獄法施行規則（平成三年法務省令第二二号による改正前のもの）一二〇条に従ってされたものであり、かつ、右規則一二〇条及びその例外を定める一二四条は明治四一年に公布されて以来長きにわたって施行され、その間これらの規定の有効性に実務上特に疑いを差し挟む解釈がされなかったなど判示の事情があるときは、拘置所長が右処分をしたことにつき国家賠償法一条一項にいう過失があったということはできない。」と判示した。

(9)　古崎慶長『国家賠償法』二九八頁、下山瑛二『国家補償法』一五五頁、秋山義昭『国家賠償法』五二頁。

(10)　古崎慶長『国家賠償法』一五三頁、塩野　宏『行政法II』二四六頁、藤田宙靖『第三版　行政法I』四九八頁、西埜　章『国家賠償法』一五一頁。

(11)　東京高判昭二六・一〇・二七下民集二巻一〇号一二五六頁は、「拳銃を取り出すこと自体がその使用行為の一部又は前提をなすものであるから、行為者側において、この行為が前記訓令覚書の趣旨に照らして正当行為であること、少なくとも右行為をなすに当たり周到の注意を払いいささかも右注意義務を怠ったようなことのなかったことを証明しない限り、一応同巡査に過失があったものと推定するのが相当であろう。」と判示した。

東京地判昭四五・一・二八下民集二一巻一＝二号三二頁は、「警察官が武器、とくに拳銃を使用して人に危害を加えた場合には、当該行為者側においてその拳銃使用が適法な行為であること、あるいは前示の注意義務をいささかも怠らなかったことを証明しない限り、警察官の当該拳銃使用は、違法でありかつ過失があったものと推定するのが相当である。」と判示した。

東京高判昭四五・八・一判時六〇〇号三二頁（＝松川事件国賠訴訟）は、捜査権および公訴権の行使は、「その性質上当然に、被疑者・被告人の人権を侵害する結果を生ぜしめるのであるから、結果の発生についての故意の存在は論ずるまでもないし、違法の認識についても、違法の概念を前記のように把握するかぎり、権力行使の違法が若し認められるときは、その態様自体からして、公務員の主観的側面からこれをみれば、その原因が当然公務員の第三者に対する職務上の注意義務違反にあることを否定しえない場合が多いと考えられるから、多くの場合違法の態様・程度からして、少なくとも当該公務員の過失の存在を推定しうるであろう。」と判示した。

最判昭五一・九・三〇民集三〇巻八号八一六頁は、予防接種担当医師が、適切な問診を尽くさなかったため、禁忌すべき者の識別判断を誤って予防接種をした場合において、予防接種の異常な副反応により接種対象者が死亡または罹病したときには、原則として、担当医師は接種に際しかかる結果を予見しえたのに誤診により予見しなかったものと推定するのが相当である、と判示した。

金沢地判昭五三・三・一判時八七九号二六頁（＝スモン訴訟）は、「厚生大臣の本件製造許可、輸入又は製造承認は、キノホルモ剤が、医薬品として使用される場合の安全領域をはるかに逸脱した範囲にまで有用性を公認しており、社会観念上著しく妥当を欠いたものというべく、医薬品の有用性を判断する場合の裁量権の範囲を逸脱した違法な処分というべきである。そして前記認定にかかる注意義務の内容、予見可能性等を総合判断すると、右違法な処分をしたことについて、当時の厚生大臣には過失があったと認定するのが相当である。」と判示した。

福岡地判昭五三・一一・一四訟月二五巻三号五六六頁は、「(判決要旨）欠陥医薬品による副作用被害が発生した場合には、そのことだけで当該医薬品の国民への供給を可能ならしめた国の過失が事実上推定され、そのような副作用の発現が国に要求される注意義務を尽くしても、全く予見し得なかったことを国において主張・立証しない限りは右推定は覆らない。」と判示した。

福岡地判昭五四・一〇・二六判時九六一号九九頁は、交通事故の実況検分に補助者として協力した民間人の死亡事故につき、警察官が安全確保のための措置をとらなかったものであるから、警察官の過失は免れないとして、県の損害賠償責任を認めた。

東京地判昭五五・八・二八判時九八九号七一頁は、存在しない土地の登記簿表題部を新設したこと等について登記官の過失を肯定し、国の損害賠償責任を認めた。

福岡高判昭六〇・一一・二九判決判時一一七四号二一頁（＝水俣病認定遅延訴訟）は、「前記認定の申請事務処理の経過に鑑みると、知事において認定事務遅延という結果を回避しうる可能性がなかったとは到底いえないし、知事が本件各被控訴人らの申請に係る事務の処理につき万全の措置を講じたものとは認め難いから、前記認定の各期間の処分の遅滞については、知事に過失があったものといわざるを得ない。」と判示した。

東京地判昭六一・九・二五行集三七巻九号一一二二頁は、東京拘置所長が監獄法施行「規則一二〇条、一二四条の解釈適用、ひいて裁量権の行使を誤り、もって、違法な本件不許可処分をした以上、それにつき少なくとも過失があったものと推認すべきであ（る）」と判示した。

過失の推定の否定例

東京高判昭二九・三・一八高民集七巻二号二二〇頁は、「公務員が自ら適法なりとの判断にもとづいてした行為が違法であったときはその判断についての過失の有無を問題にすべくたんに違法行為がなされたとの事実自体によって直ちに故意過失あるものと推断すべきではない」と判示した。

東京高判昭三〇・一・二八行集六巻一号一八一頁は、「（判決要旨）厚生大臣において中央メーデーの集会のための皇居外苑使用許可申請を拒否したのが違法であっても、右申請を許可すべきかどうかの判断がきわめて微妙であり、しかもこれと同様な事実関係の下における使用許可拒否処分の適否について、なお裁判例の間にも見解の対立があるような場合においては、厚生大臣の右判断の誤りにつき国家賠償の要件たる過失があったものと認めることはできない。」と判示した。

(12)　阿部泰隆『国家補償法』一七〇頁。

最判昭五八・二・一八民集三七巻一号一〇一頁(＝行政判例百選Ⅱ143「国家賠償責任の要件」──クラブ活動顧問教諭の監視指導義務＝トランポリン喧嘩事件)は、「課外のクラブ活動であっても、それが学校の教育活動の一環として行われるものである以上、その実施について、顧問の教諭を始め学校側に、生徒を指導監督し事故の発生を未然に防止すべき一般的な注意義務のあることを否定することはできない。しかしながら、課外のクラブ活動が本来生徒の自主性を尊重すべきものであることに鑑みれば、何らかの事故の発生する危険性を具体的に予見することが可能であるような特段の事情のある場合は格別、そうでない限り、顧問の教諭としては、個々の活動に常時立会い、監視指導すべき義務までを負うものではないと解するのが相当である。」と判示した。

静岡地判平六・八・四判時一五三二号七七頁は、中学校の柔道部の練習中に発生した部員の死亡事故につき、「国家賠償法一条にいう『公権力の行使』には、公立学校における教師の教育活動も含まれると解するべきであり、……一般に義務教育を担当する公立中学校の教諭は、その職務上、生徒に対し教育活動を行うに当たり、それから生じる危険から生徒を保護すべき注意義務が課せられているというべきである(以下「安全保護義務」という。)したがって、この義務に違反すれば違法な公権力の行使として同法一条の適用がある。」とし、学校側に安全保護義務違反があったとして、学校側の過失による損害賠償責任を認めた。

横浜地判平四・三・九判時一四三二号一〇九頁は、市立中学校水泳部のクラブ活動中逆飛込みをしてプールの底に頭部を打ちつけ障害を負った事故につき、顧問教諭に注意義務違反という過失があった、と判示した。

東京高地判平六・五・二四判時一五〇三号七九頁は、高校野球の練習中、ハーフバッテング練習の打撃投手の頭に打球が当たり半身不随の状態になった事故について、立会指導をしていた野球部監督(教諭)に安全配慮義務に欠ける過失があったとして、学校設置者としての県側に過失責任を認めた。

最判平三・四・一九民集四五巻四号三六七頁（＝行政判例百選II144「予防接種と国家賠償責任」＝小樽種痘禍訴訟）は、「予防接種によって右後遺障害が発生した場合には、禁忌者を識別するために必要とされる予診が尽くされたが禁忌者に該当する事由を発見することができなかったこと、被接種者が右後遺障害を発生しやすい個人的素因を有していたこと等の特段の事情が認められない限り、被接種者は禁忌者に該当していたものと推定するのが相当である。」、「したがって、必要な予診を尽くしたかどうか等の点について審理することなく、本件接種当時の上告人Xが予防接種に適した状態にあったとして、接種実施者の過失に関する上告人らの主張を直ちに排斥した原審の判断には審理不尽の違法があるというべきである。」と判示した。

徳島地判平七・一〇・三判時一五五三号四四頁（＝日本脳炎予防接禍訴訟）は、日本脳炎の予防接種により重篤な後遺障害が発生した場合において、予防接種実施規則四条の禁忌者に該当したことの推定を覆すに足りる特段の事情が認められないとして、接種担当者の問診義務違反の過失が認められる、と判示した。

(13)　大阪高判昭六二・二・二四判時一二二七号五一頁は、「捜査官が犯罪捜査のために裁判官に対して捜索差押令状の発付を求めるには、……客観的に犯罪の嫌疑が一応存在することを根拠づけるものであれば足り、逮捕の場合（刑事訴訟法一九九条一項）に比して低い程度の嫌疑をもって必要十分とされているのであるから、捜査官が右令状の発付を求め又は発付された令状を執行するに際し犯罪の嫌疑が一応存在すると考えたことについて、当時の諸般の状況に照らして著しく合理性を欠き首肯することができないと認められる場合に限り、捜査官の右令状の発付請求及びその執行が違法となると解すべきであって、右令状ないしそれに基づく執行処分が後日の不服申立手続により違法と判断されて取り消され或は被疑事実につき不起訴処分がなされたからといって直ちにこれが国家賠償法上も違法とされるものではない。」と判示した。

東京地判平二・六・一二判タ七二七号二三八頁は、「検察官による公訴の提起・追行が違法であるというためには、公訴の提起・追行の各段階において、公訴事実について証拠上合理的な疑いがあり、有罪判決を得る客観的合理的可能性が極めて乏しかったにもかかわらず、検察官として事案の性質上当然なすべき捜査を怠り又は収集された証拠についての判断・評価を誤るなどの合理性を欠く過誤により、これを看過して公訴の提起・追行がなされた場合であることを要するものと解するのが相当である。」と判示した。

(14)　塩野　宏『行政法II』二四八頁、阿部泰隆『国家補償法』一六七頁、芝池義一『行政救済法講義』二一五頁など。

東京高判平四・一二・一八高民集四五巻三号二一二頁は、「予防接種は時に重篤な副反応をもたらすおそれがあるのであり、その危険をなくすために、医師が十分な予診を行い、禁忌者を的確に識別、除外する体制を整える必要があるし、厚生大臣としては、上記の趣旨に沿った具体的施策を立案し、それに沿って省令等を制定し、かつ、予防接種業務の実施主体である市町村を地方自治法一五〇条に基づき指揮監督し（予防接種法に基づく接種の場合）、あるいは地方自治法二四五条等に基づき地方公共団体に助言・勧告し（奨励接種の場合）、接種担当医師や国民を対象に予防接種の副反応や禁忌について周知を図るなどの措置をとる義務があったというべきである」と判示した。

同旨、福岡高判平五・八・一〇判時一四七一号三一頁、大阪高判平六・三・一六判時一五〇〇号一五頁。

東京地判昭三四・三・一七訟月五巻四号五二二頁は、「予告登記嘱託書の作成発送からその登記がなされるまでの被告国の事務に従事する職員のいずれかの過失によって右予告登記がなされなかったものであることは疑いのないところである。従ってこのため原告等に何等かの損害は生じたとすれば被告がその賠償をなすべき義務があることはいうまでもない。」と判示した。

(15)　東京地判昭四五・一・二八下民集二一巻一＝二号三二頁は、「国家賠償法は、国または公共団体が公務員の公権力行使にあたって違法に他人に損害を与えた場合には直接不法行為責任を負うべきものと定めたものと解するのが相当であり、この見地よりすれば、その公権力の行使に当たる公務員の行政組織上の地位が明らかであれば、国家賠償法上の他の要件を満たすかぎり、国または公共団体は、その不法行為責任を負わなければならないと解すべきである。とくに国または公共団体の行政機構が巨大化し、また公務員が集団となって公権力の行使に当たる場合も多いことに照らし、個々の具体的な加害者の特定を被害者に要求することは無益な負担を強いるものであって不当であり、被害者の救済の要件としては、公務員の行為によることが明白であれば足りるものと解するのが憲法一七条の趣旨にそうものと考えられる。」判示した。

最判昭五七・四・一民集三六巻四号五一九頁（＝行政判例百選II 148「加害行為者・加害行為の特定」）は、「国又は公共団体の公務員による一連の職務上の行為の過程において他人に被害を生ぜしめた場合において、それが具体的にどの公務員のどのような違法行為によるものであるかを特定することができなくとも、右の一連の行為のうちのいずれかに行為者の故意又は過失による違法行為があったのでなければ右の被害が生ずることはなかったであろうと認められ、かつ、それがどの行為であるにせよこれによる被害につき行為者の属する国又は公共団体が法律上賠償の責任を負うべき関係が存在するときは、国又は公共団体は、加害行為不特定の故をもって国家賠償法又は民法上の損害賠償責任を免れることはできないと解するのが相当であ」る。「しかしながら、この法理が肯定されるのは、それらの一連の行為を組成する各行為のいずれもが国又は同一の公共団体の公務員の職務上の行為にあたる場合に限られ、一部これに該当しない行為が含まれている場合には、もとより右の法理は妥当しないのである。」と判示した。

（8）損　害

(1)　損害の概念

すべての損害賠償請求と同様に、国家賠償請求も、損害が発生したことが前提である。損害とは、民法不法行為法の場合と同様、法益侵害による不利益をいう。

(2)　損害の範囲

損害は職務上の法的義務違反によつて発生していなければならない。要するに、職務上の法的義務違反と損害の間には因果関係がなければならない。損害は必ずしも特定の権利の侵害に限定されるものではない。職務上の法的義務の違反によって直接間接に生じた一切の法益侵害による不利益が賠償の対象となりうる。[(1)]さらに、非財産的損害については慰謝料を請求できる。しかし損害があっても、それが極めて軽微な場合には損害の発生がないものとして扱われることがある。[(2)]

① 差額説（Differenzmethode）　損害は二つの財産状態の差額において成立し、それは、侵害行為によって生じた財産状態と侵害行為がなかった場合に考えられる財産状態との比較によって、求められる。[(3)]

② 反射的利益＝法の保護目的　損害とは法益侵害による不利益をいうが、法益とは、通説・判例によれば、法的に保護された利益をいう。[(4)]主張された損害は職務上の法的義務を根拠づける法規の保護目的に含まれるものでなければならない。したがって、いわゆる反射的利益の侵害は、損害賠償請求権の対象とならない。[(5)]国家賠償訴訟における反射的利益論については、それが違法性の問題なのか、因果関係の問題なのか、あるいは損害論の問題なのか、必ずしも明確ではないとされているが、[(6)]反射的利益論は、法益の侵害にかかる問題であるといえよう。

(3) 因果関係

国家賠償責任が成立するためには、公務員の加害行為と損害発生の間に因果関係がなければならない。公務員の職務上の法的義務違反が相手方の損害の原因となり、損害が職務上の法的義務の保護領域にあることが必要である。因果関係は、民法で展開されている原則に従って、相当因果関係説によって、判断される。[(7)]

(4) 賠償の種類

① 金銭賠償　国家賠償は、公務員の不法行為を前提とするから、金銭賠償であり、原状回復の形式での賠

償を請求することができない。公務員が個人として可能な賠償の形式は、原則として金銭であるからである。公務員の不法行為によって生じた違法状態の除去には新たな高権的措置が必要であり、その実現のためには公法上の結果除去請求権および差止請求権が構成されなければならない。(8)

② 制裁的賠償　国家賠償請求訴訟において、加害者に対し懲罰の意味を含めて制裁的賠償を課することは認められない。(9)

(1) 最判昭三三・八・五民集一二巻一二号一九〇一頁は、「(判決要旨) 不法行為により身体を害された者の母は、そのために被害者が生命を害されたときにも比肩すべき精神上の苦痛を受けた場合、自己の権利として慰謝料を請求し得るものと解するのが相当である。」と判示した。

最判昭三九・一・二八民集一八巻一号一三六頁は、法人の名誉権が侵害され、無形の損害が生じた場合でも、右損害の金銭評価が可能であるかぎり、民法七一〇条の適用がある、と判示した。

(2) 広島地判昭四三・三・二七訟月一四巻六号六一四頁は、受刑者からの図書「監獄法」購入のための領置金使用願に対する刑務所長の違法な不許可処分につき刑務所長に過失があるが、それによる精神的苦痛の程度は軽微であって慰謝料請求権を生ぜしめるものではない、と判示した。

東京地判昭四六・七・一六判タ二六七号二八六頁は、横断者があったため停止した護送車に乗っていた在監者が、その衝撃により受傷したとして慰謝料の請求をしたが、「原告の受けた精神的苦痛が金銭をもって慰藉されなければならないほどの傷害というに当たらない」と判示した。

(3) 最判昭三九・一・二八民集一八巻一号一三六頁は、「侵害行為がなかったならば惹起しなかったであろう状態(原状)を(a)とし、侵害行為によって惹起されているところの現実の状態(現状)を(b)としa－b＝xそのxを金銭で評価したものが損害である」と判示した。

(4) 古崎慶長『国家賠償法』一八三頁、遠藤博也『国家補償法 上』二一二頁。

最判平三・四・二六民集四五巻四号六五三頁（＝行政判例百選Ⅱ145「申請処理の遅延による精神的損害の賠償」）は、公害に係る健康被害の救済に関する特別措置法三条一項または公害健康被害補償法（昭和六二年法律第九七号による改正前のもの）四条二項に基づく水俣病患者認定申請につき、「認定申請者としての、早期の処分により水俣病にかかっている疑いのままの不安定な地位から解放されたいという期待、その期待の背後にある申請者の焦燥、不安の気持ちを抱かされないという利益は、内心の静穏な感情を害されない利益として、これが不法行為法上の保護の対象になる得るものと解するのが相当である。」と判示した。

東京地判昭六二・五・二七判時一二六八号五八頁は、検定処分を受けた中学社会科・高校歴史教科書の記述により精神的苦痛を被ったとする慰謝料請求につき、「精神的苦痛の内容は、……一定の歴史的事象について、自己の見解が採用されず、あるいはこれに反する見解が採用されたことに対する不快感、焦慮感ないし憤りといったものであるにすぎず、かかる感情が国家賠償法上慰謝料をもって救済すべき損害に当たらないことは明らかであ（る）」と判示した。

大阪高判平四・七・三〇訟月三九巻五号八二七頁は、いわゆる宗教的人格権、宗教的プライバシー権および平和的生存権は、国家賠償法上の保護の対象となる法律上の権利ないし法的利益ではない、と判示した。

大阪地判平四・一一・二四訟月三九巻八号一五七六頁は、即位の礼・大嘗祭に伴う儀式等の国費支出を違憲とする納税者の地位に基づく損害賠償請求につき、「それは自己の違憲や見解と相反することに国費が支出されたり、国事行為や公的な皇室行事が行われたことに対する憤怒の情や不快感、焦慮感、挫折感、屈辱感といったものであって、少なくともこれらをもって、損害賠償により法的保護を与えなければならない利益に当たるとすることはできない。」と判示した。

東京地判平八・五・一〇判時一五七九号六二頁は、いわゆる湾岸戦争において、わが国が行った資金の拠出、掃海艇の派遣により、国民としての平和的生存権、納税者基本権または良心の静穏等を侵害されたとして慰謝料の支払いを求めた国家賠償請求について、原告らの主張する平和的生存権または納税者基本権は国家賠償において原告各自の主観的利益として救済されるべき被害利益ということはできない、として請求を棄却した。

(5)　東京地判昭三四・八・四判タ九八号六〇頁は、東京都の「公衆浴場設置場所の配置基準に関する条例」の距離制限規定によって受ける利益は、「新たな公衆浴場の設置が制限されているための反射的利益にすぎず」、「従って既設営業者にとって第三者が新たに公衆浴場の許可を受け、その附近において営業を開始しても、……法益の侵害があるということはできないから、その結果新たな公衆浴場の開設により既設公衆浴場営業者に事実上利益の減少があったとしても、前述のように法益の侵害がない以上、賠償すべき損害もまたないものといわねばならない。」と判示した。

最判昭四三・七・九訟月一四巻九号一〇二二頁は、民訴法六四九条一項、六五六条、六五七条の各規定は、差押債権者、優先権者および公益を保護する趣旨の規定であり、右法条に違反した強制執行がなされて、「債務者(所有者)に利益な事態が起こっても、その利益は、同法条を適用した結果生じた事実上の利益にすぎず、債務者が執行手続に同法条の違反があることを主張して請求できる法律上の利益ないし権利とはいえないと解するのが相当である。したがって、これが法律上の利益ないし権利のあることを前提として損害賠償を求めることができるとの上告人の論旨は理由がないものといわなければならない。」と判示した。

大阪高判昭五八・九・三〇判時一一〇二号七三頁は、自動車道の設置により町道からの店舗の展望が妨げられ、および町道が閉塞、付け替えによつて顧客の来店が妨げられことにより、売上が減少しことを理由とする損害賠償請求につき、「右損害は社会生活上受忍すべき範囲のものである」、「営業店舗が公道に接していたことによる営業利益について特定の権利又は法律上の利益を有するものではなく、管理者において既設の公道を廃止又は変更する等した場合、それが個々の住民ないし一般公衆の利害に直接間接の影響を及ぼすことがあるとしても、個々の住民ないし一般公衆はこれに対し自己の権利、利益の侵害を主張して損害の賠償を請求することはできないものと解するのが相当である。」と判示した。

東京地判昭六二・五・二九判時一二七〇号一〇六頁は、民間活力の導入による都市再開発として、超高層住宅が建設されることにより、東京都震災予防条例に基づき指定・告示されている避難場所の防災機能低下という不利益を被り、精神的打撃を受けたとする避難広場指定住民の損害賠償請求について、「避難場所を利用できる立場にあるという利益は、避難場所の指定が、地震による災害を未然に防止し被害を最小限にくいとめるという公共の利益のためになされた結果生じた反射的利益にすぎず、さらにそれが地震の発生という不確実な事態とかかわるものであることなどを併せ考えると、避難場所について原告らの主張する利益は、国家賠償法ないし不法行為法による保護の対象となる利益に当たらないと解される。」と判示した。

最判平二・二・二〇判時一三八〇号九四頁は、犯罪の「被害者または告訴人が捜査又は公訴提起によって受ける利益は、公益上の見地にたって行われる捜査又は公訴の提起によって反射的にもたらされる事実上の利益にすぎず、法律上保護された利益ではないというべきである。したがって、被害者ないし告訴人は、捜査機関による捜査が適正を欠くこと又は検察官の不起訴処分の違法を理由として、国家賠償法の規定に基づく損害賠償請求をすることはできないというべきである。」と判示した。

(6)　稲葉　馨「国賠訴訟における『反射的利益論』」小嶋退職記念『憲法と行政法』六〇六頁以下（昭六二・良書普及会)。

(7)　最判昭四三・六・二七民集二二巻六号一三三九頁は、「(判決要旨) 登記官吏の過失によって、無効な所有権移転登記が経由された場合には、右過失と右登記を信頼して該不動産を買い受けた者がその所有権を取得できなかったために被った損害との間には、相当因果関係があるというべきである。」と判示した。

最判昭五〇・一〇・二四民集二九巻九号一四一七頁（＝ルンバール事件）は、「訴訟上の因果関係の立証は、一点の疑義も許されない自然科学的証明ではなく、経験則に照らして全証拠を総合的に検討し、特定の事実が特定の結果発生を招来した関係を是認しうる高度の蓋然性を証明することであり、その判定は、通常人が疑いを差し挟まない程度に真実性の確信を持ちうるものであることを要し、かつ、それで足りる」とし、重篤な化膿性髄膜炎に罹患した三才の幼児が入院治療を受け、その病状が一貫して経過していた段階において、医師が治療としてルンバール

(腰椎穿刺による髄液採取とペニシリンの髄腔内注入)を実施したのち、嘔吐、けいれん等の発作等を起こし、これにつづき右半身けいれん性不全麻痺、知能障害及び運動障害等の病変を生じた場合、……他に特段の事情がない限り、右ルンバールと右発作等及びこれにつづく病変との因果関係を否定するのは、経験則に反する、と判示した。

福岡地判昭五三・一一・一四訟月二五巻三号五六六頁は、「(判決要旨) 臨床および病理的に確実なスモンは、キノホルムの服用によって発症したものであると合理的に推認され、従って、キノホルム剤服用とスモンとの間には、法的因果関係の存在が肯認される」と判示した。

東京地判昭五四・三・二八判時九二一号一八頁は、高校不合格と中学校の調査書（いわゆる内申書）における「行動および性格の記録」欄の「基本的生活習慣」その他の三項目についてされたC評定との間に相当因果関係がある、と判示した。

最判昭五七・一・一九民集三六巻一号一九頁（＝ナイフ一時保管懈怠事件）は、警察官がナイフの所持者からこれを提出させて一時保管の措置をとらなかったことは違法であり、「右事実関係のもとにおいて、所論警察官の違法行為と栗山一成の受傷により被った損害との間に相当因果関係があるとした原審の判断は、正当として是認することができる。」と判示した。

最判昭五九・三・二三民集三八巻五号四七五頁（＝新島漂着砲弾爆破事件）は、海浜に打ち上げられた旧陸軍の砲弾により人身事故を生じた場合に警察官においてその回収等の措置をとらなかったことは違法であり、「原審が適法に確定した事実関係のもとにおいては、所論警察官の職務上の義務違背と本件事故による損害との間に相当因果関係があるとした原審の判断は、肯認するに足（る）」と判示した。

福島地いわき支判平二・一二・二六判時一三七二号二七頁は、中学三年生の男子生徒が同級生の度重なる「いじめ」を苦にして自殺した事故につき、学校側に安全保持義務違反があるとし、学校側の過失と生徒の自殺との間には相当因果が関係があり、「学校側の安全保持義務違反の有無を判断するに際しては、本件いじめが生徒の心身に重大な危害を及ぼすような悪質重大ないじめであることの認識が可能であれば足り、必ずしも生徒が自殺することまでの予見可能性があったことを要しないものと解するのが相当である。」と判示した。

長崎地判平七・一〇・一七判タ九〇一号一六〇頁は、高校教師の体罰と生徒の死亡の間の相当因果関係は認められないとしたが、体罰と生徒の傷害との間の相当因果関係を認めた。

相当因果関係を否定するもの
最判昭五二・一〇・二五判タ三五五号二六〇頁は、高校教師の違法な懲戒権の行使と生徒の自殺との間の相当因果関係につき、懲戒行為が「されるに至った経緯、その態様、これに対する生徒の態度、反応等からみて、教師としての相当の注意義務を尽くしたとしても、生徒が右懲戒行為によって自殺を決意することを予見することは困難な状況にあった、というのである。以上の事実関係によれば、教師の懲戒行為と生徒の自殺との間に相当因果関係がないとした原審の判断は、正当として是認することができ（る）」と判示した。

東京高判平六・五・二〇判時一四九五号四二頁は、区立中学校の二年生が自殺した事件につき、同級生らによるいじめが自殺の主たる原因であると認定し、賠償責任については、最判昭五二・一〇・二五判タ三五五号二六〇頁を援用し、「本件いじめにより自殺するに至るということについて、その当時、予見し、又は予見することをうべかりし状況があることを要するというべきである。」とし、加害生徒の父母および担任教諭らに被害生徒が自殺することについての予見可能性があったとは認められない、と判示した。
（8）　最判昭三五・一二・二三民集一四巻一四号三一六六頁の上告理由で、「不法行為について国家賠償法の規定があることを以つて国の違法処分に関する原状回復義務及原状回復不能の場合に於ける賠償義務を否定したものと解することはできない。」という主張がなされたが、最高裁判所は、「公売処分が違法として取消されても、国に原状回復義務を認めるべき法令のない限り、これを否定すべきである」と判示した。
なお、公法上の結果除去請求および差止請求については、本書の「第三篇　結果除去および差止め」の項を見よ。
（9）　東京地判昭五七・二・一判時一〇四四号一九頁（＝クロロキン訴訟）は、「原告らは、本件のように被告製薬会社や被告国が故意に原告ら患者をク網膜症に罹患させた事案にあっては、被告らが原告らに対して支払うべき慰謝料の額は懲罰の意味をも含めて民事交通訴訟における慰謝料額の三倍位が妥当であると主張する。

しかし、……加害者の故意を慰謝料額算定の際考慮すべき一事情とするにとどまらず、それ以上に、故意の存在をとらえて、現実に生じた損害の塡補以外に原告らが主張するような『制裁的』機能を果たさせる目的で別個の帰責加重事由とすることは、損害の公平な分担を目的とする損害賠償制度の理念に反するものであって、民事法と公法、特に刑事法との明確な分離を理想とする我国の法制の下では採りえないものと考える。」と判示した。

第二節　特殊問題

第一款　行政権限の不行使

文献　原田尚彦『行政責任と国民の権利』（昭五四・弘文堂）、下山瑛二『人権と行政救済法』（昭五四・三省堂）、三橋良士明「不作為にかかわる賠償責任」『現代行政法大系6』、横山匡輝「権限の不行使と国家賠償法上の違法」『国家補償法大系2』、芝池義一「行政権限の不行使に対する国の責任」、原野翹「行政権限の不行使と行政救済」以上、杉村編『行政救済法2』、下山瑛二「行政権限の不行使と国家賠償」『行政法の争点』

（1）　問題状況

行政権限の不行使が損害賠償の問題となりうる状況は二つに類型化できる。一つは、許認可などについての国民の申請に対して、行政庁が応答せず、行政手続法上の不作為によって損害を被った場合である。もう一つは、警察ないし行政が規制権限の行使を怠ったことによって損害が発生した場合である。後者の場合には、さらに、①例えば野犬による被害のように、規制権限の行使をしない行政庁と規制権限の行使により利益を受ける一般国民（住民）との二面関係が存在する場合と、②例えば薬品・食品被害等のように、規制権限の行使をしない行政庁――規制権限の行使により利益を受ける一般国民――規制権限を行使によって権利利益を制限される被規制者

（事業者）という三面関係が存在する場合とが区別される。二面関係と三面関係とでは利益状況が異なるが、規制権限の不行使が違法となるかどうかという点で、両者を区別する実益はない。

行政上の規制権限の不行使の場合、権限の積極的な行使の場合と同様の損害賠償責任の要件が必要である。賠償責任要件の中で、とくに問題となるのは、いかなる場合に権限不行使が違法となるかという要件である。すなわち、一つは、申請に対する行政庁の不作為状態が何時の時点から違法となるかという問題であり、もう一つは、いかなる場合に規制権限行使をすべき法的義務が成立するかという問題である。規制権限については、法律は、行政庁にその行使を義務づけず裁量に委ねている場合が多く、したがって、いかなる場合に規制権限を行使すべき法的義務が生じ、その不行使が違法となるかという問題が生じるのである。

（2）　申請に対する不作為

許・認可等についての国民の申請に対して行政庁が応答しない場合、抗告訴訟としては、不作為の違法確認訴訟があり、不作為が「相当の期間」を経過した場合、行政庁の不作為は違法である（行訴三条四項）。国家賠償請求訴訟の場合も同様である。[(1)]

（1）　宮田三郎『行政訴訟法』二三一頁（平一〇・信山社）。

福岡高判昭六〇・一一・二九判時一一七四号二一頁（＝水俣病認定遅延訴訟）は、昭和四八年当時において、少なくとも審査会月一回開催、八〇件審査、五〇年五月当時において、審査会月一回開催、一二〇件審査という態勢が可能であり、また相当であったとして、右数字を前提として原告ごとに処分可能期間を試算し、最短六月から最長二年四月で処分をすべきであったもので、右期間以降の各処分の遅れは、いずれも違法であるとし、また右遅延について県知事に過失があったとして、国および県に対し慰謝料の支払いを命じた。

最判平三・四・二六民集四五巻四号六五三頁（＝行政判例百選II 145「申請処理の遅延による精神的損害の賠償」＝水俣病認定遅延訴訟）は、「一般に、処分庁が認定申請を相当の期間内に処分すべきは当然であり、これにつき不当に長期間にわたって処分がされない場合には、早期の処分を期待していた申請者が不安感、焦慮感を抱かされ内心の静穏な感情を害されるに至るであろうことは容易に予測できることであるから、処分庁には、こうした結果を回避すべき条理上の作為義務があるということができる。そして、処分庁が右の意味における作為義務に違反したといえるためには、客観的に処分庁がその処分のために手続上必要と考えられる期間内に処分できなかったことだけでは足りず、その期間に比して更に長期間にわたり遅延が続き、かつ、その間、処分庁として通常期待される努力によって遅延を解消できたのに、これを回避するための努力を尽くさなかったことが必要であると解すべきである。」と判示した。

（3）規制権限の不行使

規制権限の行使・不行使が行政庁の裁量にある場合、その不行使は、法律の合理的解釈により、裁量収縮論により、あるいは、裁量の消極的踰越・濫用論により、違法となる。

(1) 法律の合理的解釈

「……することができる。」規定には、裁量の授権（Ermessen-Kann）を意味する場合と権限行使の指示（Kompetenz-Kann）を意味する場合がある。とくに授益的法規や危険防止のための法規は、法の趣旨・目的の合理的解釈により、「……しなければならない。」というように解釈しなければならない場合が多い。[1] この場合、権限不行使は違法となる。[2]

(2)　裁量収縮（Ermessenreduzierung od. Ermessensschrumpfung auf Null）論

法律上、行為裁量または行政便宜主義が認められている場合に、特別の具体的事情によって、唯一の決定のみが瑕疵なきものとなり、他の決定がすべて瑕疵あるものとなるように、裁量がゼロ（正確には一）に収縮することがある。これを裁量収縮という。裁量収縮の結果、原則として、権限行使・行政介入の義務が生じ、瑕疵なき唯一の決定を行わなければならず、権限の不行使を選択する自由を失う。これは、裁量がゼロに収縮する結果、規制権限がゼロになり、規制ができなくなる場合ではない。(3)

いかなる要件を満たした場合に裁量はゼロに収縮するか。通説によれば、裁量を収縮する特別の具体的事情とは、①　生命、身体、財産に重大な損害をもたらす危険があり、②　こうした危険が行政側の権力行使によって容易に阻止でき、かつ、③　民事裁判その他被害者側に、危険回避の手段や可能性がない場合である。(4) 判例理論も、裁量収縮の要件について、①　被侵害法益の重要性、②　予見可能性、③　結果回避可能性、④　期待可能性、などの基準の存在が必要であるとしている。

しかしこのような裁量収縮論は現実的でない。①の要件を緩和して、あまり重要でない法益に対する中程度の危険強度の場合にも裁量収縮を認めるべきであり、さらに、行政の不行為について何らの客観的理由も存在しない場合は、正当化できない消極的態度を理由とする裁量収縮を認めるべきである。(5) 裁量収縮論に関する通説・判例理論は、さらに現代的なものに前進しなければならない。

(3)　裁量権の消極的踰越・濫用論

最高裁の判例は、規制権限の行使が裁量に委ねられている場合、その不行使が「著しく不合理と認められるとき」は、裁量権の踰越・濫用に当たり、権限不行使が違法となるという判断を示している。(6) これを裁量権の消極的踰越・濫用という。

しかし、行政事件訴訟法三〇条により、国家賠償請求事件における裁量の審査の範囲は、拡大された。行政事件訴訟法三〇条にいう「裁量権の範囲をこえ又はその濫用があった場合」とは、裁量がその客観的限界を超え、または、その主観的限界を逸脱した場合である。それは、恣意や明白な瑕疵（＝「著しく合理性を欠くとき」）がある場合に、限定されるものではないことに注意しなければならない。国家賠償請求事件における判例法は、裁量に関する審査密度の点で消極的すぎる。

（1）　宮田三郎『行政法総論』一四七頁（平九・信山社）。

銃刀所持二四条の二第二項は、「……、これを提出させて一時保管することができる。」と規定している。最判昭五七・一・一九民集三六巻一号一九頁（＝行政判例百選Ⅱ［第三版］131「警察官の危険防止措置の不作為」＝ナイフ一時保管懈怠事件）は、「Aに本件ナイフを携帯したまま帰宅することを許せば、帰宅途中右ナイフで他人の生命又は身体に危害を及ぼすおそれが著しい状況にあったというべきであるから、同人に帰宅を許す以上少なくとも同法［＝銃刀所持法—筆者注］二四条の二第二項の規定により本件ナイフを提出させて一時保管の措置をとるべき義務があったものと解するのが相当であって、前記警察官が、かかる措置をとらなかったことは、その職務上の義務に違背し違法であるほかはない。」と判示した。

最判昭五九・三・二三民集三八巻五号四七五頁（＝新島漂着砲弾爆発事件）は、「終戦後新島近くの海中に大量に投棄された旧陸軍の砲弾類の一部が海浜に打ち上げられ、たき火の最中に爆発して人身事故が生じた場合において、投棄された砲弾類が島民等によって広く利用されていた海浜に毎年のように打ち上げられ、島民等は絶えず爆発による人身事故等の発生の危険にさらされていたが、この危険を通常の手段では除去することができず、放置すれば島民等の生命、身体の安全が確保されないことが相当の蓋然性を持って予測されるような判示の事実関係のもとで、警察官がこれを容易に知りうるような状況にあったときは、警察官において、自ら又は他の機関に依頼して、右砲弾類を回収するなど砲弾類の爆発による人身事故の発生を未然に防止する措置をとらなかったことは、その職務上の義務に違背し、違法である。」（判決要旨）と判示した。

なお、森田寛二「裁量零収縮論と〝結合空間の費消的否定論〟」小嶋退職『憲法と行政法』八一二頁注⒄（昭六二・良書普及会）および芝池義一「公権力の行使と国家賠償責任」杉村編『行政救済法2』一二七頁注⑹を見よ。

（2）　条理上、行政指導の作為義務を認めた事例

東京高判昭六三・三・一一判時一二七一号三頁（＝クロロキン訴訟）は、「右のいわゆる行政指導は原則として行政庁の裁量に委ねられているばかりでなく、このような法令上直接の根拠規定を欠く指導、勧告は、製薬業者の営業の自由等とのかねあいから、慎重、かつ、控え目になされるべきであって、行政権力が正当な理由なく妄りに私人の行為に容喙し、掣肘を加えることは厳に戒められるべきことであるから、行政指導をなさないことが厚生大臣の義務の懈怠となることは原則としてはないというべきであるが、しかし、医薬品に関し国民の健康に被害を及ぼす危険性が顕著となり、同様な場合に、従来の例によれば厚生大臣は適切な指導、勧告をしてきており、同種の措置をとることが当然期待されるようなときに、それにもかかわらず、厚生大臣が何らの対策をとらず、放置しておくことは、前記のような厚生大臣の国民の健康保持の目的のために適切な行政措置をなすべき責務にもとるものであって、状況如何によっては、厚生大臣が製薬業者に対し被害回避のため必要最小限度の指導、勧告をなすとかその他適切な行政措置をとることが、例外的に、その権限ないしは国民に対する義務ともなり、それを怠るときは損害賠償義務を負うこととなるものというべきである。」と判示した。

（3）　藤田宙靖『第三版行政法Ⅰ』四八二頁（平七・青林書院）。

（4）　原田尚彦『行政責任と国民の権利』五八頁以下（昭五四・弘文堂）、三橋良士明「不作為にかかわる賠償責任」『現代行政法大系6』一六九頁。通説はドイツの一九一〇年代の理論水準に止まっている。

（5）　裁量収縮論に関する学説・判例については、宮田三郎「裁量収縮について」同『行政裁量とその統制密度』三一四頁以下（平六・信山社）を見よ。

（6）　最判平元・一一・二四民集四三巻一〇号一一六九頁（＝行政判例百選Ⅱ140「権限の不行使と国家賠償」＝宅建業法上の監督権限不行使事件）は、「当該業者の不正な行為により個々の取引関係者が損害を被った場合であっても、具体的事情の下において、知事等に監督処分権限が付与された趣旨・目的に照らし、その不行使が著しく不合理と認められるときでない限り、右権限の不行使は、当該取引関係者に対する関係で国家賠償法一条一項の適用上違法の評価を受けるものではないといわなければならない。」と判示した。

最判平七・六・二三民集四九巻六号一六〇〇頁（＝行政判例百選Ⅱ141「薬害と権限の不行使」＝クロロキン訴訟）は、「医薬品の副作用による被害が発生した場合であっても、厚生大臣が当該医薬品の副作用による被害の発生を防止するために前記の各権限を行使しなかったことが直ちに国家賠償法一条一項の適用上違法と評価されるものではなく、副作用を含めた当該医薬品に関するその時点における医学的、薬学的知見の下において、前記のような薬事法の目的及び厚生大臣に付与された権限の性質等に照らし、右権限の不行使がその許容される限度を逸脱して著しく合理性を欠くと認められるときは、その不行使は、副作用による被害を受けた者との関係において同項の適用上違法となるものと解するのが相当である。」と判示した。

東京地判平八・七・九判タ九二四号一六七頁は、食鳥処理の事業の規制及び食鳥検査に関する法律等に基づく規制権限の不行使につき、「右権限を行使するか否か、その時期、方法等の判断は都道府県知事の専門的判断に基づく合理的裁量に委ねられていると解されるから、右権限の不行使については、当該具体的事情の下で権限が付与された法の趣旨、目的に照らして著しく不合理であると認められる場合でない限り、国家賠償法一条一項の適用上違法との評価を受けるものではない。」と判示した。

裁量権の消極的踰越と裁量収縮論が融合しているものもある（古崎慶応長『国家賠償法の理論』九六頁）。

（4）　損害賠償請求訴訟と反射的利益論

国の不法行為責任、とくに不作為責任を否定する論拠として、国側から反射的利益論が主張される。すなわち、規制権限の行使により受ける利益が反射的利益である場合には、当該規制権限の不行使によってその利益を受けることがなくとも、その不利益に対して国の損害賠償責任を問うことができない、というのである。この点については、国家賠償請求訴訟の分野に原告適格の問題としての反射的利益論を持ち込むべきではないという見解[(1)]と国家賠償請求訴訟においても反射的利益論は一定の範囲で意味があるとする見解[(2)]とが対立している。

国家賠償請求権[(3)]はいかなる場合に成立するか。一般に、公権は、権利を与える規範が、第一に強行性を有し、第二に単に公益または一般的利益の保護を目的とするだけでなく、個人の利益の保護をも目的とし、第三に利益を受ける個人に法律上の力（訴訟可能性）を与える場合に、認められる。国家賠償請求権は、その要件として、被害者個人の利益の保護を目的とする法規が、行政の職務権限の行使または不行使によって侵害されたことが必要である。換言すれば、国家賠償請求権は、「個別の国民に対して負担する職務上の法的義務に違背すること」（最判昭六〇・一一・二一民集三九巻七号一五一二頁）によって根拠づけられるということができる。この要件は、結局、公権の第一および第二の要件と同じことに帰するであろう。したがって、法の保護の対象とならない単なる事実上の利益（＝法の反射的利益）の損害だけでは国家賠償請求権を根拠づけることはできない[(4)]。もともと、わが国の原告適格論はその実体が公権論であり、公権――法の反射的利益論は、国家賠償請求権を定める基準としての役割を果たしているといえよう。

問題は法律の解釈にかかっている。従来、単に公益の保護のみを目的としていると考えられた法律も、今日では、憲法とくに国民の国家に対する法的地位の変化を考慮すると、個別の国民に対する行政庁の法的義務を規範化し、個人の利益の保護をも目的とし、したがって、それに違反する場合には国家賠償請求権を根拠づけるというように、解釈すべき場合が多い。(5) この点で多くの判例による実体法の解釈論は再検討を要するといえよう。(6)

（1）　下山瑛二「国賠法一条一項をめぐる若干の理論的課題について」今村退官『公法と経済法の諸問題上』三二二頁（昭五〇・有斐閣）、佐藤英善「食品・薬品公害をめぐる国の責任（1）」法時五一巻四号七二頁以下（昭五四）、三橋良士明「不作為にかかる賠償責任」『現代行政法大系6』一三六頁、秋山義昭『国家補償法』八一頁、稲葉　馨「国賠法における反射的利益論」小嶋退職『憲法と行政法』五九五頁以下（昭六二・良書普及会）。

東京地判昭五三・八・三判時八九九号四八頁（＝スモン訴訟）は、「『反射的利益』およびこれに対立するものとしての『法的に保護された利益』という一体の概念は、取消訴訟その他の抗告訴訟（行政庁の公権力の行使に対する不服の訴訟）において、〝訴えの利益〟の有無を測定する基準としての役割を担う技術概念にほかならず、本件の如き行政庁の〝不法行為〟を理由とする国家賠償請求事件においては、行政庁の処分にその遵守すべき行為規範の違反があって、当該違法行為と原告の主張する損害との間に不法行為法上の相当因果関係が認められれば足り、処分の相手方でない者に取消訴訟の原告適格が認められるか否かの問題と、承認申請手続上の第三者たる個々の特定人に損害を生じた場合の不法行為の成否とは、論理上、直接の関連を有するものではない、というに帰着する。」と判示した。

同旨、静岡地判昭五四・七・一九判時九五〇号一九九頁（＝スモン訴訟）、前橋地判昭五四・八・二一判時九五〇号三〇五頁（＝スモン訴訟）、福岡地判昭五四・一一・一四判時九一〇号三三頁（＝スモン訴訟）など。

（2）　塩野　宏『行政法Ⅱ』二四八頁、阿部泰隆『国家補償法』一八六頁、芝池義一『行政救済法講義』二二八頁。

東京地判昭四四・一二・二五判時五八〇号四二頁は、無登録織機で綿スフ織物を製造する違反業者を通産大臣が取り締まらなかったことにより正規の業者が被った損害の賠償請求について、「違反者が徹底的に取り締まられることによって公正な経済活動の機会が確保され、正規業者が利益を受けることはいうまでもないが、正規業者の該利益は、通商産業大臣の権限行使に伴う反射的利益にすぎないものであって、直接これら法令によって保障された利益ではない、というべきである。それ故、正規業者たる原告は、仮りに通商産業大臣が右の義務を懈怠して違反者を取り締まらなかったことによりその主張のごとき損害を被った事実があるとしても、その義務懈怠を理由として国に対し損害の賠償を求めることは許されない。」と判示した。

(3)　国家賠償請求権を私権とみるか公権とみるかについては見解の対立があるが（田中二郎『行政法上』八七頁注(1)、ここでは便宜上、国家賠償請求権を「公権」として説明しておく。

(4)　大阪地判昭四五・六・一六判時六一四号七九頁は、不起訴処分の違法を理由とする慰謝料請求について、「告訴は捜査機関に対し犯罪捜査の端緒を与えるとともに検察官の職権発動を促すものであって、検察官に対する起訴請求権を認めたものでもなく、又検察官の不起訴処分があったとしてもそれがため告訴人個人の利益を違法に侵害することはありえない。」と判示した。

東京地判昭四七・二・二六判時六七六号四九頁は、検察官が捜査中公訴時効が完成したため不起訴となった業務上過失致傷事件の被害者が国に対して慰謝料の支払いを求めた事件につき、「被害者は、刑事訴追権の行使の有無につき検察官と直接にもまた間接にも公法上の権利義務の関係を有しないのであって、被害者が検察官の公訴の提起につき抱く期待は、公訴の提起ありたる場合に被害者の感情にもたらされる事実上の反射的利益にもとづくものに過ぎず、法はかような事実上の期待ないし利益を保護していないと解するのが相当である。」と判示した。

最判平二・二・二〇判時一三八〇号九四頁は、「被害者又は告訴人が捜査又は公訴提起によって受ける利益は、公益上の見地に立って行われる捜査又は公訴の提起によって反射的にもたらされる事実上の利益にすぎず、法律上保護された利益ではないというべきである。したがって、被害者ないし告訴人は、捜査機関による捜査が適正を欠くこと又は検察官の不起訴処分の違法を理由として、国家賠償法の規定に基づく損害賠償請求をすることはできないというべきである。」と判示した。

大阪高判昭五八・九・三〇判時一一〇二号七三頁（本書九八頁を見よ。）。

東京高判昭六二・二・二五判時一二三一号一一二頁（＝個室付浴場事件）は、個室付浴場営業の収益のうち、特殊サービスに対する期待によって支えられている部分について、「この種のサービスを伴う個室付浴場営業が善良の風俗を害する性質のものであることは否定しがたいことに照らすと、個室付浴場営業における営業実績のうち入浴客の右サービスに対する期待によって支えられている部分は本来民事法上の保護に値しないものというべく、したがって、それが第三者の行為によって侵害された場合でも、特段の事情のない限り、損害賠償請求権は発生しないと解するのが相当である。」と判示した。

（5）Vgl., G. Buschlinger, Das Verhältnis des Amtshaftungsanspruchs zum subjektiv-öffentlichen Recht, DöV, 1964, S. 797ff.

（6）東京地判昭三四・八・四判タ九八号六〇頁（本書九八頁を見よ）。

福岡高判昭五三・七・三判タ三七〇号一〇七頁は、銀行法一条は「預金者等の保護の確保」を法律の目的として掲げているにもかかわらず、大蔵大臣の銀行に対する、銀行法上の行政監督権の不行使について、「大蔵大臣がこれら銀行法上の規定に基づく行政監督権を、いかなる場合に、どのような限度において行使するかは、当該違法行為の態様、程度やその是正の必要の度合等を総合して政策的見地から慎重かつ合理的に判断してなさるべき事柄であって、それは大蔵大臣の自由裁量に属するものであり、その行政監督権の行使は、法律上義務づけられた法律的義務ではなく、その権限行使の適否についての責任は、あくまでも政治的、行政的責任にすぎない。また、大蔵大臣の右権限行使によって国民が利益を受けるとしても、その利益は、単なる反射的利益にすぎないものであって、大蔵大臣は、前記銀行法上の規定により、特定の個人の利益保護のため特定の個人に対してその権限を行使すべき義務を負うものではない。」と判示した。

広島地尾道支判昭六〇・三・二五判時一一五八号三二頁（＝因島集団骨関節結核訴訟）は、結核予防法一条は「結核患者に対する適正な医療の普及……結核が個人的にも社会的にも害を及ぼすことを防止」することを法律の目的として掲げているにもかかわらず、「元来、行政庁の権限行使は、一般抽象的な国家公益の実現を目的とするものであり、決して個々の国民の具体的利益の保護を目的とするものではない。したがって、行政権限の行使によって個々の特定の国民がたまたま現実に利益を受けることがあったとしても、それは、法の反射的利益にすぎないというべきである。」、「本件において、知事及び保健所長が結核予防上与えられている各種の規制権限を行使するのは、国家公共の利益を守り、公共の福祉を増進するためであって、決して個々の国民の利益を直接的に守るためではないのである。したがって、仮りに、知事及び保健所長が規制権限の行使をけ怠したことによって、原告ら国民が損害を被ったとしても、原則的には反射的利益の侵害にすぎず、被害者は、国または公共団体に損害賠償を請求する法的権能を有しないというべきである。」と判示した。

最判平元・一一・二四民集四三巻一〇号一一六九頁（=行政判例百選II140「権限の不行使と国家賠償」=宅建業法上の監督権限不行使事件）は、宅地建物取引業法一条は「購入者等の利益の保護」を法律の目的として掲げているにもかかわらず、「[宅地建物取引業]法は、……免許を付与した宅建業者の人格・資質等を一般的に保証し、ひいては当該業者の不正な行為により個々の取引関係者が被る具体的な損害の防止、救済を制度の直接的な目的とするものとはにわかに解しがたく、かかる損害の救済は一般の不法行為規範等に委ねられているというべきであるから、知事等による免許の付与ないし更新それ自体は、法所定の免許基準に適合しない場合であっても、当該業者との個々の取引関係者に対する関係において直ちに国家賠償法一条一項にいう違法な行為に当たるものではないというべきである。」と判示した。

積極的な解釈論を示すものとして、以下の判例がある。

最判昭三七・一・一九民集一六巻一号五七頁（=行政判例百選I16「公衆浴場経営者の地位」）は、「適正な許可制度の運用によって保護せられるべき業者の営業上の利益は、単なる事実上の反射的利益というにとどまらず公衆浴場法によって保護せられる法的利益と解するを相当とする」と判示した。

前橋地判昭五四・八・二一判時九五〇号三〇五頁（=スモン訴訟）は、厚生大臣の医薬品の安全性確保義務は、「公衆を構成する個々の国民の健康を当然想定しているので、少なくとも潜在的には個々の国民の健康を保護するためのものであることは明らかであり、義務違反は、その義務の内容、違反の態様等によっては、社会通念に照らして国家賠償法上違法と評価されることがあると解すべきである。」と判示した。

大阪地判平二・一〇・二九判時一三九八号九四頁は、「電気事業法がその目的の一つとして抽象的な形ではあっても電気の使用者の利益の保護を掲げていることも併せ考慮すると、仮に被告主張の如く電気事業法一九条及びガス事業法一七条がその利用者の個別的な権利利益を保護しておらず、したがって、その利用者が行政事件訴訟法九条所定の『法律上の利益』を有していないとしても、それをもって直ちに被告主張の如く通産大臣は供給規程の認可権限及び供給条件を変更する権限を行使することにつき原告らとの関係で何らの職務上の法的義務も負担していないものと解することはできないというべきである。やはり、通産大臣としては、その供給規程の認可権限及び供給条件を変更する権限を行使するについては、法の定めに従い適正に職務を執行し、いやしくも違法な処分により利用者に財産上の損害を及ぼすことのないように留意すべき義務を個々の利用者との関係でも負うていると解するを相当とする。」と判示した。

第二款　司法作用――判決特権

文献　西村宏一「裁判官の職務行為と国家賠償訴訟」判タ一五〇号（昭三八）、村上敬一「裁判官の職務行為と国家賠償責任」『新実務民訴講座6』、石川明「判決裁判官特権というもの」判タ五〇一号（昭五八）、村上博己「裁判官の職務行為と国家賠償責任」判タ八一六号（昭六八）、宇賀克也「裁判官の職務行為と国家賠償」雄川献呈『行政法の諸問題（中）』（平二・有斐閣）、阿部泰隆「裁判と国家賠償」ジュリ九九三号（平四）

（1）　国家賠償法の適用

司法行為について国家賠償法一条の適用があるかどうかについては、学説の対立があるが、通説は肯定説に立っている。[（1）] 裁判官は「公務員」であり、裁判官の司法行為は「公権力の行使」であるから、裁判官の職務上の法的義務違反は国家賠償法一条の適用を受ける。しかし裁判官の職務行為の違法を理由とする国家賠償が許容されるか否かについては、諸外国においては、一般の公務員とは違う特別の取扱をしていることが多い。例えば、ドイツでは、民法八三九条二項が、裁判官は、裁判の拒否・遅延のほか、裁判官の職務上の義務違反が故意の法律の歪曲または収賄など犯罪である場合に限って、損害賠償責任を負うと定めている。またイギリスでは、上位裁判所の裁判官がその管轄権の範囲内で司法機能を行使した場合には、裁判官は民事責任を追及されないという司法免責の法理が認められており、一九四七年の国王訴追手続法（Crown Proceedings Act）により国家責任が認められるようになっても、裁判官の職務行為については、その適用が除外された。日本では、このような裁判官特権を認める法的規定は存在しないが、判例理論は、裁判の違法性を限定する解釈論によって、裁判官の損害賠償責任の制約ないし裁判官の特権的地位を定着させたといえよう。

（1）　古崎慶長『国家賠償法』二八一頁、今村成和『国家賠償法』一〇〇頁、下山瑛二『国家賠償法』一三一頁、遠藤博也『国家賠償法上』二九九頁。

しかし、司法制度の本質から、裁判官の職務行為について、国家賠償法一条一項の適用を否定あるいは制限しようとする見解もある（佐藤　功『憲法上（新版）』（ポケット註釈全書）二七三頁（昭五八・有斐閣）、西　迪雄「司法免責権」兼子還暦『裁判法の諸問題（上）』一二四頁、西村宏一「裁判官の職務行為と国家賠償」判タ一五〇号八四頁以下）。

次の最高裁判例は、前半は適用肯定説に立っているが、後半は原則否定説をとっていると見ることもできよう。

最判昭四三・三・一五判時五二四号四八頁は、「裁判官のなす職務上の行為について、一般に、国家賠償法の適用があることは所論のとおりであって、裁判官の行う裁判についても、その本質に由来する制約はあるが、同法の適用が当然排除されるものではない。しかしながら、……原告（上告人）は所論決定に対し、福岡高等裁判所に抗告し、抗告棄却の決定を受け、さらに最高裁判所に特別抗告をしたが、右抗告も棄却されて、前記決定が確定するに至ったのであるから、他に特別の事情のない限り、右裁判官のした所論の行為には何らの違法もなかったものと解するのが相当である」と判示した。

東京高判昭四六・一一・二五高民集二四巻四号四一九頁（＝八丈島老女殺し事件）は、「国家賠償法は、国家公務員の職務行為から裁判官の行う民事、刑事の裁判を特に除外していないから、右各有罪判決は、それぞれ、同法一条の規定にいう『国の公権力の行使に当たる公務員がその職務を行うについてした行為』に該当すると解すべきである。」と判示した。

（2） 裁判官特権の機能

裁判官特権は、裁判官が損害賠償訴訟に対する萎縮効果の除去＝裁判官の独立の保障を目的とするのではなく、判決の既判力の確保を目的とするものである。すなわち、既判力をもって確定した訴訟物が、裁判官が違法な行動をしたという理由をもって、改めて裁判官の審査に服し、その結果、実質的に矛盾する判決の併存を防止することが目的である。もし裁判官が一般の公務員と同様の違法性審査に服するなら、国家賠償訴訟では、他の裁判手続で決定した事実関係を、裁判官の職務義務違反という視点のもとに、もう一度審査することになろう。したがって、裁判官特権は（Richtersprivileg）判決特権（Richterspruchprivileg）となる。

（3）　裁判の違法性

いかなる場合に裁判が国家賠償法上違法となるか。

①　敗訴判決に対して上訴・再審を経ないで、国家賠償請求をする場合

判例は、確定判決の違法を理由とする国家賠償請求訴訟は、特別の事情がある場合を除いて、認められないとする。(1) しかし学説では、むしろ、前訴（敗訴判決）と国家賠償訴訟とは別個独立の訴訟であるから、上訴・再審を経ないで直接国家賠償請求も可能であるとする考え方が有力である。(2)

②　判決が上訴・再審により取り消された後に、国家賠償請求をする場合

刑事事件の場合、無罪判決が確定すれば、逮捕、勾留、起訴、有罪判決等は違法となるという考え方もあるが、(3) 通説的な考え方は、上訴または再審等により是正されるべき瑕疵も直ちに国家賠償法の違法となるものではないとしている。(4)

（1）　最判昭五七・三・一二民集三六巻三号三二九頁（＝行政判例百選Ⅱ150「裁判官の職務行為と国家賠償責任」）は、「裁判官がした争訟の裁判に上訴等の訴訟上の救済方法によって是正されるべき瑕疵が存在したとしても、これによって当然に国家賠償法一条一項の規定にいう違法な行為があったものとして国の損害賠償責任の問題が生ずるわけのものではな（い）」と判示した。

同旨、東京地判平六・一二・一判タ八八三号一六三頁。

（2）　村上敬一「裁判官の職務行為と国家賠償責任」『新実務民訴講座6』九六頁、古崎慶長『国家賠償法研究』五三頁以下（昭六〇・日本評論社）。

（3）　村重慶一『国家賠償研究ノート』一八五頁（平八・判例タイムズ社）。

東京地判昭四四・三・一一判時五五一号三頁（＝八丈島老女殺し事件）は、「国家賠償法上裁判官の裁判が違法で

あるとの評価は、全訴訟手続を事後的にみて、当該裁判が結局客観的に正当性を有しない（国家は無罪たるべき者に対し有罪判決をする権利はない）ことを意味するから、上級審において無罪とされ、その判決が確定した以上、国家賠償法上は、これに反する下級審の有罪判決はいずれも違法である」と判示した。

（4）　最判平二・七・二〇民集四四巻五号九三八頁（＝弘前大教授夫人殺害事件）は、「裁判官がした争訟の裁判に上訴等の訴訟法上の救済方法によって是正されるべき瑕疵が存在したとしても、これによって当然に国家賠償法一条一項にいう違法な行為があったものとして国の損害賠償責任の問題が生ずるものではな（い）」と判示した。

（4）　違法性判断の基準

違法性判断の基準として次のような考え方がある。

① 悪意説　裁判は、裁判官が悪意で事実誤認・法令解釈を歪曲した場合にのみ、違法となる。[1]

② 著しい行為規範、経験則、採証法則違反説　具体的には、法律上関与してはならない事件について裁判をしたとき、違法または不当な目的のために裁判をしたとき、裁判官による誠実な判断とは認められないような不合理な裁判をしたときなどの場合、違法となる。[2]

（1）　西村宏一「裁判官の職務行為と国家賠償訴訟」判タ一五〇号八七頁。

大阪地判昭五九・四・二七判時一一三六号九八頁は、「民事判決が、民事訴訟法の規定する手続を経て確定した場合には、その判決が構成裁判官の悪意による事実の誤認または法令の曲解に基づいてなされたなどの特段の事情のない限り、右裁判官のした行為には何らの違法もなかったものと解するのが相当であり、その限りで、裁判官の行う裁判について、その本質に由来する制約を認めることができるのである。」と判示した。

（2）　村上敬一「裁判官の職務行為と国家賠償責任」『新実務民訴講座6』九三頁。

最判昭五七・三・一二民集三六巻三号三二九頁（＝行政判例百選II 150「裁判官の職務行為と国家賠償責任」）は、裁判について国家賠償責任が肯定されるためには、「当該裁判官が違法又は不当な目的をもって裁判をしたなど、裁判官がその付与された権限の趣旨に明らかに背いてこれを行使したものと認めうるような特別の事情のあることを必要とすると解するのが相当である。」と判示した。

同旨、仙台高判昭六一・一一・二八判時一二一七号三二頁、最判平二・七・二〇民集四四巻五号九三八頁（＝弘前大教授夫人殺害事件）、大阪高判平六・一〇・二八判時一五一三号七一頁など。

東京高判昭四六・一一・二五高民集二四巻四号四一九頁は、「下級裁判所の有罪判決が国家賠償法にいわゆる違法であるのは、裁判官の証拠能力または証明力に対する判断が裁判官に要求される良識を失し経験則・論理則上その合理性が認められないことがその審理段階において明白な場合に限られると解するのが相当である。」と判示した。

広島高判昭六一・一〇・一六判時一二一七号三二頁は、裁判について国家賠償責任が肯定されるためには、「当該裁判官が違法又は不当な目的をもって裁判をしたとか、事実認定や法令の解釈適用に当たって経験法則・採証法則・論理法則を著しく逸脱し、裁判官に要求される良識を疑われるような非常識な過誤を犯したことが当該裁判の審理段階において明白であるなど、裁判がその付与された権限の趣旨に明らかに背いてこれを行使したと認めうるような特別の事情があることを必要とすると解するのが相当である」と判示した。

東京地判平八・三・一九判時一五八二号七三頁は、「裁判官の職務行為の違法性判断基準は、上訴もしくは再審によって取り消された裁判について、普通の裁判官の少なくとも四分の三以上の裁判官が合理的に判断すれば、当時の証拠資料・情況の下では、到底そのような事実認定をしなかったであろうと考えられるほど、著しく行為規範、経験則、採証法則を逸脱した不合理な事実認定をした場合に国賠法上の違法があると解するを相当とするものである。」と判示した。

（5）その他の司法行為の違法性

訴訟指揮権の行使、[1] 逮捕状の発布、[2] 法廷等の秩序維持に関する法律に基づく処分、[3] 法廷警察権の行使等の裁判官の職務行為一般の違法性の判断基準についても、判例理論は、最高裁昭和五七年判決に従い、大体において、裁判の場合と同様の考え方に立っている。[4] しかし、審理の遅延や判決言渡の遅延の違法性については、国家賠償法の一般的な考え方に従っているといえよう。[5]

（1）　訴訟指揮権の行使

東京地判平五・九・二〇判時一四九〇号一〇三頁は、「裁判官の訴訟指揮権の行使等の訴訟手続上の措置について、国家賠償法一条一項に基づく責任が肯定されるためには、当該裁判官が違法又は不当な目的をもって権限を行使したなど、裁判官がその付与された権限の趣旨に明らかに背いてこれを行使したものと認め得るような特別の事情があることを必要とすると解すべきであり……、換言すれば、当該職務行為が、裁判官の職務権限の行使として著しく不当、不法で、合理性のないことが明らかな場合に限って国家賠償法上違法となると解すべきである。」と判示した。

（2）　逮捕状等の請求・発付

大阪高判昭六二・二・二四判時一二二七号五一頁は、「裁判官がその職務の追行ないしその権限の行使としてした捜索差押許可状の発付が国家賠償法一条一項の規定の適用上違法となるのは、単に右発付につき刑事訴訟法上の救済方法によって是正されるべき瑕疵が存在するというだけでは足りず、当該裁判官が違法又は不当な目的をもって裁判をしたなど、裁判官がその付与された権限の趣旨に明らかに背いてこれを行使したものと認めうるような特別の事情があることを必要とすると解するのが相当である。」とし、国家賠償請求を棄却した。

最高裁五七年判決に従わない判例もある。

大阪地判昭六一・五・二六判時一二二四号六〇頁は、「被告国の公権力の行使に当たる公務員である裁判官としては、捜索差押許可状を発付する際には、それが国民の住居の平穏と財産権を侵害する性質のものであるだけに、判断には慎重を期し、仮にも嫌疑がないのに許可状を発付するようなことをしてはならない職務上の注意義務義務があるところ、大阪簡易裁判所の裁判官である甲野太郎は、これに反して嫌疑を認めるに足りる資料が無いのに本件各捜査差押許可状を発付したのであるから、同裁判官には過失がある。」とし、国に対して損害賠償を命じた。

逮捕状の執行前に国家賠償請求訴訟を認めてよいか。

東京地判昭六二・一二・二一判時一二九五号七七頁は、逮捕状が発付されたが逃亡中の被疑者の親族が、被疑者にアリバイがあることを理由として逮捕状の請求、発付が違法であると主張し、慰謝料の支払を求めた国家賠償請求事件につき、刑事事件に先行し、民事訴訟において右行為の違法性を判断することは、現行法制度のもとでは容認されていないとして、原告らの請求を棄却した。

東京高判平元・一・二四高民集四二巻一号一頁は、「(判決要旨) 刑事手続の完結前に、犯罪事実の存否についての捜査機関又は令状発付裁判官の判断の過誤を理由として国家賠償請求をすることはできない。」と判示した。

最判平五・一・二五民集四七巻一号三一〇頁は、「逮捕状は発付されたが、被疑者が逃亡中のため、逮捕状の執行ができず、逮捕状の更新が繰り返されているにすぎない時点で、被疑者の近親者が、被疑者のアリバイの存在を理由に、逮捕状の請求、発付における捜査機関又は令状発付裁判官の被疑者が罪を犯したことを疑うに足りる相当な理由があったとする判断の違法性を主張して、国家賠償を請求することは許されないものと解するのが相当である。けだし、右の時点において前記の各判断の違法性の有無の審理を裁判所に求めることができるものとすれば、その目的及び性質に照らし密行性が要求される捜査の遂行に重大な支障を来す結果となるのであって、これは現行法制度の予定するところではないといわなければならないからである。」と判示した。

(3)　法廷秩序維持

東京高判昭六〇・五・一七判時一一五九号九八頁は、法廷等の秩序維持に関する法律に基づいてした拘束及び監置七日に処する旨の制裁決定をしたことに違法はないとして、国及び担当裁判長に対する損害賠償請求を棄却したが、「確定した裁判のもつ不可争効は、単に、当該裁判手続における通常の不服申立方法によって、もはや争い得ないとするに止まらず、他の裁判手続においても、確定裁判自体の当否を争訟の対象とすることを原則として許さない趣旨に解すべきことは、裁判制度の本質からいっても当然である(このことは、確定裁判が認定したと同一の『事実』を他の裁判手続で争い得るかどうかの問題とは、もとより別個のことである。)。したがって、確定裁判については、当該裁判官が違法又は不当な目的をもって裁判をしたなど、裁判官が付与された権限の趣旨に明らかに背いてこれを行使したものと認め得るような、確定裁判の不可争性（適法性の推定）をくつがえすに足る『特別の事情』がない限り、その違法を理由として国家賠償の請求をすることは許されないものと解すべきである」と判示した。

（4）　法廷警察権

最判平元・三・八民集四三巻二号八九頁（＝憲法判例百選Ⅱ203「裁判公開と傍聴人の権利」＝レペタ訴訟）は、「それ［法廷警察権］に基づく裁判長の措置は、それが法廷警察権の目的、範囲を著しく逸脱し、又はその方法が甚だしく不当であるなど特段の事情のない限り、国家賠償法一条一項の規定にいう違法な公権力の行使ということはできないものと解するのが相当である。」と判示した。

仮処分

神戸地判昭六一・三・二二判時一二一二号一三二頁は、仮処分決定にも最高裁昭和五七年三月一二日判決（民集三六・三・三二九）の法理が適用される、と判示した。

（5）　名古屋地判昭五〇・一一・二八判時八〇二号二一頁は、起訴から一審判決に至るまで一七年間を要したことにより甚大な精神的苦痛を被ったとして起訴された国家賠償請求訴訟において、「具体的刑事事件における審理の遅延が、憲法三七条一項の保障条項に反する事態に至っているかどうかの点は、訴訟期間の長短すなわち、単に起訴から判決までの一定の期間が経過したというようなことだけから一律に判断すべき性質のものではなく、それにまつわる諸事情すなわち遅延の原因と理由などを勘案し、その遅延がやむを得ないものかどうか、その遅延により被告人の諸利益がどの程度実際に侵害されているかなど諸般の事情を総合的に判断しなければならない」とし、結論として、本件における審理遅延は憲法三七条一項に違反するものとはいえない、と判示した。

東京地判昭五一・五・三一判時八四三号六七頁は、判決言渡の遅延が国賠法にいわゆる違法性があるか否かについて、右違法判断の基準として、遅延の期間、遅延の原因・理由、当事者の被侵害利益の内容、当該事件の種類・内容等を総合して考慮すべきものとし、本件の「判決言渡の遅延は、もはや客観的に正当性を欠く程度にまで至っているものといわざるをえない」が、本件については損害の立証ができないことを理由に請求を棄却した。

第三款　立　法　不　法

文献　古崎慶長「立法活動と国家賠償責任」同『国家賠償法研究』（昭六〇・日本評論社）、内野正幸「立法行為・司法行為と国家賠償責任」『国家補償法大系2』、稲葉　馨「国会議員の立法活動と国家賠償（一）～（4）」熊本法学五八号、六四号、六七号、六九号（昭六三～平二）、尾吹善人「国家賠償請求権の憲法問題」同『日本憲法――学説と判例』（平二・木鐸社）、宇賀克也「立法行為と国家賠償」芦部古稀『現代立憲主義の展開（下）』（平五・有斐閣）

(1)　問　題

立法行為についての損害賠償責任とは、国会の立法または立法不作為が違憲であり、そのため違憲法律そのもの、または、あるべき法律の不存在によって、直接何らかの損害を受けたとする場合、国家賠償法によって国の損害賠償責任を問うことができるかという問題である。

「公権力」の行使に基づく国の損害賠償責任には、論理的に、「立法権」の行使に基づく損害賠償責任を含むということができる。しかし実際には、立法行為について国の損害賠償責任を認めるについては、いろいろの困難が伴う。

（2）　学説・判例

従来の学説は、国会の立法行為への国家賠償法の適用は、観念的に認められるとしても、実際には不可能であるとしてきた。その根拠としては、①国会の最高機関性および国会議員の免責特権、②立法行為・不行為については、立法裁量の余地が広く、立法行為・不行為の違憲性を認定することは困難であること、③国会議員の「憲法判断上の故意・過失」を認定することも困難であることなどがあげられる。(1)

最高裁も、在宅投票制度廃止立法について、国会議員の立法行為は、特定の第三者に対する職務義務の問題ではなく、国民全体に対する政治責任の問題であるという理由で、国家賠償法一条一項による違法の評価を受けないとし、国の損害損害賠償責任を否定した。これが立法行為の損害賠償責任についての指導的判決である。(2)

しかし最近の多数説は、国会そのものの「過失」により違憲な法律を制定した場合や憲法上制定すべき法律を制定しなかった「立法不作為」についても、国家賠償責任が生じ得るという考え方を主張している。(3)下級審の少数の判例にも、立法行為について国家賠償責任を肯定するものがある。(4)

（1）　下山瑛二「国家賠償」宮沢還暦『日本国憲法体系6』二四六頁、今村成和『国家補償法』一〇二頁、雄川一郎「日本の国家責任法」同『行政の法理』三二七頁、尾吹善人「国家賠償請求権の憲法問題」同『日本憲法――学説と判例』三五七頁以下（平二・木鐸社）など。

（2）　最判昭六〇・一一・二一民集三九巻七号一五一二頁（＝行政判例百選II 149「立法活動と国家賠償責任」＝在宅投

票制廃止事件)は、「国家賠償法一条一項は、国又は公共団体の公権力の行使に当たる公務員が個別の国民に対して負担する職務上の法的義務に違背して当該国民に損害を加えたときに、国又は公共団体がこれを賠償する責に任ずることを規定するものである。したがって、国会議員の立法行為(立法不作為を含む。以下同じ。)が同項の適用上違法となるかどうかは、国会議員の立法過程における行動が個別の国民に対して負う職務上の法的義務に違背したかどうかの問題であって、当該立法の内容の違法性の問題とは区別されるべきであり、仮に当該立法の内容が憲法の規定に違反する廉があるとしても、その故に国会議員の立法行為が直ちに違法の評価を受けるものではない。……国会議員の立法行為は、本質的に政治的なものであって、その性質上法的規制の対象になじまず、特定個人に対する損害賠償責任の有無という観点から、あるべき立法行為を措定して具体的立法行為の適否を法的に評価するということは、原則的には許されないものといわざるを得ない。」

「以上のとおりであるから、国会議員は、立法に関しては、原則として、国民全体に対する関係で政治的責任を負うにとどまり、個別の国民の権利に対応した関係での法的義務を負うものではないというべきであって、国会議員の立法行為は、立法の内容が憲法の一義的な文言に違反しているにもかかわらず国会があえて当該立法を行うというごとき、容易に想定し難いような例外的な場合でない限り、国家賠償法一条一項の規定の適用上、違法の評価を受けないものといわなければならない。」と判示した。

東京地判昭六一・一二・一六判時一二二〇号四七頁(=衆議院議員定数配分規定国賠訴訟)は、「議員定数配分規定が憲法の文言に違反することが明白となった場合であっても、国会議員及び内閣がその是正のための改正案の発議・提出を行うに当たっては、高度の政治的及び専門的・技術的判断を要するものであるから、それまでの間に右是正について種々の検討が行われていたであろうことを考慮に入れても、なお違憲性が明白になった後、直ちに右改正案の発議・提出を行うことは必ずしも期待しがたいものというべきである。」、「国会議員及び内閣が本件総選挙までに、本件議員定数配分規定を改正する法律案の発議・提出を行わなかった不作為は、いまだ国家賠償法一条一項にいう違法行為に当たるものとすることはできない」と判示した。

最判昭六二・六・二六判時一二六二号一〇〇頁（＝戦争被害者損害賠償訴訟）は、「立法について固有の権能を有する国会ないし国会議員の……立法不作為につき、国家賠償法一条一項の適用上違法性を肯定することができないものである……以上、国会に対して法律案の提出権を有するにとどまる内閣の……法律案不提出についても、同条項の適用上違法性を観念する余地のないことは当然というべきである。」と判示した。

最判平七・一二・五判時一五六三号八一頁（＝再婚禁止期間違憲訴訟）は、再婚禁止期間について男女間に差異を設けることは、憲法二四条の一義的な文言に違反するものでないから、民法七三三条を改廃しない国会ないし国会議員の行為は、国家賠償法一条一項の適用上、違法の評価を受けるものではない、と判示した。

（3）　古崎慶長『国家賠償法』一一三頁、佐藤　功『憲法上（新版）』二六八頁（昭五八・有斐閣）、樋口・佐藤（幸）・中村・浦部『注釈日本国憲法上』三七〇頁（昭五九・青林書院）、佐藤幸治『憲法（新版）』三一八頁（平二・青林書院）、阿部泰隆『国家補償法』一三六頁以下など。

（4）　札幌地小樽支判昭四九・一二・九判時七六二号八頁（＝在宅投票制度廃止事件）は、「原告のような身体障害者の投票を不可能あるいは著しく困難にした国家の立法措置は、立法目的達成の手段として裁量の限度を超え、国民主権の原理の表現としての公務員の選定罷免権及び選挙権の保障並びに平等原則に背き、憲法一五条一項・三項、四四条、一四条一項に違反する」、「国会の立法行為も国家賠償法第一条第一項の適用を受け、同条項にいう『公務員の故意、過失』は、合議制機関の行為の場合、必ずしも、国会を構成する個々の国会議員の故意、過失を問題にする必要はなく、国会議員の統一的意思活動たる国会自体の故意、過失を論ずるをもって足りるものと解すべきである。」と判示して、国家賠償責任を肯定した。

札幌地判昭五六・一〇・二二判時一〇二一号二五頁（＝一票の重み北海道一区訴訟）は、「国会を構成する国会議員は、国賠法一条一項にいう国の公権力の行使にあたる公務員であり、国会議員が故意又は過失（なお、国会のような公務員の合議制の機関については、議員意思の多数決による集約の結果である国会の意思判断を国会議員の意思判断とみなして、これにつき故意、過失を問題にすれば足りると解される。）により、かかる違憲、違法の立法不作為をなし、これによって他人に損害を生ぜしめたときは、被告たる国は、同法に基づきその損害を賠償する責任があるというべきである。」と判示した。

山口地下関支判平一〇・四・二七判時一六四二号二四頁（＝慰安婦事件）は、いわゆる慰安婦に対する救済立法の不作為について、「立法不作為を理由とする国家賠償は、憲法上の国会と裁判所との役割分担、憲法保障という裁判所固有の権限と義務に関することがらであり、国会議員の政治的責任に解消できない領域において初めて顕在化する問題というべきであって、これが国家賠償法上違法となるのは、単に、『立法（不作為）の内容が憲法の一義的な文言に違反しているにもかかわらず国会があえて当該立法を行う（行わない）というごとき』場合に限られず、次のような場合、すなわち、前記の意味での当該人権侵害の重大性とその救済の高度の必要性が認められる場合であって（その場合に、憲法上の立法義務が生じる。）、しかも、国会が立法の必要性を十分認識し、立法可能であったにもかかわらず、一定の合理的期間を経過してもなおこれを放置したなどの状況的要件、換言すれば、立法課題としての明確性と合理的是正期間の経過とがある場合にも、立法不作為による国家賠償を認めることができると解するのが相当である。」と判示した。

（3）　立法の違法性

国家賠償法の「違法性」とは、「個別の個人」との関係での職務上の義務違反でなければならない[(1)]。立法者の立法行為についての職務義務は、法律の制定の際に尊重すべき憲法すなわち基本的人権および信義誠実の原則、比例原則などのような一般原則から生じるが、それは個別の個人との関係において成立する職務義務でなければならない。この点については、基本的人権は個人を保護する性格を有するから、それを侵害する法律は、個別の個人に対する義務違反となるという見解もあるが[(2)]、結局、法律の一般的・抽象的性格から、国会は原則として公共全体に対して義務(=責務)を負い、特定の個人に対して職務上の義務を負うものではない、といえよう。したがって一般市民が、違憲の法律によって、行政庁による執行行為なしに、直接、損害を受けたとしても、国家賠償請求権は成立しない。

(1)　この点について、違法性を「職務上の法的義務」違反と構成する必要はない、という批判がある(宇賀克也「立法行為と国家賠償」七二頁)。その場合、国家賠償法上の違法性は、立法内容の違憲性(=結果不法)と解されるが、立法裁量が広く認められているから、違憲法律の認定自体極めて困難な問題となろう。立法の内容が憲法の一義的な文言に違反する場合を現実に想定することは難しい。国家賠償法上の違法性は、制定すべき法律ではなくて、法律を制定する際に遵守すべき憲法規範および一般法原則が基準となる(=行為不法)というべきであろう。

(2)　H. Maurer, Allgemeines Verwaltungsrecht, 11. Aufl., 1997, S. 645.

(4)　国会議員の過失

形式的法律の制定の際の国会議員の過失は、通常の場合、ほとんど存在しないといえよう。個々の議員の過失ではなく、国会そのものの過失で足りるというのは、判例理論の過失の客観化の方向に沿うものといえるが、いずれにせよ、過失の要件をフィクションとし、個人主義的な関係としての損害賠償の基本的性格を変えるものであるということができる。

(5)　肯定論の帰結

立法的不法についての国の損害賠償肯定論は、違憲の法律そのもの(=結果不法)を対象とするものであるが、もともと不法行為責任はそのような事態への適合を予定するものではなかった。立法不法についての損害賠償責任の承認は、法律の一般的性格の故に、その及ぼす影響（例えば、賠償金額）は極めて大きい。したがって、違憲の法律についての国家の責任問題は、法解釈論で解決を図るには問題があり、むしろ立法論に属する問題であって、法律が特別に定める場合に限って、損害賠償責任を認めるべきであろう。

第四款　公務員の個人責任

文献　山本徳栄「国家賠償と公務員の個人責任」法律新報七九巻二号（昭四七）、室井　力「国家賠償法と公務員の個人責任」判例評論一六〇号（昭四七）、小高　剛「公務員個人の責任」『現代損害賠償法講座6』（昭四九）、真柄久雄「公務員の不法行為責任」『現代行政法大系6』

（1）　国家賠償法の諸規定からの推論

国家賠償法一条一項の規定により国または公共団体が損害賠償責任を負う場合に、加害者たる公務員個人に対して損害賠償を求めることができるかどうかについては、それを定めた直接の明文規定がない。国家賠償法の立法過程における立法者意思は、必ずしも統一されていたわけではないが、公務員の被害者に対する対外的個人責任を否定する考え方に傾斜していたようである。(1)しかし、立法者意思といえども決定的なものではないから、国家賠償法の客観的解釈として、公務員個人責任について肯定論・否定論の対立が生じうる。通説は、公権力の行使に当たる公務員がその職務を行うについてなした不法行為について、国家賠償法が国または公共団体の損害賠償責任を定めたのは、加害者たる公務員個人に対する損害賠償請求を否定する趣旨であると解し、最高裁も同様の考え方をとっている。(2) 公務員個人責任否定論の実定法的根拠としては、①国家賠償法一条一項は、「国又は公共団体が、これを賠償する責に任ずる」と規定しているが、それは国又は公共団体のみが責任を負うことを意図しているものであること、②国家賠償法一条二項の求償権の規定は被害者に対しては常に国だけが責任を負い、公務員は責任を負わないことを前提にしてはじめて理解できる規定であること、③国家賠償法の附則が公証人法六条、戸籍法四条等を削除したことの三点をあげることができる。(3)

これに対し、国家賠償法は公務員個人の損害賠償責任を排除するものではないという見解が対立している。公務員個人責任肯定論は、否定論の根拠について、①「国又は公共団体が」とは賠償責任の負担者を国または公共団体にのみ限定する意味ではなく、国または公共団体が賠償責任を負う旨を定めたものにすぎないこと、②求償権の規定は国または公共団体と公務員との内部関係の問題にすぎず、被害者が加害者たる公務員に賠償を求めることができるかどうかは別個の問題であること、③国家賠償法附則二〜五項による公証人法六条、戸籍法四条等の削除は、公証人等を一般規定によらせたもので、それらについても一般の公務員と同様に民法七〇九条を適用するためである、という反論をしている。(4)

否定論・肯定論の対立は、国家賠償法の規定から決定的な結論を引き出すことが困難であり、学説の真の対立が国家賠償法の諸規定の背後にある視点の対立であることを示しているといえよう。(5)

(1)　宇賀克也『国家補償法』九一頁。
(2)　田中二郎『行政法上』二〇九頁、柳瀬良幹『行政法教科書〔再訂版〕』一三六頁〔昭四四・有斐閣〕、雄川一郎

「行政上の損害賠償」『行政法講座三巻』二六頁、古崎慶長『国家賠償法』一九九頁など。

最判昭三〇・四・一九民集九巻五号五三四頁（＝行政判例百選Ⅱ154「公務員の個人責任」）は、「上告人等の損害賠償等を請求する訴えについて考えてみるに、右請求は、被上告人等の職務行為を理由とする国家賠償の請求と解すべきであるから、国または公共団体が賠償の責に任ずるのであって、公務員が行政機関としての地位において賠償の責任を負うものではなく、また公務員個人もその責任を負うものではない。従って県知事を相手方とする訴えは不適法であり、また県知事個人、農地部長個人を相手方とする請求は理由がないことに帰する。のみならず、原審の認定するような事情の下においてとった被上告人等の行為が、上告人等の名誉を毀損したと認めることはできないから、結局原判決は正当であ（る）」と判示した。

最判昭四六・九・三判時六四五号七二頁は、「公権力の行使に当たる国の公務員が、その職務を行うについて、故意又は過失によって違法に他人に損害を加えたときは、国がその被害者に対し賠償の責に任ずるのであって、……公務員個人は被害者に対して直接その責任を負うものではないと解するのが相当である。」と判示した。

同旨、最判昭四七・三・二一判時六六六号五〇頁、最判昭五二・一〇・二五判タ三五五号二六〇頁、最判昭五三・一〇・二〇民集三二巻七号一三六七頁（＝行政判例百選Ⅱ151「検察官の公訴提起と国家賠償責任」＝芦別国賠訴訟）。

なお、東京高判昭六一・八・六判時一二〇〇号四二頁（＝本書六八頁を見よ。）は、警察官の虚偽の証言・供述を「職務を行うについて」した行為に該当しないとし、民法七〇九条による警察官個人の賠償責任があるとした。

（3）　田中二郎『行政法上』二〇九頁、柳瀬良幹『行政法教科書』一四九頁、雄川一郎「行政上の損害賠償」『行政法講座三巻』二六頁。

公証人法六条、戸籍法四条等の規定は、公証人などがその職務を行うについて加えた損害に関し、故意または重過失の場合にのみ個人責任を認めていたものであり、その職務の性質上軽過失の場合にまで責任を負わせるのは酷であるとして、軽過失の場合には公証人などの個人責任を否定したものであった。そして、公証人等の個人責任を排除したことは、同時に一般的に、公務員が被害者に対し直接責任を負うことがないことを示しているとされた。
(4) 乾　昭三「国家賠償法」『注釈民法⒆』四一四頁以下(昭四〇・有斐閣)、下山瑛二『国家賠償法』二五八頁。
(5) 公務員個人責任肯定論の内部には、さらに、故意または重過失がある場合に限り直接賠償責任を負うという説(今村成和『国家補償法』一二二頁、杉村敏正『行政法講義総論 上』一一八頁。)、故意がある場合に限り個人責任を肯定すべきであるという説(真柄久雄「公務員の不法行為責任」『行政法大系6』一九四頁、阿部泰隆『国家補償法』七〇頁など)、軽過失の場合にも個人責任が成立するという説が対立している。後者は少数説である。

(2) 国家責任の本質

公務員個人責任の否定論は国家責任の本質に関して代位責任説を、肯定論は自己責任説を背景にしている。代位責任説は公務員の個人責任の否定に、自己責任説は個人責任の肯定に有利に働くというのが一般的な印象である。国の責任を国の自己責任と解すれば、国が責任を負担することと公務員個人の責任とは別個の問題となり、したがって、ここに公務員の個人責任を認めうる理論的根拠があるというのである。[1] しかし、有機体説のような考え方にたって、公務員の不法行為は国家自身が不法行為をしたことであるというように意味づければ、公務員個人の不法行為は存在しないことになるはずで、公務員個人の不法行為責任を承認することは理論的に困難である。[2] 代位責任説によれば、国の責任は公務員個人の責任が前提となっているから、公務員の個人的責任を承認することには何らの論理的困難もない。ただ、国が公務員の損害賠償責任(債務)を引受ける法システムが取られている場合には、国が公務員の債務を履行する以上、公務員の債務(損害賠償責任)はそれに吸収されてしまったといえるし、あるいは公務員の責任を問うことは無意味となるといえるにすぎないのである。したがって、自己責任説から直線的に公務員の個人責任の肯定論が演繹されるものではないし、代位責任説が公務員の個人責任を理論的に否定するものでもないといえよう。

（1）今村成和『国家補償法』一二二頁。
（2）川島武宜『民法総則』一三〇頁（昭四〇・有斐閣）。

（3）法政策的解釈論

公務員個人責任の法政策的否定論は、①被害者救済のためには、支払能力のある国・公共団体が賠償すれば十分であること、②民法七〇九条によって公務員が軽過失の場合にも個人責任を負うことになると、国家賠償法一条二項が求償を故意・重過失に限定していることと均衡を失すること、③公務員の職務執行を萎縮させ、ひいては、公的部門の人材確保を困難にするおそれがあること、などを論拠としている(1)。これに対し、法政策的肯定論は、①公務員を特別に保護する必要はなく、民法との均衡からみて、軽過失の場合にも公務員の責任を肯定してよいこと、②求償権の制限は国・公共団体と公務員との間の内部関係であり、公務員の個人責任は外部関係であるから、個人責任を肯定しても矛盾しないこと、③被害者に対する直接の責任を認めることは民衆感情にも適合すること、などを論拠としている(2)(3)。

（1）古崎慶長『国家賠償法』一九七頁、田中二郎『行政法上』二〇九頁など。
（2）今村成和『国家補償法』一二二頁、乾　昭三「国家賠償法」『注釈民法⒆』四一五頁、下山瑛二『国家補償法』二五八頁、芝池義一『行政救済法講義』二三五頁（平七・有斐閣）など。
（3）公務員個人責任に関する主な判例は次の通りである。

大阪高判昭三七・五・一七高民集一五巻六号四〇三頁は、「単に被害者の受けた損害の救済という面のみを考えると、国又は公共団体において損害賠償責任を負担さえすれば十分であると謂えないこともないけれども、職務の執行を装うという方法を選んで公務員が不法行為を行ったとすれば、之に対し直接被害者より損害賠償責任を問う道を遮断することは、民法の道義性の見地よりしてその当否は極めて疑わしいものがある。昭和七年五月二七日の大審院判例は法人の機関として不法行為をなした以上、その者は個人としても損害賠償責任を負うべきものとしたが、公務員についてのみ之を別個に解する余地は全くないと謂わなければならない。かように解しなければ、……巡査が職務執行をよそい、強盗殺人を犯したような場合にも、国家賠償法の救済があることの一事により被害者の遺族から右犯人に対する直接の損害賠償請求を許さない結論を生じ、その不当なること明白である。」、「以上の理由により当裁判所は少なくとも公務員の故意に基づく職権濫用行為については、当該公務員は個人としても損害賠償責任を負担すべきものと解する」と判示した。

東京地判昭四六・一〇・一一下民集二二巻九～一〇号九九四頁（＝警察官暴行事件）は、「国家賠償法の規定が適用される場合に、個人責任をも追及することができるかどうかについては同法には何らの規定もなく解釈に委ねられているところ、その解釈についても争いがある。思うに、

（一）公務員個人の直接責任を認めると公務員の職務執行を萎縮させてしまうというが、民法では機関個人又は被用者自身の被害者に対する直接責任を負うとされていることと対比すると、公務員の場合にそれと別異に解釈して取り扱うべきだとする合理的理由が見出しがたいこと。

（二）加害公務員に対する責任追及は、公務員に対する国民の監督作用にとって極めて有効な手段であり、本来国民全体の奉仕者であるべき公務員が故意或は重大な過失によって国民の権利を侵害する場合にすら公務員個人に対する直接責任の追及を認めないのであれば、経済的充足だけでは満たされない国民の権利感情を著しく阻害する結果を招来するおそれがあること。

（三）他方国家賠償法第一条第二項の規定が民法第七一五条第三項と違って加害公務員の軽過失の場合の求償権

の行使を制限していること。

以上の要素を総合勘案すれば、加害公務員に故意又は重大な過失があったときは自らも民法第七〇九条の規定による責任を負担せざるをえず、そのような場合の加害公務員と国又は公共団体の責任は不真正連帯債務の関係に立つものと解するのが相当である。」と判示した。

札幌地判昭四六・一二・二四判時六五三号二二頁（＝芦別国賠訴訟）は、「公務員の故意過失により、国家賠償法の適用の対象となる違法行為の行われたすべての場合に、国又は公共団体と並んで加害公務員の個人責任を認めることには疑問があるが、少なくとも、右違法行為が、公務員の故意又は重大な過失によって行われた場合についてまで、右公務員が個人責任を免れると解するのは相当でない。

……かくして肯定される公務員個人の損害賠償責任は、民法第七一五条の場合における通説判例の見解の趣旨に準じ、使用者である国又は公共団体の責任と不真正連帯の関係に立つと解するのが相当である。」と判示した。

東京地判平六・九・六判時一五〇四号四〇頁（＝日本共産党幹部宅盗聴事件）は、政党幹部の電話を県警察が組織的に盗聴していた事件につき、国、県および関与警察官ら個人の損害賠償責任を認めたが、個人責任について、「公務は、私的業務とは際立った特殊性を有するものであり、その特殊性のゆえに、民事不法行為法の適用が原則として否定されるべきものであると解されるが、右の理は、本件のごとく、公務としての特段の保護を何ら必要としないほど明白に違法な公務で、かつ、行為時に行為者自身がその違法性を認識していたような事案については該当しないものと解するのが相当である。このように解しても、公務員の個人責任が認められる事案は、行為の違法性が重大で、かつ行為者がその違法性を認識している場合に限られるのであるから、損害賠償義務の発生を恐れるがゆえに公務員が公務の執行を躊躇するといったような弊害は何ら発生するおそれがないことは言うまでもなく、かえって、将来の違法な公務執行の抑制の見地から望ましい効果が生じることとさえ期待できるところである。」と判示した。

（4）　法律全体の趣旨からみて、国家賠償制度

問題は、法律全体の趣旨からみて、国家賠償法が規定した損害賠償制度が、被害者の金銭的救済に尽きる制度なのか、あるいは金銭的救済のほかに、被害者の加害者に対する報復的、責任追及的機能ないし行政の適正確実な執行保障の機能をも含む制度であるとみるかどうか、ということになろう。いずれにせよ、公務員の個人責任の肯定・否定の論拠を法律全体の趣旨目的ないし国家賠償制度全体の目的に求めようとすれば、実定法上の直接の根拠規定を欠くだけに、多かれ少なかれ不明確さは避けがたい。結局、どちらの説がより合理性をもつか、ということが終局的な判断基準となるが、この点については、学説・判例の展開に委ねられているといえよう。

第五款　私経済的作用に基づく損害の賠償責任

国家賠償法は、一条、二条の適用がない場合は、国または公共団体の損害賠償責任については、民法の規定によるものとしている（国賠四条）。国または公共団体が私経済的作用を行う場合（例、電車、バスなどの事業の経営）には、その作用に基づく損害について、民法の規定（民四四条、七一五〜七一七条）が適用される。判例では、国立・公立病院での医療過誤事件が問題になることが多い。最高裁も、国立病院での医療事故については、民法の使用者責任の規定を適用している。(1)

なお、国家賠償法四条にいう「民法」には、自動車損害賠償法、(2)失火責任法(3)など民法の付属法規も含むと解されている。

国または公共団体の損害賠償責任について民法以外の他の法律に別段の定めがあるときは、その定めるところによる（国賠五条）。特別法の具体例として、①無過失責任を認めるもの（消防六条三項、文化財四一・五二条、税

徴一一二条）、②賠償責任の範囲または賠償額を制限するもの（郵便六八条、郵便貯金二七条など）[4]、③責任の競合を認めるもの（刑事補償五条三項、警官援助七条など）などがある。

（1）　最判昭三六・二・一六民集一五巻二号二四四頁（＝輸血梅毒事件）は、民法の適用を前提として、「（判決要旨）給血者がいわゆる職業的給血者で、反応陰性の検査証明書を持参し、健康診断および血液検査を経たことを証する血液斡旋所の会員証を所持していた場合でも、同人が医師から問われないためその後梅毒感染の危険のあったことをいわなかったにすぎないような場合、医師が、単に『身体は丈夫か』と尋ねただけで、梅毒感染の危険の有無を推知するに足る問診をせずに同人から採血して患者に輸血し、その患者に給血者の罹患していた梅毒を感染させるに至ったときは、同医師は右患者の梅毒感染につき過失の責を免れない。」と判示した。

最判昭五〇・一〇・二四民集二九巻九号一四一七頁（＝ルンバール事件）は、民法の適用を前提として、医師が化膿髄膜炎の治療としてしたルンバール（腰椎穿刺による髄液採取とペニシリンの髄腔内注入）の施術とその後の発作等及びこれにつづく病変との因果関係を否定したのが経験則に反する、と判示した。

最判昭五七・四・一民集三六巻四号五一九頁は、「（判決要旨）保健所に対する国の嘱託に基づいて地方公共団体の職員である保健所勤務の医師が国家公務員の定期健康診断の一環としての検診を行った場合において、右医師の行った検診又はその結果の報告に過誤があったため受診者が損害を受けても、国は、国家賠償法一条一項又は民法七一五条一項の規定による損害賠償責任を負わない。」と判示した。

（2）　最判昭四六・一一・九判時六四九号一六頁（＝県警ジープUターン事件）は、警察の自動車が自動車専用道路で生じた追突事故について、「本件事故はもっぱら紀光の過失に起因するものであって、乙車を運転していた前記鈴木巡査になんらの過失もないとし、乙車の保有者である被上告人の自賠法三条に基づく責任を認めなかった原判決は、同条の解釈適用を誤り、ひいて審理不尽、理由不備の違法を犯したものというべきであ（る）」と判示した。

（3）　最判昭五三・七・一七民集三二巻五号一〇〇〇頁（＝行政判例百選Ⅱ162「国家賠償法と失火責任法」）は、消防職員の消火ミスについて、「思うに、国又は公共団体の損害賠償の責任について、国家賠償法四条は、同法一条一項の規定が適用される場合においても、民法の規定が補充的に適用されることを明らかにしているところ、失火責任法は、失火者の責任条件について民法七〇九条の特則を規定したものであるから、国家賠償法四条の『民法』に含まれると解するのが相当である。また、失火責任法の趣旨にかんがみても、公権力の行使にあたる公務員の失火による国又は公共団体の損害賠償責任については、国家賠償法四条により失火責任法が適用され、当該公務員に重大な過失のあることを必要とするものといわなければならない。」と判示した。

最判平元・三・二八判時一三一一号六六頁は、「消防署職員の消火活動が不十分なため残り火が再燃して火災が発生した場合における公共団体の損害賠償責任について失火ノ責任ニ関スル法律の適用があることは、当裁判所の判例（最高裁昭和五二年（オ）第一三七九号同五三年七月一七日第二小法廷判決、民集三二巻五号一〇〇〇頁）とするところであり、いまこれを変更する必要はないというべきである。」と判示した。

伊藤正己裁判官の意見

「火災の消火活動に出動した消防職員の消火活動が不十分なため残り火が再燃して火災が発生した場合には、失火責任法にいう『失火』には当たらず、同法の適用はないと解するのが相当であ（る）」。

同旨、名古屋高判昭五五・七・一七判時九八七号五七頁、東京地判平七・一〇・二七判タ九一五号一〇〇頁。

不適用説

秋田地判昭四七・一一・一〇下民集二三巻五～八号六一六頁は、「消防署は消火の専門家であり、職業人である。そうであるならば消火に際して消防署に課せられるべき注意義務も一般私人に比して高度なのは当然である。また賠償責任能力についても消防署の場合国または地方公共団体となるから私人に比して一般に高いといえる。したがって、私人の失火者に対する失火責任法の宥恕の精神が、直ちに消防署にも妥当するとすべき合理性は乏しく、結局同法は消防署の消防活動の不手際におけるいわゆる『失火』には適用されないものといわなければならない。」と判示した。

名古屋高判昭五二・一一・一〇判時八七〇号七六頁は、「消防職員の消火活動には高度の注意義務が課せられているものと解するのが相当であり、前記失火責任法の立法趣旨からしても消防職員の消火活動上の過失については同法の適用はないものといわなければならない。」と判示した。

（4）他の法律の適用

最判昭五六・一・三〇判時九九六号六六頁は、郵便職員の争議行為に起因する本件書留郵便物の配達の遅延により上告人（＝差出人でも受取人でもない者）に生じた損害につき、郵便法第六章の諸規定に照らし被上告人に対する損害賠償責任を否定すべきものとした原審の判断は相当であ（る）」と判示した。

奈良地判平五・八・二五判タ八三四号七二頁は、電子郵便が発信五一四日めに郵便受けに入れられたという遅配について、「本件過失行為は、郵便物の配達業務（私経済的作用）に従事していた被告の公務員である奈良西郵便局の配達員が行ったものであるから、『国又は公共団体の公権力の行使に当たる公務員』（国家賠償法一条一項）がなしたものとはいえず、同法の適用はない。そうすると、『国又は公共団体の損害賠償の責任については……民法の規定による』（国家賠償法四条）こととなるが、『民法以外の他法律に別段の定めがあるときは、その定めるところによる』（国家賠償法五条）。なお、この場合、同法四、五条は確認的な規定と言える。」と判示した。

大阪高判平六・三・一五判時一五二五号七一頁は、大学の合格通知が誤配されたことに基づく損害賠償請求について、「郵便法六八条は国家賠償法五条に定める民法以外の他の法律の『別段の定』に該当するものというべきであって、郵便物に関する損害賠償については、その損害が不法行為により生じたものであると問わず、第一次的に郵便法六八条が適用になるものであり、被控訴人は、同条一項各号に定める場合以外については、郵便物に関し損害賠償責任を負わないものと解するのが相当である。」と判示した。

第三節　公の営造物の設置・管理の瑕疵に基づく損害賠償責任

文献　木村　実「営造物にかかる賠償責任」『現代行政法大系6』、國井和郎「営造物管理責任法理の現状と課題」判例タイムズ五二七号（昭五九）、小幡純子「『公の営造物』の意義」『国家補償法大系2』、古崎慶長「営造物の管理の瑕疵の意義」『行政法の争点』、島田　茂「営造物の設置・管理と国家賠償責任」杉村編『行政救済法2』（平三・有斐閣）

國井和郎「道路の設置・管理の瑕疵について（1～16完）」判タ三二六号～四八一号（昭五〇～昭五八）、藤原淳一郎「道路事故への国・公共団体の賠償責任」『現代行政法大系6』、小幡純子「道路事故に関わる国家賠償」ジュリ九九三号（平四）

下山瑛二「水害と賠償責任」『現代行政法大系6』、近藤昭三「災害と国家賠償」『行政法の争点』、前田順司「災害防御施設における設置又は管理の瑕疵の判断基準」『国家補償法大系2』、植木　哲『災害と法（第二版）』（平三・一粒社）

三橋良士明「学校事故」『行政法の争点』

（1）　国家賠償法二条の意義

国家賠償法二条は、「道路、河川その他の公の営造物の設置又は管理に瑕疵があったために他人に損害を生じたときは、国又は公共団体は、これを賠償する責に任ずる。」（同条一項）と定め、公の営造物の設置・管理についての国や公共団体の賠償責任を規定している。これは、民法七一七条の定める土地の工作物等の占有者・所有者の責任に対応する規定である。明治憲法の下において、公の営造物の設置・管理の瑕疵に基づく損害に対する国や公共団体の賠償責任については、民法の適用が否定されていたが、「徳島小学校遊動円棒事件」(1)を契機に、次第に民法七一七条の規定が適用されるようになった。しかし、その後の判例の態度は必ずしも一貫したものではなかった。国家賠償法二条は、この点についての疑義を一掃し、公の営造物の設置・管理の瑕疵に基づく損害に関する国や公共団体の賠償責任を明確に規定したのである。

国家賠償法二条一項の特徴は、賠償責任について公の営造物の設置・管理の瑕疵を要件とするもので、国家賠償法一条の過失責任主義と異なり、無過失責任主義を採用していることである(2)。国や公共団体は、公の営造物の設置・管理に瑕疵がある以上、管理者として過失が存在しない場合でも、損害賠償責任を負わなければならない。ただし、国家賠償法二条二項は、損害賠償をした場合、他に損害の原因について責に任ずべき者があるときは、国または公共団体は、これに対し求償権を行使することができる旨を規定している。

(1)　大判大五・六・一人民録二二輯一〇八八頁（＝徳島私立小学校遊動円棒事件）は、「市立尋常小學校ハ國ノ營造物ニ非スシテ市ノ營造物ナリトス」、「該小學校ノ校舎其他ノ設備ニ對スル占有權ハ市ニ屬スルモノトス」、「市立小學校ノ校舎其他ノ設備ニ對スル占有權ハ公法上ノ權力關係ニ屬スルモノニ非スシテ純然タル私法上ノ權利ナルノミナラス其占有ヲ爲スニモ私人ト不平等ノ關係ニ於テ之ヲ爲スニアラス全ク私人カ占有スルト同樣ノ地位ニ於テ其占有ヲ爲スモノナレハ之ニ因リ被上告人等ニ損害ヲ被ラシメタル本訴ノ場合ニ於テ原院カ民法第七百十七條ノ規定ヲ適用シタルハ毫モ不法ニアラス」と判示した。

(2)　田中二郎『行政法上』二〇九頁。無過失責任論に対する批判として、植木　哲『災害と法（第二版）』一五八頁、國井和郎「道路の設置・管理の瑕疵について（16・完）」判タ四八一号二三頁以下（昭五八）を見よ。

最判昭四五・八・二〇民集二四巻九号一二六八頁（＝「行政判例百選Ⅱ155「道路管理の瑕疵(1)――落石」＝高知落石事件）は、「国家賠償法二条一項の営造物の設置または管理の瑕疵とは、営造物が通常有すべき安全性を欠いていることをいい、これに基づく国および公共団体の賠償責任については、その過失の存在を必要としないと解するを相当とする。」と判示した。

（2）　公の営造物＝国賠法二条の適用範囲

行政法学上、営造物または公の施設とは、国または公共団体によって一定の行政目的に供用された人的手段および物的施設の総合体を指すが、国家賠償法二条にいう公の営造物はそれと同義ではない。公の営造物については、①公の目的に供用されている個々の有体物を指すという説、(1) ②公の用に供されている有体物のすべてを含むのではなく、物的施設に限定されるという説、(2) さらに③公の目的に使用されているか否かを問わず、国または公共団体が所有しまたは管理する物はすべて公の営造物に含まれるという説が対立している。(3) ①説が通説であり、通説は公の目的に供されない普通財産については民法七一七条の適用が問題となるという。(4) ③説は、被害者救済を容易にしようとする立場から、「公物」「私物」は「物」の設置・管理の瑕疵責任を問う決定的要素でないと見る。このような国家賠償法二条の適用範囲の拡大傾向に対して、②説は、営造物の設置・管理の瑕疵責任の本質にかえって、それが危険責任を認めるものである以上、それ自体危険を内包するような物でなくてはならないから、「営造物」は物的施設に限定されるべきであるとする。通説のように、けん銃や警察犬までを「営造物」というのは確かに奇妙であるといえよう。

判例は、「公の目的に供される有体物ないし物的設備」を「公の営造物」といい、あるいは、単に「公の営造物」

に当たるかどうかを判断していることが多い。[5] 学説・判例では、とくに次のような物が問題となった。

① 有体物・物的施設　通説・判例は動産を公の営造物に含めている。[6] 学説の中には、民法七一七条の適用が「土地の工作物」に限定されているから、国家賠償法二条の場合も動産は公の営造物に含まれないという見解がある。[7]

② 普通財産　通説は、行政財産は公の営造物に当たるが、普通財産は公物でないから「公の営造物」には含まれず、国または公共団体が所有または占有している物であっても民法七一七条の適用を受けると解する。[8] しかし、判例は行政財産・普通財産の区別を重要視していない。[9]

なお、「公の営造物」といえるためには、完成し、完全な形で公用に供されている必要はないし、また法律的には公の目的に供されていない物であっても、供用されることが明らかな物、あるいは、事実上供用されている物は、「公の営造物」と認められる。[10]

③ 自然公物　自然の状態のままで、すでに公共の用に供しうる実体を備えている物（河川・湖沼・海浜など）を自然公物という。自然公物は公の営造物に当たらないとする消極説は、国家賠償法二条が適用されるのは、原則として、堤防その他の工作物がある場合に限られ、河川を放置したことによっては責任は発生しないという。[11] しかし、通説は、河川などの場合、社会通念上、治水施設を設けるべきであるのに、これを放置した場合は河川の管理に瑕疵があると解している。[12]

（1）　田中二郎『行政法上』二〇九頁、古崎慶長『国家賠償法』二一四頁、今村成和『国家補償法』一二四頁など。
千葉地判昭四九・三・二九判時九五三号六七頁は、地方公共団体所有の池沼における学童の溺死事故について、「国家賠償法二条一項にいう公の営造物とは、国または地方公共団体により、公の目的に供用される有体物を言い、国または地方公共団体の所有物であっても、公の目的に供用されない物（例えば国有財産法三条または地方自治法二三八条三項にいう普通財産）には、本条の適用はないものと解される。」と判示した。

東京高判昭五三・一二・二一判時九二〇号一二六頁は、公共団体において事務処理上普通財産として管理されてきた溜池について、「本件溜池は、控訴人により直接公の目的に供用されていた有体物であるといい得るのであるから、これを国家賠償法二条一項に規定する公の営造物に該当するものと見るべきである。」と判示した。

大阪地判昭六一・一・二七判時一二〇八号九六頁は、「『公の営造物』とは、国又は公共団体により直接に公の目的のために供用されている個々の有体物であって、無体財産及び人的施設を含まない」と判示した。

（2）　雄川一郎「行政上の損害賠償」『行政法講座三巻』二〇頁。

東京高判昭二九・九・一五高民集七巻一一号八四八頁は、臨海学校の飛込台について、「本件飛込台は、右臨海学校の物的施設の一であり、国家賠償法第二条にいわゆる営造物とは広く公の目的に供せられる物的施設を指称し必ずしも建物ないし土地の定着物に限らないと解するを相当とするを以て、本件飛込台は、まさに被控訴人の設備した営造物であるとなすのが相当であって、その一時的であると借入にかかるとは右に影響を及ぼすものではないというべきである。」と判示した。

旭川地判昭三五・一・二二訟月六巻二号三一五頁は、「営造物が自動車の場合も、自動車自体に安全性に欠ける点即ち通常の用法上危険を発生させる様な物的欠陥があるわけではなく単に管理者の人的措置が失当であるだけの場合は民法七〇九条乃至国家賠償法一条等他の法条の問題となるは格別本条の問題ではないと解すべきである」と判示した。

東京地判昭四九・三・二五下民集二五巻一～四号一九六頁は、「営造物の設置管理についての瑕疵は、物的設備そのものについての瑕疵をいい、人的措置についての瑕疵はふくまれない」と判示した。

（3）　乾　昭三「国家賠償法」『注釈民法⒆』四一九頁（昭四〇・有斐閣）、下山瑛二『国家補償法』一一〇頁、木村実「営造物にかかる賠償責任」『現代行政法大系6』六八頁。

（4）　古崎慶長『国家賠償法』二一四頁、今村成和『国家補償法』一二三頁。
（5）　「有体物ないし物的設備（施設）」というもの
神戸地判昭四五・一・一二判タ二四二号一九一頁は、市町村有の引揚者収容施設について、「国家賠償法二条にいう『公の営造物』とは、国又は地方公共団体のごとき行政主体によって、直接公の目的に供用される有体物又は物的施設をいうのであり、ここで『直接公の目的に供用されるもの』とは、行政法学上いわゆる『公物』にあたり、行政主体において、直接公共の用に供し又は供するものと決定されたいわゆる公共用物はいうまでもなく、そのほか行政主体の行う事務、事業、企業又はこれらに従事する職員の住居の用に供するものすなわち公用物を指称するものであるが、その資本価値又は経済的価値を通じて間接に行政目的に役立つところのいわゆる『私物』は含まれないと解すべきである。」と判示した。

神戸地判昭五五・二・六判時九七一号九一頁は、県立の精神病院について、「公の営造物とは行政主体により公の目的に供用される有体物ないし物的施設をいい、人的機構や人的措置は含まれないと解するのが相当である。」と判示した。

名古屋地判昭五五・九・一一判時九七六号四〇頁は、旧国鉄の新幹線につき、「国賠法二条一項の公の営造物とは、国または公共団体により公の目的に供される有体物ないし物的設備をいい、新幹線についてみれば、基盤、軌道、河川、駅舎その他の付属物がこれに該当することは明らかであ（る）」と判示した。

同旨、名古屋高判昭六〇・四・一二判時一一五〇号三〇頁（七四頁）。

長野地判平九・六・二七判時一六二一号三頁（＝地附山地すべり災害訴訟）は、地方公共団体によって開設されている道路運送法上の有料道路につき、「国家賠償法二条一項所定の『公の営造物』とは、国又は公共団体により公の目的に供される有体物及び物的設備をいい、地方公共団体の管理する道路はその典型である。したがって、本件における バードラインのように普通地方公共団体たる県によって開設されている道路運送法上の有料道路がこれに該当することはいうまでもない。」と判示した。

(6) 単に「公の営造物に当たる」というもの

札幌高函館支判昭二九・九・六下民集五巻九号一四三六頁は、警察署の公用車につき、「本件自動車が国家警察函館地区警察署所属の公用車であったことは当事者間に争いがないから、国家賠償法第二条第一項にいわゆる公の営造物たることは明らかであ（る）」と判示した。

福岡高判昭三七・三・九訟月八巻四号五九七頁は、洗濯用脱水機につき、「国が刑罰権行使の目的のために設置した建物たる刑務所内に設置された本件脱水機は、国家賠償法二条一項にいう『公の営造物』に該当すると解すべき（である）」と判示した。

神戸地判昭四六・一二・一四判タ二七四号一九二頁は、「原告らは橋梁は河川の適正な利用と無関係ではなく、橋が取毀たれていたことは河川の管理の瑕疵にあたる旨主張する。しかし橋梁は道路と一体をなし通行の便益に供するもので河川とは別個独立の営造物であり、河川の利用に影響を与えない限り河川の瑕疵と無関係である。本件事故は道路を通行する際発生したもので河川の利用とは関係ない」と判示した。

山口地下関支判昭四七・二・一〇判時六六七号七一頁は、水道管からの漏水により国道の路面が凍結したことが原因で発生した交通事故につき、国の営造物の管理の瑕疵に基づく損害賠償責任を肯定した。

東京地判昭四八・一二・二一労民二一巻六号六一〇頁は、郵便局の職員用椅子の固定ねじが脱落していたことによる事故につき、「本件椅子は、戸別組立作業に従事する際に使用するもので、京橋郵便局の施設の一部を構成するものであるから、国家賠償法第二条第一項にいう公の営造物に該当する。」と判示した。

大阪地判昭五四・九・一三判時九四七号九五頁は、「本件信号機は、設定された各信号表示時間の配分が不適切であるため、交差点内において交通事故を惹起せしめる危険性が高く、従って、被告大阪府の信号機の設置、管理に瑕疵があったものというべきである。」と判示した。

名古屋地判昭五五・九・一一判時九七六号四〇頁は、旧国鉄の新幹線につき、「被告は、新幹線の車両は動産であって公の営造物に当らないと主張するが、国賠法二条一項には、『道路、河川その他の営造物』と規定されいて、民法七一七条と異なり土地の工作物に限定する旨の文言はないし、他の実定法上の営造物の概念からも、不動産に限定する趣旨であることを窺うことはできないのであり、営造物に動産が含まれることは通説的見解である。物的設備が営造物用としてその目的を達するためには、不動産及び動産が有機的に結合し一体として機能する必要があると考えられるし、新幹線の場合、列車を除いたその余の物的設備のみでも、また列車のみでも、営造物としての機能を果たすことができない関係にあるから、このようなときに列車のみを切り離して別異の法理にしたがわせることは妥当でなく、列車をも含めた全体を一個の物的設備と見るのが相当である。」と判示した。

最判昭五五・九・一一判時九八四号六五頁は、港湾施設の建設工事中である埋立地内の道路を夜間走行していた自動車が岸壁から転落して運転者が死亡した場合において、右埋立地の管理に瑕疵があるとして、国家賠償法二条一項を適用した。

東京地判昭五六・三・二六判時一〇一三号六五頁は、自衛隊の砲弾につき、「被告国が、砲弾の信管および弾丸の保管、管理ならびにその取扱につき相当程度の安全上の措置を講じていたことは認められるものの、……本件信管に瑕疵が存在したと推認せられる以上、公の営造物とみるべき本件砲弾については、砲弾として通常備えるべき安全性がかけていたというべく、……」と判示した。

最判昭五六・一二・一六民集三五巻一〇号一三九六頁（＝大阪国際空港訴訟）は、「本件空港は、昭和三四年七月三日空港整備法二条一項一号にいう第一種空港として指定された公共用飛行場であって、国際航空路線及び主要な国内航空路線の用に供されているわが国の代表的な国営空港の一つである。そしてまた、それがいわゆる国の営造物にあたることは原審の判示するとおりである。」と判示した。

最判昭六一・三・二五民集四〇巻二号四七二頁（＝行政判例百選Ⅱ159「点字ブロックの不存在と駅ホームの設置管理の瑕疵」＝点字ブロック事件）は、民営化される以前の国鉄を国家賠償法にいう「公共団体」であるとし、国鉄の駅のホームを公の営造物に当たる、とした。

大阪地判昭六二・一一・二七判時一二七五号六二頁は、けん銃につき、「国家賠償法二条の『営造物の設置又は管理の瑕疵』とは営造物が通常有すべき安全性を欠いていることをいうべきところ、本件において、けん銃保管のための保管箱が右営造物に該るものと解されるのみならず、本件けん銃はそれ自体動産であるが、本来的に人身等を殺傷する用に供されるために作製されたいわゆる性質上の凶器であり、しかもその威力は強大で、一旦使用されると相手に容易に致命傷を与える高度の危険性を持つ武器であるから、これもまた右営造物に該当すると解される。」と判示した。

大阪高判昭六三・四・二七判時一三〇三号八二頁は、「本件機械（＝刑務所内の工場の自動旋盤機――筆者注）は、公の営造物に該当し、前記のような安全装置を具備しなかった点において、設置、管理に瑕疵があったともいうことができる。」と判示した。

「公の営造物に当たらない」というもの

東京高判平五・二・二四判時一四五四号九七頁は、旧海軍が掘削しその用に供していた防空壕は第二次世界大戦の終了した時をもって公用が事実上廃止されたもので、国家賠償法二条にいう公の営造物に当たらず、民法七一七条一項にいう工作物に当たり、その保存に瑕疵があったとして国の損害賠償責任を認めた。

名古屋地判昭五五・三・二八判時九七五号七三頁は、市営住宅は国家賠償法二条一項の「公の営造物」にあたらない、と判示した。

（8）　加藤一郎『不法行為』一九四頁（昭三二・有斐閣）、雄川一郎「行政上の損害賠償」『行政法講座三巻』二二頁。

（9）　古崎慶長『国家賠償法』二一四頁、今村成和『国家補償法』一二三頁。

佐賀地判昭三九・四・一四判時三七四号五〇頁は、国道二号線で橋の架換工事のため一時橋がはずされ迂回路が設けられていたが、その前後に赤ランプがなく、バリケードも不十分であったため夜間第二種原動機付自転車が川に落ちた事故につき、国道の管理者たる県知事に管理義務違背があり、国家賠償法三条一項によりその費用負担者たる県に損害賠償義務がある、と判示した。

東京高判昭五三・一二・二一判時九二〇号一二六頁は、公共団体において事務処理上普通財産として管理されてきた溜池を国家賠償法二条一項にいう公の営造物にあたる、と判示した。

　長野地松本支判昭五四・三・一判時九四一号八九頁は、国有林野につき、「本件山林及び本件現場のような国有林野は、行政財産（公物たる財産）であり広義には治山、営林事業等を通して国民の福祉に寄与するものではあるが、直接に公の目的に供されるものということは出来ないから、『公の営造物』には該らないと解するのが相当である。」、「行政財産である国有林野の管理の法的特性に鑑みると、国有林野の管理行為はいずれも国賠法一条の『公権力の行使』に該当するものと解するのが相当である。」と判示した。
(10)　千葉地判昭五三・一二・四判時九二五号一〇一頁は、仮排水設備につき、「営造物たりうるためには、厳格な意味においては、それが当該物自体として完成していること及び直接公の目的に供されるものであること並びに国又は公共団体の公用開始行為がなされたことを要するものというべきであるが、もともと、同条が公の営造物の設置又は管理の瑕疵により生じた損害の社会的な分担を目的として設けられた規定であることにかんがみるときは、営造物概念を右のように厳格に解するのは相当でなく、たとえ営造物として未完成であり、一時的・仮設的に設けられた物的設備であっても、実質的に見てそれが完成後の営造物に準じた機能を発揮して現に公の目的に供されている場合には、右の営造物にあたるものと解して妨げないのである。」と判示した。
　東京地判昭四七・一・二八判時六七七号七一頁は、下水道工事現場に資材として置いてある下水道管の継目管について、「国家賠償法第二条第一項の規定は国や公共団体の所有又は管理する危険物から生じた損害の救済を完全ならしめようとする趣旨の規定であるから、国や公共団体の所有又は管理する有体物で公の目的に供用されるべき物は、いまだ現に公の目的に供用されていなくとも、当該場合の具体的事情により、現に公の目的に供用されている物に準ずるものと認められる場合には、同条項にいう『公の営造物』にあたるものと広く解すべきである。」と判示した。
(11)　加藤一郎『不法行為法の研究』三六頁（昭三六・有斐閣）。
　東京高判昭五〇・六・二三判時七九四号六七頁は、「本件池沼は被控訴人が取得する以前から天然に発生存在したものであり、また、一般公衆に使用させないし利便を与えるものではなく、したがって、公の営造物でもなく、また、土地の工作物でもない。」と判示した。

大津地判昭五五・八・六訟月二六巻一二号二〇九二頁は、「国家賠償法二条にいう公の営造物とは、行政主体により特定の目的に供用される建設物又は物的設備をいうものと解されているところ、……国としては、琵琶湖の真野浜水泳場といわれる付近一帯をそれが自然に存在するままの状態で一般公衆の自由な使用に供してきたものにすぎず、現在まで同所に何らの建設物も物的設備も設置、管理してきたことはないのであるから、真野浜水泳場は国家賠償法二条にいうところの公の営造物ではないといわなければならない。」と判示した。

大阪地判平六・七・一一判時一五〇六号五頁（＝水俣病関西訴訟）は、「海水自体は、国賠法二条一項に規定する『公の営造物』には該当しないし、水俣湾又はその周辺海域と場所を限定してみても、右のことに変わりはない。」と判示した。

(12)　古崎慶長『国家賠償法』二二五頁、雄川一郎「行政上の損害賠償」『行政法講座三巻』二一頁。

高松高判昭四八・一二・二一判時七三九号八四頁は、「河川についてはこれが自然公物として自然に存するままで前記法条（＝国家賠償法二条）の公の営造物に当たるかについて問題があるが、少なくとも本件のようにその管理方法として水門を設置したような場合にはこれが設置、管理について営造物責任の問題が生ずることは論ずるまでもない。」と判示した。

東京地判昭五五・一・三一判時九五六号二五頁は、海水浴客（八才の女児）の溺死事故について、地方公共団体である市の開設する海水浴場は公の営造物である旨を判示した。

（3）　設置・管理の瑕疵——一般論

設置とは設計・建造のことをいい、管理とはその維持・修繕・保管のことをいう。管理には、法律上の管理権等を有する場合のほか、「事実上の管理」も含まれる。(1)

①　設置・管理の瑕疵とは、営造物が通常有すべき安全性を客観的に欠き、他人に危害を及ぼす危険性のある状態を意味し、かかる瑕疵の存否は、当該営造物の構造、用法、場所的環境および利用状況等諸般の事情を総合的に考慮して具体的個別的に判断しなければならない。これは、瑕疵責任について、管理者の過失の有無を問わず、営造物の設置・管理主体である国または公共団体の無過失責任を認めたものであり、これを客観説ということができる。通説・判例は客観説に立っている。(2)しかし、客観説といえども、最近は物的瑕疵だけを問題にするのではなく、設置・管理作用の不適切さを考慮する点で、行為瑕疵を含む余地を残している。(3)

②　これに対し、「設置・管理の瑕疵」に義務違反の要素を持ち込み、無過失責任主義を制限しようとする考え方が主張されている。これが義務違反説である。

義務違反説によれば、公の営造物の設置・管理の瑕疵とは、営造物の安全確保義務を前提にして、公の営造物自体の瑕疵だけでなく、管理者の作為または不作為義務違反をいい、それは損害防止措置の懈怠に基づく損害回避義務違反であるという。(4)義務違反説は、結局、損害回避義務または安全確保義務という職務義務を問題とするもので、公の営造物の設置・管理の瑕疵を職務責任という視角から構成しようとする立場であるが、いかなる場合に損害回避義務または安全確保義務が存在することになるのかが明らかでない。管理者の義務違反を問題にする立場では、国家賠償法一条と二条の何れを適用すべきかという基準が曖昧になる。したがって例えば空港騒音被害について、判例は、公共施設の機能的な瑕疵として国家賠償法二条による賠償請求を認めているが、義務違反説では、営造物の物的欠陥のほかに、行政の管理・運営権限の行使に着目して、国家賠償法一条の問題とすべき「行為」を営造物の「瑕疵」認定の要素とする立場であるといえよう。

③　さらに、営造物の物的欠陥（安全性の欠如）が設置管理の瑕疵であると解し、結果責任を主張する営造物瑕

疵説もある。[5] 結果責任の場合は、不可抗力により損害が生じた場合も、国や公共団体の賠償責任があることになり、現行の国家賠償法の趣旨目的から見て妥当でないといえよう。これは少数説である。

（1）　大阪高判昭五二・一二・二〇判時八七六号一六頁（＝大東水害訴訟）は、「国賠法二条の立法趣旨に鑑みれば、左様に地方公共団体がその固有の権能に基づき、かかる法定外公共物に対する公の管理を及ぼしている事実が存する場合には、その管理責任が法令上義務付けられたものであると否とに拘らず、同条の適用を受けるものと解すべきであって、その場合右管理が事務管理に過ぎないこと、およびそれが具体的な法令上の根拠に基づく行政事務でないため管理権限に制約が存することは、その妨げとならない。よって、控訴人には本件水路の管理の瑕疵に基づき、他人に加えた損害を賠償すべき責任がある。」と判示した。

最判昭五九・一一・二九民集三八巻一一号一二六〇頁は、「国家賠償法二条にいう公の営造物の管理者は、必ずしも当該営造物について法律上の管理権ないし所有権、賃借権等の権原を有している者に限られるものではなく、事実上の管理をしているにすぎない国又は公共団体も同条にいう管理者に含まれるものと解するのを相当とする」と判示した。

最判平四・三・三判時一四五三号一二五頁は、「被上告人が本件溜池を本件工事終了後も事実上管理しているものとは認められないとし、したがって、本件溜池で発生した本件事故につき被上告人は、国家賠償法二条一項の規定する賠償責任を負うものではないとした原審の判断は、正当として是認することができる。」と判示した。

（2）　古崎慶長『国家賠償法』二一八頁、今村成和『国家補償法』一二四頁、下山瑛二『国家補償法』一一四頁、乾昭三『国家賠償法・注釈民法⒆』四二〇頁など。

高松地丸亀支昭三七・一二・一四訟月九巻一号一四頁は、「本条（国家賠償法二条一項——筆者注）はその立法趣旨並びに右法条の一般法たる民法第七一七条の解釈等に照らし、公の営造物につき客観的に瑕疵が存在するならば、設置者又は管理者の主観的な故意、過失は問うことなく、右瑕疵に起因する損害の賠償責任が発生することになり、その限りにおいては、いわゆる危険主義に基づく無過失責任を建前とするものと解する。」と判示した。

最判昭四五・八・二〇民集二四巻九号一二六八頁（＝行政判例百選Ⅱ155「道路管理の瑕疵(1)――落石」＝高知国道落石事件）は、「国家賠償法二条一項の営造物の設置または管理の瑕疵とは、営造物が通常有すべき安全性を欠いていることをいい、これに基づく国および公共団体の賠償責任については、その過失の存在を必要としないと解するを相当とする」と判示した。

大阪地判昭五一・二・二七判時八二七号八五頁は、小学校の体育館で遊戯中の児童が天井裏に入ったところ天井板が破れて墜落死した事故について、管理者である市に国家賠償責任を認め、「公の営造物の設置または管理の瑕疵とは、当該営造物の通常の利用者の判断能力や行動能力、設置された場所の環境等を具体的に考慮して当該営造物が本来備えるべき安全性を欠いている状態をいうのであり、小学校の体育館のごとき施設については、これを利用する児童の危険状態に対する判断力、適応能力が低いことを考えれば、特に高度の安全性が要請されているといわなければならない。」と判示した。

最判昭六一・三・二五民集四〇巻二号四七二頁（＝行政判例百選Ⅱ159「点字ブロックの不存在と駅ホームの設置管理の瑕疵」＝点字ブロック事件）は、「国家賠償法二条一項にいう営造物の設置又は管理の瑕疵とは、営造物が通常有すべき安全性を欠く状態をいい、かかる瑕疵の存否については、当該営造物の構造、用法、場所的環境及び利用状況等諸般の事情を総合考慮して具体的個別的に判断すべきものである。……点字ブロック等のように、新たに開発された視力障害者用の安全設備を駅のホームに設置しなかったことをもって当該駅のホームが通常有すべき安全性を欠くか否かを判断するに当たっては、その安全設備が、視力障害者の事故防止に有効なものとして、その素材、形状及び敷設方法等において相当程度標準化されて全国的ないし当該地域における道路及び駅のホーム等に普及しているかどうか、当該駅のホームにおける構造又は視力障害者の利用度との関係から予測される視力障害者の事故の発生の危険性の程度、右事故を未然に防止するため右安全設備を設置する必要性の程度及び右安全設備の設置の困難性の有無等の諸般の事情を総合考慮することを要するものと解するのが相当である。」と判示した。

最判平二・一二・一三民集四四巻九号一一八六頁（＝行政判例百選Ⅱ158「河川管理の瑕疵(2)――多摩川水害訴訟」）

は、国家賠償法二条一項の「営造物の設置又は管理の瑕疵とは、営造物が通常有すべき安全性を欠き、他人に危害を及ぼす危険性のある状態をいい」、右瑕疵の存在は、「当該営造物の構造、用法、場所的環境及び利用状況等諸般の事情を総合考慮して具体的、個別的に判断すべき」である、と判示した。

千葉地判平一〇・一一・二四判例自治一八八号一〇四頁は、「本件交差点において主道路及び従道路ともに黄色点滅とする以上、他方の道路の信号をも赤色点滅とすべきである。そうとすれば、本件交差点の主道路及び従道路の信号をともに黄色点滅とした被告千葉県の管理には本件交差点の信号が通常有すべき安全性を欠いていたものとして国家賠償法二条一項にいう『瑕疵』があったものというべきである。」と判示した。

(3)　後述の「機能的（供用関連）瑕疵」に関する判例を見よ。

(4)　植木　哲『災害と法（第二版）』七頁以下、國井和郎「道路の設置・管理の瑕疵について（二）」判タ三二七号一九頁以下（昭五一）。

最判昭四五・八・二〇民集二四巻九号一二六八頁（＝行政判例百選Ⅱ155「道路管理の瑕疵(1)――落石」＝高知国道落石事件）は、本件道路の崩土、落石の危険性に対して「防護柵または防護覆を設置し、あるいは山側に金網を張るとか、……事前に通行止めをする等の措置をとったことはない」、「本件道路は、その通行の安全性の確保において欠け、その管理に瑕疵があったものというべきである旨、……本件における道路管理の瑕疵の有無は、本件事故発生地点に局限せず、前記二〇〇メートルの本件道路全般についての危険状況および管理状況等を考慮にいれて決するのが相当である旨、……本件道路における防護柵を設置するとした場合、その費用の額が相当の多額にのぼり、Y_2としてその予算措置に困却するであろうことは推察できるが、それにより直ちに道路の管理の瑕疵によって生じた損害に対する賠償責任を免れうるものと考えることはできないのであり、その他、本件事故が不可抗力ないし回避可能性のない場合であることを認めることができない旨の原審の判断は、いずれも正当として是認することができる」と判示した。

最判昭五〇・六・二六民集二九巻六号八五一頁（＝赤色灯標柱倒壊事件）は、「本件事故発生当時、被上告人にお

いて設置した工事標識板、バリケード及び赤色灯標柱が道路上に倒れたまま放置されていたのであるから、道路の安全性に欠如があったといわざるをえないが、それは夜間、しかも事故発生の直前に先行した他車によって惹起されたものであり、時間的に被上告人において遅滞なくこれを原状に復し道路を安全良好な状態に保つことは不可能であったというべく、このような状況のもとにおいては、被上告人の道路管理に瑕疵がなかったと認めるのが相当である。」と判示した。

大阪地堺支判平五・一二・八判タ八四四号一〇五頁は、「国家賠償法二条一項の適用が問題となるのは、営造物の設置又は管理の瑕疵であって、営造物そのものの瑕疵ではない。したがって、営造物責任を問うためには、営造物そのものが通常有すべき性状、設備を備えていないことだけでは足りず、営造物の安全性の欠如が客観的に営造物管理者にとって管理可能な状況のもとにあることが必要であるというべきである。換言すると、営造物の安全性の欠如、事故の発生が不可抗力によるものであったり、営造物管理者にとって回避可能性のないものであった場合には、設置又は管理の瑕疵はなかったといわざるを得ない。」と判示した。

(5)　西埜　章『国家賠償法』二九〇頁、木村　実「道路の欠陥と賠償責任」ジュリ五四三号四五頁（昭四八）。

横浜地判昭四三・一〇・三一判時五四五号二〇頁（＝相模原堰堤水死事件）は、ダムの大量放水による下流での溺死事故につき、国家賠償法第二条は、「公の営造物に関する『人の措置』を理由とする場合を含まないばかりか、管理の瑕疵とは、営造物の『維持、修繕、保管』に不完全な点があることを意味し、えん堤操作に関する過誤を含まない」と判示し、国家賠償法一条一項により神奈川県の公務員のダム操作の過失を認めた。

(4)　機能的（供用関連）瑕疵

空港・新幹線・道路などの公共施設の供用に伴い、周辺住民に騒音・振動・排気ガスなどの被害を及ぼす場合、このような被害の損害賠償について、国家賠償法一条一項が適用されるか、あるいは、同法二条一項が適用されるかという問題がある。学説は、道路瑕疵について、それには道路自体の安全性のほかに、そこを走行する自動車からもたらされる騒音や排気ガスによる被害も含まれ、さらに、高速道路の沿道の居住者が受忍の限度を超えた騒音被害を被ったときは、損害賠償のほか、場合によって差止の請求をすることができるという。(1) 判例も、公の営造物の供用に関連する機能的瑕疵が「設置又は管理の瑕疵」の中に含まれることを認め、(2) 機能的瑕疵についての学説・判例が定着したということができる。

(1)　例えば、野村好弘『公害の判例』七三頁（昭四六・有斐閣）。

(2)　大阪地判昭四九・九・二七判時七二九号三頁（＝大阪国際空港訴訟）は、国家賠償法一条を適用して国の責任を肯定したのに対して、控訴審である大阪高判昭五〇・一一・二七判時七九七号三六頁は、「国家賠償法二条一項にいう営造物の設置または管理の瑕疵とは、営造物が通常有すべき安全性を欠いていることをいうことは被告主張のとおりであるが、ここにいう安全性とは、当該営造物の利用行為自体の安全性に限らず、利用者以外の第三者に対する安全性をも含むものと解すべきであって、要するに営造物の通常備えるべき性質または設備を欠くため、人に損害を与える危険のあるような場合は安全性を欠くものというべきである。被告の援用する最高裁第一小法廷昭和四五年八月二〇日判決（民集二四巻九号一、二六八頁）は、道路上の運行そのものの安全に関し道路管理の瑕疵を認めた事案であるが、安全性をそのような場合にのみ限定する趣旨のものとは解されない。これを空港についていえば、その安全とは管制装置、保安施設等が整備され、当該空港に発着する航空機に墜落その他の事故の危険がないことのみを意味するものではなく、航空機の発着が空港周辺の住民にもたらす騒音その他の影響をも考慮しなければならないのであり、要するに当該管理物の利用によって濫りに第三者に損害を与えてはならないとする見地から瑕疵の有無を定められなければならないものというべきである。住民らに対する騒音等の程度は、航空機運航の態様や周辺対策等にもかかわることではあるが、右のとおり本件空港は立地条件自体がとくに劣悪であって、これに大量のジェット機等を発着させるときは周辺の住民に甚大な影響を与えることは避けがたいところとみられるのであって、このように本件空港設置の目的に従った通常の利用が直ちに損害を発生させることになる以上、大量発着を予定する国際空港ないしは国内幹線空港として備えるべき性質を欠いているものというべく、これをもって本件空港の設置自体の瑕疵ということができるし、このような状況において十分な対策を講じないまま大量発着を継続してきたことは、本件空港管理の瑕疵とも評価しうるのである。被告が、本件空港の周辺対策にその主張のような多額の費用を投じながら、なお被害軽減に十分な効果を挙げていないということも、右のような空港自体の瑕疵を裏書きするものということができる。したがって、原告らの被害は本件空港の設置管理の瑕疵によって生じているものとして、国家賠償法二条一項に該当するものと認めるのが相当である。」と判示した。

同旨、大阪高判昭五〇・一一・二七判時七九七号三六頁。

名古屋地判昭五五・九・一一判時九七六号四〇頁（＝東海道新幹線訴訟）は、「営造物の設置の目的にしたがった利用行為によって損害を発生させることがその設置後に明確になったときは、損害防止の措置を講じてこれを管理すべき責任が有り、その措置が講じられていない営造物は管理に瑕疵があるといわざるをえない」と判示した。

最判昭五六・一二・一六民集三五巻一〇号一三六九頁（＝行政判例百選II 163「空港公害と被害者救済」）は、「国家賠償法二条一項の営造物の設置又は管理の瑕疵とは、営造物が有すべき安全性を欠いている状態をいうのであるが、そこにいう安全性の欠如、すなわち、他人に危害を及ぼす危険性のある状態とは、ひとり当該営造物を構成する物的施設自体に存する物理的、外形的な欠陥ないし不備によって……危害を生ぜしめる危険性がある場合のみならず、その営造物が供用目的に沿って利用されることとの関連において危害を生ぜしめる危険性がある場合を含み、また、その危害は、営造物の利用者に対してのみならず、利用者以外の第三者に対するそれも含むものと解すべきである。すなわち、当該営造物の利用の態様及び程度が一定の限度にとどまる限りにおいてはその施設に危害を生ぜしめる危険性がなくても、これを超える利用によって危害を生ぜしめる危険性がある状況にある場合には、そのような利用に供される限りにおいて右営造物の設置、管理には瑕疵があるというを妨げず、したがって、右営造物の設置・管理者において、かかる危険性があるにもかかわらず、これにつき特段の措置を講ずることなく、また、適切な制限を加えないままにこれを利用に供し、その結果利用者又は第三者に対して現実に危害を生ぜしめたときは、それが右設置・管理者の予測しえない事由によるものでない限り、国家賠償法二条一項の規定による責任を免れることができないと解されるのである。」と判示した。

最判平七・七・七民集四九巻七号一八七〇頁（＝国道四三号線訴訟）は、「国家賠償法二条一項にいう営造物設置又は管理の瑕疵とは、営造物が通常有すべき安全性を欠いている状態、すなわち他人に危害を及ぼす危険性のある状態をいうのであるが、これには営造物が供用目的に沿って利用されることとの関連においてその利用者以外の第三者に対して危害を生ぜしめる危険性がある場合も含むものであり、営造物の設置・管理者において、このような危険性のある営造物を利用に供し、その結果周辺住民に社会生活上受忍すべき限度を超える被害が生じた場合には、原則として同項の規定に基づく責任を免れることができないものと解すべきである（最高裁昭和五一年（オ）第三九五号同五六年一二月一六日大法廷判決・民集三五巻一〇号一三六九頁参照）。そして、道路の周辺住民から道路の設置・管理者に対して同項の規定に基づき損害賠償の請求がなされた場合において、右道路からの騒音、排気ガス等が右住民に対して現実に社会生活上受忍すべき限度を超える被害をもたらしたことが認定判断されたときは、当然に右住民との関係において右道路が他人に危害を及ぼす危険性のある状態にあったことが認定判断されたことになるから、右危険性を生じさせる騒音レベル、排気ガス濃度等の最低基準を確定した上でなければ右道路の設置又は管理に瑕疵があったという結論に到達し得ないものではない。」と判示した。

（5）　守備範囲論＝利用者側の問題

公の営造物の利用について、通常の用法に即しない行動の結果発生した事故は、公の営造物の設置・管理の瑕疵に当たらない。(1) これは、営造物の設置・管理者の守備範囲を営造物の通常の用法に対応できる範囲に画し、この守備範囲以外にある危険については、賠償責任を負わないとする考え方である。守備範囲論の妥当性は、当該営造物の場所的環境および利用者の行動など個別具体的な事実関係についての評価の妥当性にかかっているといえよう。

（1）　最判昭五三・七・四民集三二巻五号八〇九頁（＝道路防護柵転落事件）は、「国家賠償法二条一項にいう営造物の設置又は管理に瑕疵があつたとみられるかどうかは、当該営造物の構造、用法、場所的環境及び利用状況等諸般の事情を総合考慮して具体的個別的に判断すべきものであるところ、……本件防護柵は、本件道路を通行する人や車が誤って転落するのを防止するために被上告人によって設置されたものであり、その材質、高さその他その構造に徴し、通行時における転落防止の目的からみればその安全性に欠けるところがないというべく、上告人の転落事故は、同人が当時危険性の判断能力に乏しい六歳の幼児であったとしても、本件道路及び防護柵の設置管理者である被上告人において通常予測することのできない行動に起因するものであったということができる。したがって、右営造物につき本来それが具有すべき安全性に欠けるところがあったとはいえず、上告人のしたような通常の用法に即しない行動の結果生じた事故につき、被上告人はその設置管理者としての責任を負うべき理由はないものというべきである。」と判示した。

最判昭五八・一〇・一八判時一〇九九号四八頁（＝大阪城ザリガニ事件）は、「本件事故は、邦勲の無軌道な行動に起因するものと認められ、ことに本件外濠及びこれに接する石垣が大阪城公園の一部であるとともに、いわゆる特別史跡に指定されている大阪城内にあること等諸般の事情に照らすと、その構造及び場所的環境から通常予測される入園者の石垣からの不用意な転落事故の危険を防止するための設備としては、本件の柵ないしウバメガシの生垣をもって足りるというべきであるから、本件事故が本件外濠の設置、管理又は保存の瑕疵によるものではないとした原審の判断は、正当として是認することができ、その過程に所論の違法はない。」と判示した。

大阪高判昭五九・八・二九判タ五四四号一五二頁は、幼児が河川に付属するポンプ場の水調節用水槽に転落し水死した事故につき、「一般に河川、池沼、貯水槽などは、その周辺や橋上から転落する危険があることは専門的な知識、経験がなくとも容易に判明することであって、ことさらにその危険を告げる意義は少なく、河川等の管理者に右危険を告知すべき法的責任を認めることはできないし、本件貯水槽が特別に転落の危険が大きい施設であったということもできないから、被控訴人らが付近住民や通行人に対して本件貯水槽が危険な状態にあることを知らせる手段を講じていないからといって、本件貯水槽（ひいては本件ポンプ場）の設置または管理に瑕疵があったと言うことはできない。」と判示した。

最判昭六〇・三・一二判時一一五八号一九七頁（=防火用貯水槽転落溺死事件）は、四歳九月の男児が貯水槽内に転落して溺死した事故につき、貯水槽の設置管理に瑕疵がない、と判示した。

最判平五・三・三〇民集四七巻四号三二二六頁（=行政判例百選II160「校庭開放中の事故」=テニス審判台転倒死亡事件）は、「審判台は、審判者がコート面より高い位置から競技を見守るための設備であり、……通常有すべき安全性の有無は、この本来の用法に従った使用を前提とした上で、何らかの危険発生の可能性があるか否かによって決せられる」。「本来の用法に従ってこれを使用する限り転倒の危険を有する構造のものでなかったことは、原審の適法に確定するところであり、N中学校の校庭において生徒らがこれを使用し、二〇年余の間まったく事故がなかった」。「幼児がいかなる行動に出ても不測の結果が生じないようにせよというのは、設置管理者に不能を強いるものといわなければならなず」、「通常予測し得ない異常な方法で使用しないという注意義務は、利用者である一般市民の側が負うのが当然であり、幼児について……第一次的にその保護者にある」。「本件事故当時のAの行動は……極めて異常なもので、本件審判台の本来の用法と異なることはもちろん、設置管理者の通常予測し得ないものであった」と判示した。

設置・管理の瑕疵を認めたもの

最判昭五六・七・一六判時一〇一六号五九頁（=プール転落事件）は、「小学校敷地内にある本件プールとその南側に隣接して存在する児童公園との間はプールの周囲に設置されている金網フェンスで隔てられているにすぎないが、右フェンスは幼児でも容易に乗り越えることができるような構造であり、他方、児童公園で遊ぶ幼児にとって本件プール内は一個の誘惑的存在であることは容易に看取しうるところであって、当時三歳七か月の幼児であった亡黒沼幸江がこれを乗り越えて本件プール内に立ち入ったことがその設備管理である上告人の予測を超えた行動であったとすることはできず、結局、本件プールには営造物として通常有すべき安全性に欠けるものがあったとして上告人の国家賠償法二条に基づく損害賠償責任を認めた原審の判断は、正当として肯認することができる。」と判示した。

大阪高判昭五九・九・二八判タ五四四号一五〇頁は、高温の熱湯が豊富に湧出する源泉を観光名所として一般の観光の用に供している温泉地において飲酒酩酊のうえ右観光名所に立ち寄った観光客が同所の河川敷沿い遊歩道の河川敷側に設置された転落防止用の防護柵に腰かけようとし酔余誤って同地点から約一・五メートル下の河川敷上に設置された物茹で用の湯桶（源泉から流出する高温の熱湯を一時これに溜めて地元住民等の物茹での用に供するためのもの）内に転落して全身火傷により死亡した事故につき、右湯桶は転落防止用の蓋が取付けられておらずかつ転落防止用の防護柵もその高さ等が不十分なものであった点においてその設置、管理に瑕疵があったとして、これを設置、管理する財産区に損害賠償責任を認めた。

（6）　道路の設置・管理の瑕疵

道路事故についての指導的判例は、高知国道落石事件に関する最高裁判決である。最高裁は、通常有すべき安全性・無過失責任・予算抗弁の排斥という三原則を示した。(1) 道路事故に関する判例理論については、なお、次の点に注意する必要がある。

① 道路の通行規制は、公権力の行使の性格を有するが、道路事故に関連する道路の通行規制の不作為は、道路の設置・管理の瑕疵に当たるということができる。(2)

② 判例は、道路の設置・管理の瑕疵について、無過失責任であることを認めるが、結果責任を認めるもので

はない。(3)

③　道路の設置・管理の瑕疵は道路の物的瑕疵を問題にするものであるが、判例は、物的瑕疵のほか管理作用を考慮している。(4)

④　道路からの騒音、排気ガス等による被害が、社会生活上受忍すべき限度を超える場合は、道路の設置・管理に瑕疵があるということができる(5)

⑤　判例は道路の設置管理について、完全無欠を要求するものではない。(6)

（1）　最判昭四五・八・二〇民集二四巻九号一二六八頁（＝行政判例百選II 155「道路管理の瑕疵(1)――落石」＝高知国道落石事件）は、「国家賠償法二条一項の営造物の設置または管理の瑕疵とは、営造物が通常有すべき安全性を欠いていることをいい、これに基づく国および公共団体の賠償責任については、その過失の存在を必要としないと解するを相当とする」、「本件道路における防護柵を設置するとした場合、その費用の額が相当の多額にのぼり、上告人県としてその予算措置に困却するであろうことは推察できるが、それにより直ちに道路の管理の瑕疵によって生じた損害に対する賠償責任を免れうるものと考えることはできない」と判示した。

最判昭四〇・四・一六判時四〇五号九頁（＝仙台市道穴ぼこ事件）は、市道に穴状の道路欠陥部分があり、原動機付自転車がそのうちの直径約一メートル、深さ約一〇ないし一五センチの穴に前輪を嵌落させて、転倒死亡した事故について、「地方公共団体が予算の範囲内で道路の管理をすれば道路に瑕疵があっても前記法条（＝国家賠償法二条――筆者注）にいう道路の管理の瑕疵があるとはいえないとの所論は、採用できない。」と判示した。

（2）　札幌高判昭四七・二・一八高民二五巻一号九五頁（＝函館バス海中転落事件）は、「道路がその機能に鑑みて通常有すべき安全性を欠如するに至った原因が、不可抗力の災害に基づくものであったとしても、その災害の発生を事前に予測することが可能であって道路管理者としてこれによる通行者の生命、身体又は財産への危害の波及を防止するために必要な措置が講じ得られたにもかかわらず、これがなされなかったとすればその不作為をもって道路管理上の瑕疵があったというを妨げない。そうして、右の予測が可能であったか否かおよび道路管理者が如何なる措置を講ずべきであったかの判断基準は、災害発生時におけるわが国の土木工学、地質学等道路管理に関係を有する科学技術の水準によるべきであり、直接の道路管理者又は現場における管理の実務遂行者の知識、経験によるべきものではないと解する。」と判示した。

(3)　名古屋地判昭四八・三・三〇判時七〇〇号三頁（＝飛騨川バス転落事件）は、「本件事故は、予見しがたい、その意味において不可抗力というべき土石流の発生を直接の原因とし、これに被告の道路設置・管理の瑕疵および旅行主催者・バス運転手の過失が関連競合して発生したものというべきである。而して、このような不可抗力と目すべき原因とその他の原因が競合して事故が発生し、それによって損害を生じた場合には、国家賠償法二条一項によって責任を負うべき国、民法七〇九条によって責任を負うべき旅行主催者・バス運転手らはそれぞれの損害を賠償しなければならないが、賠償の範囲は、事故発生の諸原因のうち、不可抗力と目すべき原因が寄与している部分を除いたものに制限されると解するのが相当である。蓋し、民法七〇九条は過失責任を定めたものであり、国家賠償法二条一項も瑕疵の存在を前提とするもので純然たる結果責任を負わせるものではないのである。」と判示した。

名古屋高判昭四九・一一・二〇高民集二七巻六号三九五頁（＝飛騨川バス転落事件）は、「本件危険区間は、本件事故当夜のような集中豪雨など強い雨の際には、いつなんどき崩落等が発生するかもしれなかったのであるから、このような場合には、この区間へ進入すること自体がもはや危険であり、交通の安全が確保されないと見なければならず、現に崩落等が発生しているか否かを問わず、崩落等の危険があると認められる雨量時点で、この区間への進入を禁止するといういわゆる通行の事前規制措置をとるべきものであった」と判示して、国家賠償法二条の責任を肯定した。

最判昭五〇・六・二六民集二九巻六号八五一頁（＝赤色灯標柱倒壊事件、本書一五五頁を見よ。）。

最判昭五〇・七・二五民集二九巻六号一一三六頁（＝行政判例百選II 156「道路管理の瑕疵(2)――故障車の放置」）は、「おもうに、道路管理者は、道路を常良好な状態に保つように維持し、修繕し、もって一般交通に支障を及ぼさないように努める義務を負うところ（道路法四二条）、前記事実関係に照らすと、同国道の本件事故現場付近は、幅員七・五メートルの道路中央線付近に故障した大型貨物自動車が八七時間にわたって放置され、道路の安全性を著しく欠如する状態であったにもかかわらず、当時その管理事務を担当するA土木出張所は、道路を常時巡視して応急の事態に対処しうる看視体制をとっていなかったために、本件事故が発生するまで右故障車が道路上に長時間放置されていることすら知らず、まして故障車のあることを知らせるためバリケードを設けるとか、道路の片側部分を一時通行止めにするなど、道路の安全性を保持するために必要とされる措置をまったく講じていなかったことは明らかで……同出張所の道路管理に瑕疵があったというほかなく……道路交通上、警察官が、……違法駐車に対して駐車の方法の変更・場所の移動などの規制を行うべきものとされていること（道路交通法一条、五一条）を理由に、前記損害賠償責任を免れることはできない」と判示し、国道上に長時間故障車が放置されたことを原因とする事故について、管理者の職務義務違反を問題とすることなく、道路管理の瑕疵を認めている。

（4）　東京地判平二・三・一三判時一三三八号二一頁（＝日本坂トンネル事件）は、「国賠法二条一項にいう営造物の設置又は管理の瑕疵とは、営造物が通常有すべき安全性を欠如していることをいうが、右の安全性の欠如とは、当該営造物を構成する物的施設自体に存する物理的、外形的欠陥ないし不備によって他人の生命、身体又は財産に対し危害を生ぜしめる危険性がある場合のみならず、その営造物の設置・管理者の不適切な管理行為によって右の危害を生ぜしめる危険性がある場合も含むものと解すべきである。」と判示した。

東京高判平五・六・二四判時一四六二号四六頁（＝日本坂トンネル事件）は、高速道路の長大トンネル内での車両の追突事故により発生した火災が後続車両に延焼した事故につき、「第一審被告としては、発生する火災を可能な限り初期の段階で消火し、その延焼を防止するために、自ら合理的かつ妥当な物的設備を設け、人的配備をすることを要するのみでなく、第一審被告のなしうる消火及び延焼防止の能力にはおのずから限界があるのであるから、トンネル内の安全を確保するため、消防署及び警察署等の他の機関の迅速な活動を可能ならしめるように、火点の位置、火災の状況及びトンネル内の交通状況等について、速急に的確な情報を収集し、これを迅速に提供しうる組織を整えるとともに、火災が発生したときには、トンネル内に進入しようとする車両及び既にトンネル内に進入した車両の運転者らに対し、火災が発生したことや避難の方法についての的確な情報を提供し、かつ、車両がトンネル内に進入するのを阻止するための強力な警告をするための物的設備を設け、人的配備をする等のトンネルの安全体制を整備することが必要であったというべきである。」と判示した。

（5）　最判平七・七・七民集四九巻七号一八七〇頁（=国道四三号線訴訟）は、「原判決は、本件道路からの騒音、排気ガス等がその近隣に居住する被上告人に対して現実に社会生活上受忍すべき限度を超える被害をもたらしたことを認定判断した上で、本件道路の設置又は管理に瑕疵があったとの結論を導いたものであり、正当として是認することができる」と判示した。

（6）　東京高判昭四五・四・三〇交通民集三巻二号三五四頁は、「道路管理者が道路を開設し、これを一般通行の用に供するにあたっては、安全かつ円滑な交通を確保しうるものとすべきことは、上に説示したとおりであるが、その整備の程度は当該道路の位置、環境、交通状況等に応じ一般の通行に支障を及ぼさない程度で足り、必ずしもこれを常に完全無欠のものとしなければならないものではない。」と判示した。

（7）　河川の設置・管理の瑕疵

河川の氾濫による被害は、従来、一種の天災であると考えられてきたが、国家賠償法二条一項は河川を公の営造物として例示し、学説・判例は水害についても国家賠償二条一項の適用があるとした。昭和五〇年代には、加治川水害、大東水害、多摩川水害訴訟の下級審判決において、原告側の請求が認容されるようになった。

しかし、河川管理ないし河川の氾濫による損害賠償には、巨額の費用を必要とするために道路等の営造物の場合と比べて、財政的に相当の困難を伴う。したがつて、国家賠償法二条一項にいう瑕疵について、道路等に関する判断基準が水害訴訟にも基本的に妥当するといえるか、河川管理については道路等と異なる特殊性ないし制約があるのではないかということが問題となった。五〇年代の下級審判決は、河川管理者側に安全性欠如を発見し、これを除去・回復する可能性があれば賠償責任を認める傾向にあったものの、同時に、賠償責任の限定ないし免責の条件も示していた[(1)]。（予見可能性と回避可能性）の可能性を限定することによって、判例の流れに明確な方向を与えたということができる。この点について、最高裁大東水害訴訟判決が、賠償責任の成立る最高裁判決は、河川管理の瑕疵の認定基準についての指導的判決である[(2)]。大東水害訴訟に関す

河川管理についての判例理論は、次のように要約することができる。

① 河川は、道路その他の営造物とはその性質が異なり、洪水等の自然的災害をもたらす危険性を内包しており、河川管理には、治水事業の時間的制約、多額の費用を要するという財政的制約、治水事業の技術的制約および河川流域の急激な開発によって生じる社会的制約などがあり、道路の管理とは異なる特殊性がある。

② 未改修河川または改修不十分な河川の安全性としては、過渡的な安全性をもって足りる。

③ 河川の管理についての瑕疵の有無は、過去に発生した水害の規模、流域等の自然的条件、土地の利用状況等の社会的条件、改修を要する緊急性の有無や程度等、諸般の事情を総合的に考慮し、河川管理における財政的・技術的および社会的諸制約のもとでの同種・同規模の河川の管理の一般的水準および社会通念に照らして是認しうる安全性を備えているかどうかを基準として判断すべきである。これが、河川管理の瑕疵の有無の判断基準として確立した[(3)]。

④ 改修中の河川で水害が生じても、改修計画が格別不合理でない限り、未改修部分での水害発生の危険が特に顕著で、早期の改修工事を施行しなければならないと認めるべき特段の事由がない限り、河川管理に瑕疵は

ない。(4)

⑤　高潮による破堤水害やダム水害の場合は、河川の設置・管理の瑕疵としてではなく、堤防の設置・管理あるいはダムの管理＝ダムの操作の瑕疵の問題である。(5)後者の場合は国家賠償法一条と競合することになろう。

（1）　大阪高判昭五二・一二・二〇判時八七六号一六頁（＝大東水害訴訟）は、「営造物の客観的な安全性の欠如（危険）が、第三者の行為若しくは不可抗力的外力によって始めて招来される場合、または、それが管理者においてその管理を開始する以前から、管理者の責任に依らずして営造物自体に自然的に内在していたような場合など、右の危険が外因的に招来された場合には、管理者が、その危険を発見しこれを除去・回復するために客観的に必要とされる最低限の時間を経過してもなお右危険が除去・回復されない場合、つまり右危険の除去・回復に客観的な遅滞が認められる場合に」管理者は賠償責任を負う、と判示した。これは、道路の設置・管理の瑕疵に関する最高裁判昭五〇年六月二六日判決（民集二九巻六号八五一頁）と同様の立場に立つものといえよう。

最判昭五三・三・三〇民集三二巻二号三七九頁（＝安曇川堤防事件）は、「（判決要旨）河川管理者に対し、住民私有の特定の堤防を買い受け又は代替堤防を築造する義務を認めるためには、その河川の特性、河川全流域の自然的社会的条件、河川工事の経済性等あらゆる観点から総合的に判断して、河川管理上右堤防の存在する地点に河川管理施設を設置することが必要不可欠であることが明らかであり、これを放置することがわが国における河川管理の一般的水準及び社会通念に照らして河川管理者の怠慢であることが明白であるといえるような特別の事情のあることを必要とし、その地点に河川の氾濫による災害の生ずるおそれがあるとか、災害が生じたとか、あるいは河川管理者が右堤防を占有、使用していた等の事実があるだけでは足りない。」と判示した。

津地判昭五六・一一・五判時一〇二六号四三頁（＝志登茂川水害訴訟）は、「災害の予見が可能であり、従って災害防止のための適切な管理対策をとるべき義務があるといっても河川及び河川改修工事等治水工事に関しては被告らのいうごとく各種の特質、制約があるから具体的な施策として着手され実現されるまでにある程度の時間を要するものであることは当然の事理であり、従ってそれが合理的理由に基づくものと認められる限り、その間は仮に災害の発生があったとしても義務違背の違法性は阻却あるいは減殺され、沿岸流域住民においてもこれを受忍すべき場合があるものといわなければならない。」と判示した。

同旨、岐阜地判昭五七・一二・一〇判時一〇六三号三〇頁（＝長良川安八水害訴訟）。

（2）　最判昭五九・一・二六民集三八巻二号五三頁（＝行政判例百選Ⅱ157「河川管理の瑕疵(1)――大東水害訴訟」）は、「当該河川の管理についての瑕疵の有無は、過去に発生した水害の規模、発生の頻度、発生原因、被害の性質、降雨状況、流域の地形その他の自然的条件、土地の利用状況その他の社会的条件、改修を要する緊急性の有無及びその程度等諸般の事情を総合的に考慮し、前記諸制約のもとでの同種・同規模の河川の管理の一般的水準及び社会通念に照らして是認しうる安全性を備えていると認められるかどうかを基準として判断すべきであると解するのが相当である。」と判示した。

（3）　最判昭六〇・三・二八民集三九巻二号三三三頁（＝加治川水害事件）は、「(判決要旨)洪水により決壊した堤防の背後に設置された仮堤防が約一年後に前年をはるかに上回る豪雨のため破堤したとしても、その設置に当たりかかる連年の災害を受ける危険を予測しなかったことに無理からぬ事情があり、右仮堤防が本堤防完成までの二年間の出水に対処する目的で応急対策として短期間に築造された仮の施設であって、その築堤材料に砂丘砂を単一使用したこと及び築堤材料の点を除く断面・構造を決壊した堤防と同じくしたことにつき、過去の水害の発生状況、仮堤防の存置期間等から予測しうべき水害についてはその発生を防止して後背地の安全を確保したものとして、時間的、財政的及び技術的制約のもとでの同種・同規模の河川に同趣旨で設置する仮堤防の設計施行上の一般水準ないし社会通念に照らして是認することができるときは、その断面・構造に河川管理の瑕疵があるとはいえない。」と判示した。

最判平二・一二・一三民集四四巻九号一一八六頁（＝行政判例百選Ⅱ158「河川管理の瑕疵(2)――多摩川水害訴訟」）は、「河川は、当初から通常有すべき安全性を有するものとして管理が開始されるものではなく、治水事業を経て、逐次その安全性を高めてゆく」ものであり、「河川の備えるべき安全性としては、一般に施行されてきた治水事業の過程における河川の改修、整備の段階に対応する安全性をもって足りる」、「河川の管理についての瑕疵の有無は、過去に発生した水害の規模、発生の頻度、発生原因、被害の性質、降雨状況、流域その他の自然的条件、土地の利用状況その他の社会的条件、改修を要する緊急性の有無及びその程度等諸般の事情を総合的に考慮し、河川管理における財政的、技術的及び社会的諸制約のもとでの同種・同規模の河川の管理の一般的水準及び社会通念に照らして是認し得る安全性を備えているとみとめられるかどうかを基準として判断すべきであ（る）」と判示した。

（4）　大阪高判昭六二・四・一〇判時一二二九号二七頁（＝大東水害訴訟、差戻後、控訴審判決）は、「わが国における治水事業において当該河川の管理についての瑕疵の有無は、過去に発生した水害の規模、発生の頻度、発生原因などの諸般の事情を総合的に考慮し、前記諸制約の下での同種、同規模の河川の管理の一般水準及び社会通念に照らして相当とすべき安全性を備えていると認められるかどうかを基準として判断すべきであると解され、既に改修計画が定められ、これに基づいて現に改修中である河川については、右計画及びその実施が全体として合理性を備えており、特に不合理と認められないときは、その後の事情の変化により当該河川の未改修部分につき水害発生の危険性が特に顕著となり、当初の計画の時期の繰り上げ、又は工事の順序の変更を要するなど早期の改修をしなければならない特段の事由が認められない限り、たとえ人口密集地域を流域とするいわゆる都市河川の管理の実施においても、未改修部分につき改修が行われていなかったという一事をもって、河川管理に瑕疵があったとすることはできない」と判示した。

最判平八・七・一二民集五〇巻七号一四七七頁（＝平作川水害訴訟）は、「既に改修計画が定められ、これに基づいて現に改修中である河川であっても、水害発生の時点において既に設置済の河川管理施設がその予定する安全性を有していなかったという瑕疵があるか否かを判断するには、右施設設置の時点における技術水準に照らして、右施設が、その予定する規模の洪水における流水の通常の作用から予測される災害の発生を防止するに足りる安全性を備えているかどうかによって判断すべきである。」と判示した。

(5)　名古屋地判昭三七・一〇・一二下民集一三巻一〇号二〇五九頁（＝伊勢湾台風事件）は、「堤防の設置または管理に瑕疵があるとは、堤防の築造およびその後の維持、修繕、保管作用に不完全な点があって、堤防が通常備えるべき安全性を欠いている状態にあることを意味するが、いかなる場合に堤防が通常備えるべき安全性を欠いているかの判断基準について当裁判所は次のように考える。

……計画堤防高の決定その他堤防の設計において妥当であり、設計どおり堤防が築造されかつその後の補修等管理に欠けるところがなければ、堤防は通常備うべき安全性を保有していたというべきであって、それが築造当時予見され得なかった高潮等により決壊することがあっても、それは不可抗力による災害と認めざるを得ず、堤防の設置または管理に瑕疵があったということはできない。」と判示した。

横浜地判昭四三・一〇・三一判時五四五号二〇頁（＝相模湖堰堤水死事件）は、ダムの大量放水による下流での溺死事故につき、「原告は国家賠償法第二条による損害賠償を求めるかの如き口吻をもらすが、同法同条は、公の営造物の『維持、修繕、保管』に不完全な点があることを意味し、えん堤操作に関する過誤を含まないから同条による旨の主張とは解し難く、これら原告の法律上の見解はともに失当であり裁判所はこれに拘束されないので、原告請求原因を国家賠償法第一条の主張と理解し判断する」とし、結論として、本件における堰堤操作主任等の過失を肯定し、国家賠償を認めた。

大阪地判昭六三・七・一三訟月三五巻七号一一四九頁（＝大迫ダム水害訴訟）は、「ダムのような人為的に設置される営造物は、河川のような自然発生的な営造物とは異なり、本来、通常予想される危害に対応する安全性を備えたものとして設置され、管理されるべきものであり、また、人の生命、身体の安全は、何物にも代えることのできない重要なものであるから、ダムの設置または管理の不適切によって生じた人身事故の損害賠償請求の場合には、危険除去に要する時間、費用などの制約のみが直ちに損害賠償責任を免れる理由とはなり得ないものというべきである。」と判示した。

なお、甲府地判平四・四・二〇判時一四二四号三頁は、集中豪雨により河口湖周辺地域に発生した水害被害につき、湖管理上の瑕疵は認められないとして、管理者である国および管理費用の負担者である山梨県に対する国家賠償請求を棄却した。

（8）瑕疵の推定

公の営造物の設置・管理の瑕疵については原告が立証責任を負担する。ただ営造物の設置・管理の瑕疵があったか否かは、高度の専門的知識を必要とすることが多く瑕疵の存在を具体的に証明することが困難であるため、事故ないし損害が発生したことが立証されれば一応瑕疵が推定される。(1)

（1）乾　昭三「国家賠償法」『注釈民法⒆』四三二頁、古崎慶長『国家賠償法』二二七頁。

徳島地判昭四一・八・三〇訟月一二巻一二号一六〇八頁は、「なるほど道路自体に瑕疵があるからといってそのこと自体をもって直ちに道路の管理に瑕疵があるとはいえないであろうけれども、道路の瑕疵がある場合は道路の管理者において、かかる瑕疵を除去するよう改善するかもしくは他の危険防止の措置を講ずべきものであるのに、これを看過しそのような改善もしくは危険防止の措置を講ずることが不可能でないのにこれをなさずに放置するときは、管理者に過失があると否とを問わず、道路の管理に瑕疵があるというべきである」と判示した。

福岡地判昭五七・一一・一九下民集三三巻一～四号七八一頁（＝宇美川訴訟）は、「本件堤防決壊の原因判定の際に考慮した本件橋梁の設置位置及び構造等、本件災害発生前の降雨量、本件橋梁の橋桁により生じたせき上げの状況並びにそれによって推認される本件堤防決壊の原因、さらには、河川法一三条により、堤防その他の河川管理施設の構造の基準については、……安全な構造でなければならない旨規定されていることを前提とすれば、これらの事実の存在のみをもって、本件橋梁の設置許可に関して本件河川管理上の瑕疵が存在したこと、あるいは、本件河川自体の管理面で、本件河川の流下能力を減少させる管理の瑕疵が存在したことが推認され、したがって、被告においては右のごとき瑕疵が存在しない旨の反証をしない限り、これらの瑕疵の存在を容認しなければならないと考えられる。」と判示した。

神戸地判平三・二・二〇判時一四〇七号九七頁は、道路の山側法面の崩落の原因について、具体的な瑕疵の内容を示すことなく、崩落の発生から瑕疵の存在を推認するのが相当である、と判示した。

しかし、岐阜地判昭五七・一二・一〇判時一〇六三号三〇頁（＝長良川安八水害訴訟）は、計画高水流量、計画高水位以下の洪水によって破堤したからといって、右破堤が堤防に何らかの瑕疵があったことに起因するものと推認することはできない、と判示した。

第四章　国家賠償責任の主体

文献　村上義弘「賠償責任と共同負担者」『行政法の争点（旧版）』（昭五五）、下山瑛二「国家賠償法三条一項所定の費用負担者の損害賠償責任」『新実務民訴講座6』、秋山義昭「賠償責任と共同負担者」『行政法の争点』、宇賀克也「費用負担者」ジュリ九九三号（平四）

（1）　求償権（内部的責任）

(1)　加害公務員に対する求償

国や公共団体は、損害賠償をした場合、公務員に故意または重大な過失があったときは、その公務員に対して求償権を有する(国賠一条二項)。民法の場合と異なり、軽過失の場合は求償権の行使は認められない。従って軽過失の場合には、公務員は、外部的にも内部的にも損害賠償の責任を負わないことになる。

(2)　原因者に対する求償

国や公共団体は、他に損害の原因について責に任ずべき者があるときは、その者に対し求償権を有する(国賠二条二項)。「他に損害の原因について責に任ずべき者」とは、営造物の設置・管理の瑕疵を作り出した者をいう。この求償義務を負う者は不法行為の要件を具備していなければならない。(1) また、公務員が営造物の設置管理の瑕疵の作出に関与している場合には、その公務員も求償義務者となるが、故意または重過失ある場合に限定される。(2)

例えば、公の営造物の建設を不完全に行った工事請負人などは、他に損害の原因について責に任ずべき者に該当するが、これらの者の責任が、国・公共団体と並んで共同不法行為として賠償責任が認められる場合は、当然、求償権は行使されない。

(3)　求償権の行使は、実際には、ほとんど行われていないが、次のような方法によるべきであろう。

①　公務員の給与・謝礼などの請求権との相殺

②　支払決定——行政手続による執行

③　公務員に対する訴訟。ただし、行政上の強制徴収の手続は認められない。しからざれば、公務員は被害者に対し直接責任を負う場合よりも、不利な地位に立たされるからである。

（1）　古崎慶長『国家賠償法』二三〇頁、今村成和『国家補償法』一二五頁。

大分地判昭五一・三・一六交通民集九巻二号三九一頁は、県道の側溝に温泉源からの熱湯を流していたため、湯気により視界が遮られ、自転車で走行してきた男児が側溝に転落して大火傷を負った事件で、側溝の管理の瑕疵が肯定されて県が損害賠償をした後に、熱湯を流していた者に対して求償権の行使をした事案について、「これを要するに、原告県係員の不適切な指示、指導が結果的に被告の事故防止の措置を懈怠ないし遅延させ、本件事故に到らしめたことになるのであり、右は原、被告間の本件事故に関する損害賠償義務の分担の関係において原告の求償権の行使を制限する要素として認めるのが相当である。……原告はその支払った損害賠償金の二分の一についてのみ被告に対し求償権を行使することができるものと認めるのが相当であ（る）」と判示した。

（2）　古崎慶長『国家賠償法』二三一頁、今村成和『国家補償法』一二五頁。

（2）　国家賠償責任の主体

国家賠償責任の主体は、国家賠償法一条の場合は当該公権力の行使の帰属する国または公共団体であり、国家賠償法二条の場合には公の営造物の設置・管理の主体としての国または公共団体である。通常、行政事務の管理者、公務員の選任・監督または公の営造物の設置・管理に当たる者と、公務員の俸給、給与その他の費用または公の営造物の設置・管理の費用を負担する者は、同一の行政主体である。しかし地方公共団体の機関が国の機関委任事務を処理する場合（地財九条）や道路・河川などの管理の場合（道一二、一三条、河川九、一〇条など）など、行政事務の管理者と費用負担者とが異なる場合も少なくない。

このよう場合について国家賠償法三条一項は、「……費用を負担する者もまた、その損害を賠償する責に任ずる」と規定し、被害者は、行政事務の管理者と費用負担者のいずれに対しても損害賠償請求をすることを認めている。費用負担者とは、給与費負担、国庫負担金、人件費以外の事務の管理・執行に要する費用など、一方の事務の経費を他方が法律上負担すべき者いう。

（3）　究極の賠償責任者

行政事務管理者と費用負担者のいずれかが被告となる場合は、被告となる行政主体が全損害の賠償責任を負い、いずれもが被告となる場合は連帯して損害賠償責任を負う。そして損害を賠償した者は、内部関係で、真にその損害を賠償する責任ある者に対して求償権を行使できる（国賠三条二項）。

究極の賠償責任者は誰か。この点について法律は明確に規定していない。学説としては、公務員の選任監督者または公の営造物の設置管理者が賠償責任者であるとする管理者説[1]、費用負担者であるとする費用負担者説[2]および損害発生の寄与度に応じて負担者を定めるべしという寄与度説[3]の対立がある。通説は、損害賠償の支出も費用の一部であるとして費用負担者が本来の賠償責任者であると解している。

（1）磯崎辰五郎『行政法（総論）』二二四頁（昭三〇・青林書院）
（2）古崎慶長『国家賠償法』二三九頁、今村成和『国家補償法』一三九頁、塩野　宏『行政法Ⅱ』二七三頁。
（3）阿部泰隆『国家補償法』六四頁、芝池義一『行政救済法講義』二七一頁（平七・有斐閣）。

（4）具体的問題

賠償責任者に関する具体的問題として、次のような場合がある。

(1) 公権力の行使の場合

① 公務員の選任・監督に当たる者と公務員の俸給給与を負担する者とが異なる典型的な場合としては、公立の小中学校教員と麻薬取締員がある。公立の小中学校の教職員の任免は、市町村の教育委員会の内申を待って、都道府県教育委員会が行い、服務の監督は市町村の教育委員会が行う（教育行政三七条、三八条、四三条）。これに対し給与は都道府県が負担し、国もその実支出額の二分の一を負担する（市町村立学校職員給与負担法一条、義務教育費国庫負担法二条[1]）。麻薬取締員については、選任監督は都道府県知事が行い、費用は全額国庫負担である（麻薬五四条四項・五項、五九条の二）。

② 公権力の行使の場合　公権力の違法な行使による損害賠償責任者については、当該事務の帰属主体、当該公務員の身分上の帰属主体および費用負担者が判断基準となりうる[2]。

③ 機関委任事務の場合　国賠法一条が適用される事件で、機関委任事務に関する賠償責任は、国賠法の明

文上必ずしも明確ではないが、被害者は費用負担者としての地方公共団体と監督者としての国のいずれをも被告とすることができる。通常は国が賠償責任を負うとされている。(3)

(2) 公の営造物の設置・管理の場合

① 一般国道の設置・管理は、政令で指定する区間については建設大臣が行い、その他の部分については都道府県知事が行い(道一二、一三条)、国道の設置の費用は建設大臣が設置する場合は国がその三分の二、都道府県がその三分の一を負担し、都道府県知事が設置する場合は国および都道府県がそれぞれ二分の一を負担し、国道の管理費用は指定区間については国がその十分の五・五、都道府県が十分の四・五を負担し、指定区間外の国道についても都道府県の負担とする(道五〇条一、二項)。また、河川法が適用される河川については、一級河川の管理者は建設大臣であるが、その管理費用の二分の一を都道府県が負担し、二級河川の管理者は国の機関としての都道府県知事であるが、その管理に要する費用は都道府県の負担としている(河川九条、一〇条、五九〜六二条)。したがって被害者は国および都道府県のいずれに対しても損害賠償を請求できる。(4)

② 補助金を交付している場合　国が地方公共団体の営造物に対して補助金を交付している場合、考え方としては、地方財政法一六条にいう補助金交付は費用負担に当たらない、補助金等の名称にとらわれず実質的に負担金に該当する場合は、費用負担に当たる、外見的標識に照らして実質的に判断し広く補助金を費用負担と認めるべきである、という見解が有りうる。(5)最高裁は、補助金の交付額が本来の負担者と同等であり、実質的には本来の共同執行に当たり、補助金交付者が危険を効果的に防止しうる者であれば、費用負担者に当たるという判断を示している。(6)

（1） 東京高判昭五七・五・一九高民集三五巻二号一〇五頁は、東京都の区立中学校のA教諭の不法行為について、

「控訴人区は国賠法一条一項により、控訴人都は同法三条一項により、A教諭らの前記加害行為により被控訴人の受けた損害を賠償する責任がある」として、東京都の費用負担者としての責任を認めた。

徳島地判平五・六・二五判時一四九二号一二八頁は、町立中学校一年生の野球部員が練習の休憩時に熱射病に起因する心不全により死亡した事故につき、指導教諭に過失があったとし、「被告徳島県は、市町村立学校職員給与負担法一条、二条により、近藤教諭の俸給、給与等の費用を負担しているものであるから、国家賠償法三条一項に基づき、本件事故によって原告らが被った損害を賠償する義務がある。」と判示した。

(2)　判例には、①被害者の選択に従い、国または公共団体のいずれか一方、あるいは両方に賠償責任があるとするもの、②原則として都道府県とするもの、③地方警務官（都道府県警察の警視正以上の階級にある警察官。身分は一般職の公務員である―警察五六条一項）の場合は国であるとするもの、がある。

東京地判昭四二・一・二八下民集一八巻一＝二号七七頁は、都道府県警察官の犯罪捜査は国の公権力の行使に当たるが、「このことは右司法警察権の行使が都道府県（公共団体）の公務員たる司法警察職員の違法な公権力の行使について都道府県の責任を否定し去るものではない。したがって都道府県の警察官の違法な司法警察権行使によって損害を受けたと主張する者は、その選択に従い国または都道府県のいずれか一方もしくは両者に対して国家賠償法による賠償を請求しうることとなる。」と判示した。

最判昭五四・七・一〇民集三三巻五号四八一頁（＝行政判例百選Ⅰ50「交通犯罪捜査事務の帰属」）は、「都道府県警察の警察官がいわゆる交通犯罪の捜査を行うにつき故意又は過失に因って違法に他人に損害を加えた場合において国家賠償法一条一項によりその損害の賠償の責めに任ずるのは、原則として当該都道府県であり、国は原則としてその責めを負うものではない、と解するのが相当である。けだし、警察法及び地方自治法は、都道府県に都道府県警察を置き、警察の管理及び運営に関することを都道府県の処理すべき事務と定めている（警察法三六条、地方自治法二条六項二号……等参照）ものと解されるから、都道府県警察の警察官が警察の責務の範囲に属する交通犯罪の捜査を行うこと（警察法二条一項参照）は、警察官が自ら行う犯罪の捜査の補助に係わるものであるとき（刑訴法一九三条三項参照）のような例外的場合を除いて、当該都道府県の公権力の行使にほかならないものとみるべきであるからである。」と判示した。

仙台地判昭三八・五・二二下民集一四巻五号一〇一一頁は、「被告森田が宮城県警察本部の警備部長兼警備課長としてなした前記警告並びに発表は地方公共団体たる宮城県の機関である宮城県警察本部の公権力を行使する職員として宮城県警察本部の警察事務を執行するについて、なされたものと言わなければならない。しからば、被告森田の右警告立びに発表は違法なものであり、これにより原告らの名誉を毀損したとすれば、国家賠償法第一条の規定により宮城県がこれが賠償の責に任ずべきであるけれども被告国にはその責任がない。しかし、被告森田は国家公務員たる警察官であり、その俸給その他の給与は国庫が負担していることは警察法第三七条第一項第一号、第五六条第一項により明らかであるから、被告国は国家賠償法第三条の規定に基き損害賠償の責に任じなければならない。」と判示した。

東京地判昭五二・一・三一下民集二八巻一～四号五〇頁は、「本件予防接種は、市が実施主体となり、その固有事務として、特別職の地方公務員たる被告医師をして行わしめたものであり、被告医師には接種に際して過失があったから、被告市は、国家賠償法一条一項により、本件事故による損害を賠償すべき責任があるというべきである。」、また「本件予防接種は予防接種法に基づくものではなく、厚生省衛生局長の行政指導による勧奨接種であり、その実施主体は被告国ではなく、被告市であること、被告医師は被告市の委嘱を受け、同被告の特別職員として本件接種を担当したものであるから、被告医師の接種行為が被告国の公権力の行使に当たる公務員としての職務行為に該当するということはできず、従って被告国は、被告医師の右行為に因って生じた損害を賠償する責任を負わないものというべきである。」と判示した。

(3)　東京地判昭五三・三・三〇訟月二四巻五号九二頁は、「本件予防接種は、予防接種法に基づき、被告国の機関委任事務として市長が実施したもので、担当医師は、同市長の委託を受け、被告国の公権力の行使に当たる公務員として本件予防接種を行った」、本件予防接種後、被接種者が死亡した事故について、右担当医師には、「問診義務を怠った過失があるものといわざるをえない」、「よって、被告国は、国家賠償法第一条第一項により、本件死亡事故による損害を賠償すべき責任がある。」、また「被告市は、国家賠償法第三条第一項により、本件死亡事故による損害を賠償すべき責任がある。」と判示した。

(4)　高松高判昭四二・五・一二高民集二〇巻三号二三四頁は、「本件事故は、本件道路の管理に瑕疵があったために生じたものといわざるを得ず、本件道路は国道(国の営造物)であって、高知県知事が管理していたものであるから、控訴人国は、国家賠償法第二条第一項により、控訴人高知県は、管理費用負担者(道路法第四九条参照)として、国家賠償法第三条第一項により、それぞれ本件事故によって生じた損害を賠償すべき責に任ずべきであるといわなければならない。」と判示した。

名古屋高金沢支判昭五四・四・二〇訟月二五巻八号二〇七七頁は、「本件道路の管理には瑕疵があり、そして、本件事故は右管理の瑕疵があったために生じたものであるから、被告国は、本件道路の管理者として国家賠償法二条一項により、被告石川県は、道路法四九条、五〇条による費用負担者として国家賠償法三条一項により、それぞれ本件事故によって生じた損害を賠償すべき義務がある。」と判示した。

神戸地判平三・二・二〇判時一四〇七号九七頁は、「本件道路が被告国の営造物であること、本件土地及びその周辺の道路を県知事において国の機関として管理してしていることは、前記のとおり当事者間に争いがないところ、国道である本件道路の管理に要する費用は被告国及び被告県が負担するから(道路法四九条、五〇条)、被告国は国賠法二条一項により、被告県は同法三条一項により、本件道路の管理の瑕疵により発生した原告の損害につき、連帯して賠償する責任があるといわなければならない。」と判示した。

新潟地判昭五〇・七・一二訟月二一巻八号一五七七頁は、「被告国は、本件加治川の管理主体であり、被告県は、加治川につき、河川法五九条等の規定により所定の管理費用を負担しているものであり、かつ、八・二八洪水時における加治川下高関地区破堤は、加治川管理に瑕疵があったため生じたものであるから、被告等は国家賠償法二条一項、三条一項により右破堤によって生じた第一〇・四認定の損害を連帯して支払うべき義務のあること明らかである。」と判示した。

大阪地判昭五一・二・一九訟月二二巻四号九四〇頁は、「被告国が河川法九条一項、昭和四〇年政令四三号により一級河川である谷田川を管理し、大坂知事が同法九条二項により谷田川の管理の一部を行い、被告大阪府が同法六〇条二項によりその管理費用を負担していることはいずれも当事者間に争いがない」とし、被告国は国賠法二条一項により、同大阪府は同法三条一項により、損害を賠償する責任を負わなければならない、と判示した。

（5）　秋山義昭「賠償責任と費用負担者」『行政法の争点』一八七頁。

（6）　最判昭五〇・一一・二八民集二九巻一〇号一七五四頁（＝行政判例百選Ⅱ161「費用負担者」）は、地方公共団体の執行する国立公園事業の施設に対し国が交付していた補助金につき、国家賠償法「三条一項が、同法二条一項と相まって、当該営造物の設置もしくは管理にあたる者とその設置もしくは管理の費用の負担者とが異なるときは、その双方が損害賠償の責に任ずべきであるとしているのは、もしそのいずれかのみが損害賠償の責任を負うとしたとすれば、被害者たる国民が、そのいずれに賠償責任を求めるべきであるかを必ずしも明確にしえないため、賠償の責に任ずべき者の選択に困難をきたすことがありうるので、対外的には右双方に損害賠償の責任を負わせることによって右のような困難を除去しようとすることにあるのみでなく、危険責任の法理に基づく同法二条の責任につき、同一の法理に立って、被害者の救済を全からしめようとするためでもあるから、同法三条一項所定の設置費用の負担者には、当該営造物の設置費用につき法律上負担義務を負う者のほか、この者と同等もしくはこれに近い設置費用を負担し、実質的にはこの者と当該営造物による事業を共同して執行していると認められる者であって、当該営造物の瑕疵による危険を効果的に防止しうる者も含まれると解すべきであ（る）。」、上告人（国）は、自然公園法「一四条二項により三重県に対し、国立公園に関する公園事業の一部の執行として本件かけ橋を含む本件周回路の設置を承認し、……上告人の本件周回路に関する設置費用の負担の割合は二分の一近くにも達しているというのであるから、上告人は、国家賠償法三条一項の適用に関しては、本件周回路の設置費用の負担者というべきである」と判示した。

高辻正己裁判官の反対意見

多数意見の「基準は、その内容にあいまいなものがあることを免れず」また、「補助金の交付者についてはその額の多少を問題とする点について、理由とするところが明らかでなく、その合理性に疑問が残る」。

右の多数意見のうち、補助金を交付している者を費用負担者とする理由づけにおいて、「危険責任の法理」をあげるのは疑問であるといえよう。

東京地判昭五三・九・一八下民集三三巻一～四号二八五頁は、国家賠償法「第三条の費用負担者には、その立法趣旨より、当該営造物の設置費用につき法律上負担義務を負う者のほか、この者と同等もしくはこれに近い設置費用を負担し、実質的にはこの者と当該営造物による事業を共同執行していると認められる者であって、当該営造物の瑕疵による危険を効果的に防止しうる者も含まれると解すべきであ（る）」と判示した。

神戸地判昭五八・一二・二〇判時一一〇五号一〇七頁は、国立公園内の吊橋のワイヤーが切れ登山客が転落死した事故につき、「国家賠償法三条一項の費用負担者とは、当該営造物の設置、管理費用につき法律上負担義務を負う者またはこの者と同等もしくはこれに近い設置管理費用を負担し、実質的にはこの者と当該営造物による事業を共同執行していると認められる者であって、当該営造物の瑕疵による危険を効果的に防止し得る者をいうと解すべきところ（最高裁判決昭和五〇年一一月二八日民集第二九巻第一〇号一七五四頁参照）……本件吊橋の設置、管理のため、国が被告県に交付した右補助金の額が前記のとおり被告県の支出額に対し四分の一にすぎないものであっても、国家賠償法三条一項の適用に関する限り、被告国は本件吊橋の設置管理費用の負担者たることを免れえないものというべきである。」と判示した。

最判平元・一〇・二六民集四三巻九号九九九頁は、「(判決要旨）地方公共団体が執行する国立公園事業の施設が社会通念上独立の営造物と認められる複数の営造物によって構成される複合的な施設であり、設置管理に瑕疵があるとされた特定の営造物が右複合的施設を構成する個々の施設であるときには、右事業施設に対し補助金を交付した国が国家賠償法三条一項所定の費用負担者に当たるか否かは、設置管理に瑕疵があるとされた個別的施設と複合的施設を構成する他の施設とを一体として補助金が交付されたなどの特段の事情がない限り、当該個別的施設について、費用負担の割合等を考慮して判断すべきである。」と判示した。

第五章　訴訟上の問題

文献　滝川叡一「行政訴訟の請求原因、立証責任及び判決の効力」『民訴講座五巻』（昭三一・有斐閣）、近藤昭三「判決の効力」『行政法講座三巻』、杉本良吉『行政事件訴訟法の解説』（昭五六・法曹会）、阿部泰隆「抗告訴訟判決の国家賠償訴訟に対する既判力」判タ五二五号（昭五九）、森田寛二「処分取消訴訟と既判力論(1)(2)」法学五四巻一号、五四巻一号、二号（平二）、秋山義昭「抗告訴訟との関係」ジュリ九九三号（平四）
村上敬一「損失補償関係訴訟の諸問題」『新・実務民訴講座10』

(1)　国家賠償法と取消訴訟の関係

行政処分の違法を理由に国家賠償請求訴訟を提起する場合に、あらかじめ行政処分について取消判決または無効確認の判決を得ておかなければならないかが問題となる。この点について、通説・判例は、あらかじめ取消訴訟を提起し取消判決を得ておく必要はないとする。(1) 損害賠償請求は損害の塡補を目的としており、行政処分の効力の否定を前提にしなければならない理由はないからである。

しかし、行政処分の違法を理由とする取消訴訟によって権利救済が可能であるのに、違法な公権力と戦わないで、損害を回避することを怠り、金銭救済だけを求めることは許されるだろうか。法治国の最後の救済手段といわれる金銭賠償を認めないことはできないが、金銭賠償が法治国の最後のの救済手段となるのは、公権力の違法侵害を除去する取消訴訟が可能でない場合であることに注意しなければならない。

（1）今村成和『国家補償法』一二一頁、古崎慶長『国家賠償法の理論』二八一頁（昭五五・有斐閣）。

最判昭三六・四・二一民集一五巻四号八五〇頁（＝行政判例百選Ⅱ146「賠償請求の前提としての無効確認請求と訴えの利益」）は、「行政処分が違法であることを理由として国家賠償の請求をするについては、あらかじめ右行政処分につき取消又は無効確認の判決を得なければならないものではない」と判示した。

最判昭四二・九・一四民集二一巻七号一八〇七頁は、「行政処分が違法であることを理由として国家賠償の請求をするについては、あらかじめ右行政処分について取消又は無効確認の判決を得なければならないものではないから、上告人の本件訴訟には被上告人委員会の不法行為を原因として、将来国家に対し賠償を求める含みがあるものであるとしても、ただそれだけでは、本件牧野の売渡しを受けた者が時効によってその所有権を取得した後においても、なお、右牧野買収計画の無効確認を求める訴えの利益を肯認することは許されないといわなければならない（昭和三六年四月二一日最高裁判所第に小法廷判決民集一五巻四号八五〇頁参照）。」と判示した。

（2）他の救済手段との関係

①　強制執行法上の救済　　強制執行法上の問題は、当該手続の救済手続によるべきで、その手続を懈怠した者に対しては国家賠償請求は認められない。(1)

②　課税処分・年金給付に関する処分　　このような直接金銭上の権利義務にかかわる処分については、国家賠償請求訴訟を認めると、出訴期間、不服申立前置を設けた意義を失わせることになるので、許されないというべきであろう。(2)

（1）最判昭五七・二・二三民集三六巻二号一五四頁（＝行政判例百選Ⅱ147「強制執行法上の救済手続の懈怠」）は、

「不動産の強制競売事件における執行裁判所の処分は、債権者の主張、登記簿の記載その他記録にあらわれた権利関係の外形に依拠して行われるものであり、その結果関係人間の実体的権利関係との不適合が生じることがありうるが、これについては執行手続の性質上、強制執行法に定める救済の手続により是正されることが予定されているものである。したがって、執行裁判所みずからその処分を是正すべき場合等特別の事情がある場合は格別、そうでない場合には権利者が右の手続による救済を求めることを怠ったため損害が発生しても、その賠償を国に対して請求することはできないものと解するのが相当である。」と判示した。

(2)　塩野　宏『行政法II』二三七頁、宇賀克也『国家補償法』三七九頁。

(3)　既判力

取消訴訟において行政処分の適法性・違法性が確定した場合、その既判力が後訴の国家賠償請求訴訟に及ぶか。通説は既判力肯定説に立っており、加害行為についての取消判決の既判力は国家賠償請求訴訟に及ぶと解する。(1) 原告が取消訴訟で勝訴したときは、処分庁の属する国または公共団体は、取消判決の既判力に妨げられて、後訴の国家賠償請求訴訟で行政処分の適法性を主張できない。これに対し既判力否定説は、取消訴訟における違法と国家賠償法における違法とでは、その意義・内容が異なり、あるいは、違法性該当事由の証明責任の分配が異なっているから、取消訴訟の請求棄却判決の既判力は、後日提起する国家賠償請求訴訟に及ばないと主張する。(2) また、既判力一部肯定説は、取消判決が確定した場合には、国家賠償請求訴訟においても行政処分は違法と評価されるが、請求棄却判決が確定した場合には、取消訴訟における違法性よりも国家賠償法における違法性が広いから、国家賠償請求訴訟において違法性の主張が許されるという。(3)

しかし、取消訴訟の訴訟物と国家賠償訴訟の訴訟物の間には直接的な先例性の関係（Präjudizialität）はないが、間接的な先例性の関係がある。通常、公務員の違法な行為は国家賠償法上も違法な行為であり、例外に当たる場合は特別の理由づけがなければならない。後訴たる国家賠償訴訟では前訴の取消訴訟における行政処分の違法の既判力のある確定を先例として受けとり、それに拘束されるというべきであろう。(4)

(1)　古崎慶長『国家賠償法の理論』二八一頁、阿部泰隆「抗告訴訟判決の国家賠償訴訟に対する既判力」判タ五二五号二五頁（昭五九）、森田寛二「処分取消訴訟と既判力論(1)(2)」法学五四巻一号三三頁以下、五四巻二号七七頁以下。

大阪地判昭三五・一二・一九訟月七巻二号四四七頁は、「賦課処分と滞納処分とは別個独立の行政処分であるから、賦課処分が違法であってもそれが取消されずに存続している以上、滞納処分はそれ自体に瑕疵がない限り、何ら違法となるものではなく、賦課処分が違法として取消されたならば、滞納処分も違法な取消しうべき処分となるものであるが、既に認定したところによれば、本件更正処分はその行政訴訟の確定判決により違法として取消されたのであるから、本件滞納処分もまた違法な取消しうべき処分となるものというべきである。」と判示した。

東京地判昭三九・三・一一訟月一〇巻四号六二〇頁は、「行政訴訟の確定判決の既判力は本件被告にも及び、被告はもはや……課税処分が違法でないと争うことはできないものと解する。」と判示した。

大阪地判昭四〇・一一・三〇訟月一二巻三号三六七頁は、「本件更正処分は……大阪高等裁判所（第二審）において違法として取消す旨の判決がなされ、……右判決は確定するに至った。したがって本件更生処分に基づく本件滞納処分も亦違法といわざるを得ない。」と判示した。

津地判昭四三・三・二二訟月一四巻七号七五三頁は、「行政処分の取消変更を求める行政訴訟における請求認容の判決の効力は、行政処分の違法性を確定し、この確定に基づき行政処分の効力を失わしめるものであるから、右差戻し後の控訴審裁判所の判決が確定したところにしたがい、本件の訴外名古屋国税局長がなした審査決定が違法であったことは明らかであり、その判断理由からして訴外松坂税務署長のなした更正決定もまた違法であったといわなければならない」と判示した。

大阪高判昭五五・一・三一判時九六四号六四頁は、知事が医薬品一般販売業の許可申請に対して店舗の設置場所が配置の適性を欠くことを理由に不許可としたが、その不許可処分が違法であったとして取り消され、その判決が確定した後に大阪府に対し損害賠償請求がなされた事案について、取消判決が確定したという事実からすれば、特段の事情の認められない本件においては不許可処分は違法である、と判示した。

横浜地判昭五八・一〇・一七判時一一〇九号一二一頁は、退去強制令書発付処分が取消訴訟において取り消され、その判決が確定した後に、国に対して損害賠償請求がなされた事案について、同処分を取り消す旨の前訴判決が確定した以上、同処分に係る事務の帰属する被告（国）もまた、その既判力の効果として同処分の違法性につき、後訴においてこれに反する主張をすることは許されない、と判示した。

熊本地判昭五八・七・二〇判時一〇八六号三三頁（＝水俣病認定遅延訴訟）は、「被告らは国賠法一条一項の違法は行訴法三条五項の違法よりも幅が狭いとして、不作為判決の既判力は本訴に及ばないと主張するが、国賠法一条一項の違法と行訴法三条五項の違法とを別異に解すべき理由を見いだし得ず、まして本件国家賠償請求における違法は、原告らの主張からも明らかなように不作為判決の違法と全く重なり合っているということができるから、被告らの右主張は到底採用することができない」とし、不作為の違法判決についても既判力を認めた。

違法性を否定する棄却判決が確定した場合

札幌地判昭四五・四・一七判時六一二号四八頁は、労働基準監督署長の遺族補償申請棄却処分に対する審査請求棄却決定の取消訴訟で敗訴した後、国賠訴訟が提起された事案について、取消訴訟において原処分の違法が訴訟の対象とされ、申請棄却の判決が確定した以上、その既判力は原処分の違法性についても及ぶとして、後訴においてこれに反する主張をすることは許されない、と判示した。

大阪地判昭五〇・五・一九訟月二一巻七号一四二五頁は、農地買収処分の無効確認訴訟の請求棄却判決が確定した後、国賠訴訟が提起された事案について、買収処分の無効確認訴訟についての請求棄却の判決が確定しており、買収処分が適法であったことについて既判力が生じているから、後に提起した本訴において買収処分が違法であるとの主張をすることは許されない、と判示した。

東京地判昭六一・七・三〇判時一二三二号一二七頁は、換地処分の無効確認訴訟の請求棄却判決が確定した後、国賠訴訟が提起された事案について、行政処分の無効確認訴訟について無効原因として主張された違法が認められないとして、請求棄却の判決がなされ、それが確定した場合には、その後に提起された国償訴訟において同一の違法を主張することは、無効確認訴訟の確定判決の既判力に抵触するものとして許されない、と判示した。

那覇地判昭六一・一〇・二八訟月三三巻一〇号二四四五頁は、エアー・タクシーの免許申請不許可処分の無効確認訴訟で請求棄却判決が確定した後、国賠訴訟が提起された事案について、「行政処分の無効確認訴訟においては、行政処分が無効であるというためには、当該処分が違法であることのほか、その違法が重大かつ明白であることが必要とされるから、請求棄却の判決が確定したからといって、直ちに当該処分が適法であることについて既判力が生じるとはいえない」とし、請求棄却の判決のなされた理由が、処分に違法はない、すなわち処分が適法であることにある場合は、請求棄却の判決は、取消訴訟の場合と同視できるものとして既判力に準ずる効力を生ずるから、原告は国に対し再び処分の違法を主張をすることは許されない、と判示した。

東京高判昭六二・八・三一訟月三四巻四号六五六頁は、中央労働委員会のした救済命令の取消訴訟において請求棄却判決が確定した後、国賠訴訟が提起された事案について、取消訴訟において棄却判決が確定すれば当該行政処分にはおよそ違法性がないという既判力が生じ、これが国賠訴訟に及ぼす客観的範囲は、取消訴訟において現に主張された個々の違法事由に限られないとして、それ以外の種々の違法事由の主張もまた取消請求を棄却した確定判決の既判力に抵触する、と判示した。

(2)　下山瑛二『国家補償法』一三六頁、木村弘之亮「行政事件上の取消判決の効力(2)」民商七二巻三号四三七頁（昭五〇）、春日偉知郎「この法律に定めがない事項」園部逸夫編『注解行政事件訴訟法』八六頁以下（平元・有斐閣）。

高松地判昭五〇・三・三一訟月二一巻六号一二三九頁は、「そもそも（行政）処分取消訴訟における「違法性」と、国家賠償法にもとづく損害賠償訴訟における「違法性」とは同一、同質なものであるかについて、疑いがないわけではなく、いわんや、前訴確定判決が依拠したと推認される、行政処分の無効原因と取消原因との区別基準である『重大かつ明白な違法』の理論によれば、仮りに行政処分に瑕疵が存在し、違法であるとしても、その違法が重大かつ明白でない限り、行政処分無効確認訴訟において、請求棄却の判決があり、これが確定したとしても、当該行政処分が違法でないことまでが、公権的に確定されたものと速断することはできない。そしてこのことは本件判決に至らず訴訟判決をもって訴えが却下されている場合には、当該行政処分の違法性の存否それ自体については何らの判断もなされていないのであるから、なおさらのことというべきである。

結局、抗告訴訟における本案判決において請求棄却の確定判決が存在することは、後訴における国家賠償訴訟において、当該行政処分の違法性を主張する妨げとはならないものと解する。」と判示した。

東京地判平元・三・二九判時一三一五号四二頁は、運転免許取消処分につき、「本件処分には、これを取り消すべき瑕疵があることは右一で判示したとおりであるが、このことから本件処分に関わる公務員の行為が国家賠償法上当然に違法となるものではない。なぜなら、国家賠償法上の違法性は、公務員が具体的状況の下において職務上尽くすべき法的義務に違反したかどうかという観点から判断すべきものであり、したがって、行政処分がその根拠となる行政法規に定める実体的又は手続的な要件を客観的に欠缺しているかどうかという瑕疵判断とは、その判断基準を異にしているからである。」と判示した。

福岡高判昭六〇・一一・二九判時一一七四号二一頁（＝水俣病認定遅延損害賠償請求事件）は、熊本地方裁判所水俣病認定不作為の違法確認請求事件の「確定判決は、右各被控訴人につき、右事件の口頭弁論終結時である昭和五一年七月二一日の時点における知事の不作為が違法であることを確定し、その限度で既判力を有するが、右以外の時点における知事の不作為について既判力を有するものではないと解される」と判示した。

（3）　遠藤博也『国家補償法上』一七七頁、村重慶一『国家賠償法研究ノート』一九六頁（平八・一粒社）、芝池義一

『行政救済法講義』二三八頁。

（4）宮田三郎『行政訴訟法』二七一頁以下（平一〇・信山社）。

（4）損害賠償請求訴訟と損失補償請求訴訟

損害賠償請求に損失補償請求を追加的に併合できるか。行政事件訴訟法一六条によれば、取消訴訟に国家賠償請求を当初から併合して訴えることができるし、同法一九条によれば、取消訴訟を始めに提起し、後に国家賠償請求を関連請求として追加的に併合することもできる。しかし、国家賠償請求に損失補償を追加的に併合できるかどうかについては、行政事件訴訟法に規定はない。

この問題については、考え方が別れている。一つは、損失補償請求も民事訴訟と実質的に異なるものではないから、請求の基礎は同一であり、両者の併合を否認する理由はないとする肯定説である。他は、否定説であって、補償請求訴訟は実質的当事者訴訟（＝行政事件訴訟）であり、行政事件訴訟法の関連請求の併合に関する規定は、行政事件訴訟を基本事件としてこれに他の請求を併合する場合を対象にし、その逆に、民事訴訟に行政事件訴訟を併合する場合（＝逆併合）を対象にしていないから、逆併合は許されないというものである。下級審の判例も否定説・肯定説に別れていたが、[1] 最高裁は追加的併合を認めた。[2]

（1）否定説

札幌高判昭六一・七・三一判時一二〇八号四九頁は、「控訴人らは、行訴法一六条一項の規定の準用により、本件予備的、追加的併合が許される旨主張するが、同条項は、当初から取消訴訟に関連請求に係る訴えを併合して提起する場合又は両訴訟が別個に係属するときに取消訴訟に関連請求に係る訴えを併合する場合について定めたものであるから、追加的併合の拒否が問題となる本件においては、同条項の規定は準用されるものではなく、むしろ、同法一九条一項の規定の類推適用の可否について検討すべきである。

行訴法一九条一項は、取消訴訟に関連請求に係る訴えを追加的に併合して提起することができる旨を定めているが、その逆の場合にも追加的併合が許されるかどうかについて直接定めた規定はない。行訴法は、行政訴訟の特殊性にかんがみ、行政庁の訴訟参加（二三条）、職権証拠調べ（二四条）、取消判決の効力（三三条一項）等の特則を定め、かつ、行政訴訟を中心として関連請求の移送、併合等の規定を設けていて、基本となる請求とその関連請求との間には主従の区別をしており、関連請求が民事訴訟の場合は、これを主とし行政訴訟を従とすることは、行政訴訟手続を中心として規定する行訴法の予想するところのものではないというべきである。更に、一般的に民事訴訟に行政訴訟を併合することを認めると、その審理手続がどのようになるのかとの問題があり、主たる民事訴訟の手続で審理がなされることになると解するときは、そのような結果は行訴法の趣旨を没却することになり、妥当でないと考えられる。本来行訴法の予定する形態での追加的併合の場合は、行訴法の手続のみで審理がなされるべきであり、請求の併合の場合に手続の混在を認め、又は民事訴訟の手続で審理がなされるとすることは問題である。

以上のように考えると、行訴法一九条一項の規定の類推適用を根拠として民事訴訟である本件国家賠償請求に当事者訴訟である本件各損失補償請求を追加的に併合することは許されないというべきである。」と判示した。

肯定説

広島地判昭四九・一二・一七判時七九〇号五〇頁は、「被告市は、主観的予備的請求としての損失補償金額請求の併合は許されない旨主張しているので、その点について検討するのに、土地収用法は、損失補償に関する訴は収用裁決（収用の目的物に関する裁決）の取消訴訟とは別個の訴訟によるべきものとしているが、もともと収用裁決と損失補償に関する裁決とは一個の処分（裁決）の内容をなしているのであるから、本質的にはこれらの適否は処分庁としての収用委員会を相手方とする一個の訴訟において審判されるべきものであるし、また損失補償金の増額を求めることは収用裁決が適法であることを前提とすることになるが、そのための訴訟を収用裁決取消訴訟に予備的に併合できないとすると、収用裁決と損失補償金のいずれにも不服がある者としては、損失補償金増額請求につい て出訴期間が裁決書正本送達の日から三ケ月以内と定められている関係上(土地収用法一三三条一項)、たとい収用裁決に取消しうべき瑕疵があっても収用裁決取消訴訟において敗訴する場合を慮って、他にその訴訟における主張と矛盾した主張を前提とした損失補償金増額請求訴訟を提起しておくことが必要となり、結果的には無用な訴訟の提起を強いたことになる場合が生ずるのに対し、予備的併合を認めればこのような弊害を生ずるおそれのないこと、他方起業者についてみれば損失補償金増額請求の予備的併合を認めるとした場合、訴訟の当初から訴訟に関与しなければならないのに判決において主位的請求としての収用裁決取消請求が認容されれば自己に対する請求について判決を受けることができず、また主位的請求を認容する判決の確定により当然に相手方との間の訴訟係属がなくなる点、訴訟上不安定な立場に立つことにはなるが、それは損失補償増額請求について別訴が提起された場合でも収用裁決取り消しの判決が確定すれば別訴がその進行程度の如何にかかわりなく無意味になることを想到すれば径庭はないものといって妨げないこと、むしろ起業者としては収用裁決取消訴訟に参加しうる立場にあるから(行政事件訴訟法二二条一項)、その訴訟において損失補償金の適否についての審判を受けることの方が利益に合するものとみられることからすると、損失補償増額請求の予備的併合を認めても、起業者に特段の不利益を課するわけではなく、当事者にとって利点も多いのであって、そのことのほかに訴訟経済の点からみても、予備的併合を認めれば審理の重複が避けられ訴訟促進に寄与することになり、ひいては一個の処分(裁決)をめぐる紛争を一挙に解決できるのであるから、一般の民事訴訟についてはともかく、本件のように収用裁決の取消と損失補償金の増額を求める場合には主観的予備的併合も許されるものと解するのが相当である。」と判示した。

福岡地判平元・四・一八判時一三一三号一七頁は、「本件の場合、本件各予防接種の実施及び実施時の状況、副反応事故及び因果関係、損害ないし損失、その他、係争の事実関係が全く同一であって、損失補償請求を実質民事訴訟手続で併合審理して、特段の不都合がなく、本件訴訟の経過に照らし、一方において、右請求の併合が許されない場合、原告らに多大の時間的、経済的損失が予測される反面、他方おいて、右損失補償請求の行政事件としての面での行訴法二三条（行政庁の訴訟参加）、二四条（職権証拠調）、三三条（判決の拘束力）等に関する被告側の応訴上の不利益もないと認められ、又、後記予防接種法に基づく行政上の救済措置による給付も、公法上の権利関係でありながら私法的側面を持つものであって、国賠法に基づく損害賠償額からの控除がなされるべき関係であるものである。

従って、右のような諸点を総合し、本件損失補償請求の訴えの追加的併合は、これを適法と認める。」と判示した。

(2)　最判昭平五・七・二〇民集四七巻七号四六二七頁（＝行政判例百選Ⅱ237「国家賠償請求への損失補償請求の予備的・追加的併合」）は、「右損失補償請求は、主位的請求である国家賠償法一条一項等に基づく損害賠償請求と被告を同じくする上、いずれも対等の当事者間で金銭給付を求めるもので、その主張する経済的不利益の内容が同一で請求額もこれに見合うものであり、同一の行為に起因するものとして発生原因が実質的に共通するなど、相互に密接な関連性を有するものであるから、請求の基礎を同一にするものとして民訴法二三二条（＝新民訴一四三条——筆者注）の規定による訴えの追加的変更に準じて右損害賠償請求を追加することができるものと解するのが相当である。もっとも損失補償請求が公法上の請求として行政訴訟手続によって審理されるべきものであることなどを考慮すれば、相手方の審級の利益に配慮する必要があるから、控訴審における右訴えの変更には相手方の同意を要するものというべきである。」と判示した。

第三篇　結果除去および差止め

第一章　結果除去

文献　阿部泰隆「取消判決・執行停止決定後の事後措置」同『行政救済の実効性』（昭六〇・弘文堂）、高木　光「西ドイツにおける結果除去請求権」同『事実行為と行政訴訟』（昭六三・有斐閣）、太田照美「ドイツにおける行政法上の結果除去請求権の法構造」民商法雑誌一一五巻三号（平一〇）、村上武則「ドイツにおける公法上の結果除去請求権の内容について」園部古稀『憲法裁判と行政訴訟』（平一一・有斐閣）

（1）　結果除去の概念

結果除去とは、違法な侵害という事実上の結果の除去をいう。それは、国家の不法について無過失責任を問うものであり、公権力による国民の権利侵害があった場合、それ以前に存在していた従前の状態（status quo ante）、または、それと同価値の状態の回復を求めることである。結果除去を求める請求権は、損害賠償および損失補償などのように金銭補償を求める請求権ではない。

当初、結果除去請求権は、行政行為の執行の結果としての違法な状態の除去を対象とし、したがって執行―結果除去請求権であったが、違法の結果は、行政行為によるだけではなく事実行為によっても生じることが承認されて、いまや、一般的に、違法な高権的な事実行為を対象とする結果除去請求権として構成される。

（2）　問題の所在

現代社会においては、公権力による侵害以前に存在していた元の状態への回復が極めて重要である。その点で、不法行為法を中心とする国家責任制度は十分でない。公法上の結果除去請求権は、まさに、原状回復の方法で国家不法をサンクションしようとする制度であって、ドイツの学説・判例によって展開された独自の国家責任制度である。

法治国家における国民の権利保護は、原則として、国民に対し損害を加えた国または公共団体に対し損害補償による金銭救済を求めることができるのみならず、とくに損害を除去し、違法な侵害がなされなかったならば、かくあるであろう状態を回復させることを要求する。臣民は、君主の違法な侵害を受忍した場合にはじめて、君主に対し財産法上の金銭賠償のみを求めることができるという国庫理論の結果としての警察国家の命題（耐えよ、しからば清算せん!）は、現代行政法においては、もはや妥当しない。法治国家の理想は、公権力の不法の阻止、不法の除去および不法の完全復旧にあるといえよう。

しかし、不法防御が金銭救済よりも優先するという原則は、国民の権利保護の実効性という視点から、金銭補償で満足できる場合でも、国民に対し、違法な公権力の侵害について不服を申立てることを強制するものではないことに注意しなければならない。

（3） 結果除去請求権の法的根拠

結果除去請求権の法的根拠について統一的見解は存在しない。通説は、具体的な公権力により侵害された基本権に結果除去請求権の法的根拠がある、という。すなわち、基本権は、防御権としての機能において、違法な公権力の行使の差止めのみならず、基本権侵害によって生じた違法状態の除去を求める請求権を与える、というのである。さらに学説には、法的根拠として、基本法一九条四項の権利保護保障の規定、差止請求に関する民法一〇〇四条、一二条、八六二条を挙げるものがある。それに反し、行政裁判所法一一三条一項二文は、結果除去請求権の法的根拠ではなく、執行―結果除去請求権の訴訟上の規定であると解されている。

結果除去請求権の実現方法は、それが行政処分を求めるものであるときは義務づけ訴訟であり、それが事実行為を求めるものであるときは一般的給付訴訟である。執行―結果除去請求権の場合は、取消訴訟において同時に執行結果の除去についても判決をすることができる。

（4） 結果除去請求権の排除

結果除去請求権は、適法な状態の回復が法律上または事実上不可能であり、もしくは行政庁に期待できない場合には、排除される。法律上不可能とは、結果除去が公法の規定により許容されない場合である。違法な複効的行政行為、例えば隣人に対する違法な建築許可が執行された場合、第三者も結果除去請求権を有するかという問題がある。結果除去請求権は原則として行政庁と関係人との関係でのみ成立する。したがって通説は、第三者に結果除去請求権を拡張することを認めず、そのためには特別の法律上の根拠を必要とするとしているが、少数説は、結果除去請求権は直接基本権から生じるから特別の法律の根拠を必要としないと主張している。(1)

(1) ドイツにおける結果除去請求権については、H. Maurer, Allgemeines Verwaltungsrecht, 11. Aufl., 1998, S. 745ff.; F. Ossenbühl, Staatshaftungsrecht, 5. Aufl., 1998, S. 285ff.; G. Scholz/B. Tremml, Staatshaftungs- und Entschädigungsrecht, 5. Aufl., 1994, S. 208ff. を参照した。

(5) わが国における問題状況

わが国においては、公権力の侵害により惹起された違法状態の是正の問題は、国家責任制度として定着していない。この問題については、学説も十分ではないし、(1) 判例は実体法上の結果除去請求権の問題として対処していない。(2)

(1) 「結果除去」に関する研究の嚆矢として、ドイツの結果除去請求権の問題については、阿部泰隆「西ドイツの行政裁判」公法研究三十八号一六七頁以下（昭五一）があり、また日本の結果除去に関する問題についても、阿部泰隆「取消判決・執行停止決定後の事後措置」同『行政救済の実効性』二六二頁以下（昭六〇・弘文堂）がある。日本では、従来、このような問題は意識的に取り上げられなかった。阿部泰隆『行政救済の実効性』二八八頁は、「判決の結果の実現は原則として行政府の良識ある行動に期待すべき（である）」という意見を紹介しているが、ドイツでも、「執行—結果除去」の問題は、プロイセン上級裁判所により行政庁の任務に属する問題であるとされ、この問題が、国民の公法上の権利の対象にまで高められたのは、ドイツ連邦共和国基本法の施行後のことである。

(2) わが国では、「結果除去」という問題意識は事情判決の制度の中に埋没したということができる。事情判決の制度は結果除去請求権が排除される場合以上に強力な機能を果たす。この点については、宮田三郎『行政訴訟法』二八四頁（平一〇・信山社）を見よ。

（6）取消訴訟における原状回復義務（違法状態の是正）

行政処分の取消により行政庁は違法状態を除去すべき原状回復義務を負う。例えば当該処分に関連して他の法的行為（処分、登記など）や事実行為（処分の執行行為など）が行われ、その結果が残存している場合である。この残存する違法状態の除去義務すなわち執行―結果除去義務の実現方法については、これを判決の拘束力の効果であるとする考え方と実定法上当然の効果であるとする考え方が対立しているが、(1) 通説・判例は取消判決の拘束力の効果であると見ている。(2) また、行政庁がこの義務を履行しない場合には、通常の民事訴訟の手続により妨害排除または原状回復を求めることができるとされている。(3) しかし原状回復義務の範囲は不明確であるから、執行不停止の原則をとり（行訴二五条一項）行政行為が既に執行されている場合には、原告の申立てにより、原状回復義務の範囲を明確にし、行政庁が執行を元の状態に戻すべきことを、判決主文において明らかにすることが望ましい。(4)

（1）吉川正昭「判決の拘束力」『実務民訴講座8』二六八頁以下。それに対する批判として、高林克己「取消判決の効力」『行政法の争点（旧版）』二一九頁（昭五五・有斐閣）。

（2）原田尚彦「取消判決の効力」ジュリスト九二五号二一三頁（平元）。

（3）田中二郎『行政法上』三〇九頁注(1)。しかし例えば、換地処分に基づき家屋移転の代執行がなされた後、換地処分の取消判決があった場合、家屋の移転は違法な状態として残るが、家屋の原状回復を取消判決の拘束力で義務づけることは難しいと解されている（阿部泰隆『行政救済の実効性』三〇七頁・昭六〇・弘文堂）。したがって代執行の戒告や違反建築物除却命令の取消訴訟は、代執行完了後は訴えの利益を欠く。

最判昭三五・一二・二三民集一四巻一四号三一六六頁の上告理由は、「国の原状回復義務について（附、国家賠償責任）　（一）原判決は、違法の行政処分が行われた場合国は其の処分の取消を為す外一切を違法処分前の状態に回復すべき原状回復義務があるとの原告主張を否定し、立法論としては格別現行法上かかる義務を負うものと解すべき根拠はないとしてこの事は国家賠償法の規定の解釈によつて自明であると論ずる。然し乍ら、国家賠償法の規定する賠償義務は公務員の不法行為についての国の賠償義務で、一定の条件下に公務員の不法行為の責任を国に帰責せしむる当然の論理上、不法行為の要件たる故意過失の存在を公務員につき要件としたに過ぎず、不法行為について国家賠償法の規定があることを以つて、国の違法処分に関する原状回復義務及び原状回復不能の場合に於ける賠償義務を否定したものと解することは出来ない。」、「すべて行政府は違法な行政処分をなすべからざる義務を負うものである以上、この義務に違反して行政府が違法な行政処分をしたときは国は国家公務員の故意過失がなくても、処分を取消す外違法の結果を除去して一切の状態を原状に復すべき義務を負うものである。」という。

東京地判昭四四・九・二五判時五七六号四六頁は、「本件除去命令は、原告の主張に係る万年塀の一部につき、それが建築基準法四四条一項に違反する建築物であるとして同法九条一項に基づいて発せられたものであり、もとより行政代執行法による代執行手続の一環をなす処分ではないが、後記説示のごとく代執行が終了し、すでに当該部分の万年塀が除去された以上、本件除去命令を判決で取り消してみても除去の違法が確定されるだけであって、右の判決によって被告行政庁に直接除去建築物を復元すべき義務が生ずるわけではなく、原状回復の手段としては、別訴訟で損害賠償を請求するよりほかないのであるが、原告が右の損害の賠償を求めるには、本件除去命令を取り消し又はその違法を宣言する判決の存在を必要としないことはいうまでもない。もとより、かかる判決があれば、将来損害賠償請求等の訴訟において有利な判断を受ける事実上の利益があるとしても、その利益が本件除去命令の『取消しによって回復すべき法律上の利益』に該当しないことは明らかである。」と判示した。

（4）　ドイツ行政裁判所法一一三条一項は、「……裁判所は、行政行為および異議審査決定を取り消す。行政行為が既に執行されている場合には、裁判所は、申立てにより、行政官庁が執行を元の状態に戻すべきこと、およびその方法を、あわせて宣告することができる。……」と規定している。したがって判決主文では、例えば、「一　平成○年○月○○日付けの課税処分を取り消す。二　被告は一五○万円の返還によって執行を元に戻す義務がある。」のように記載される。

なお、宮田三郎『行政訴訟法』二七五頁（平一○・信山社）も見よ。

第二章　差止め

文献　沢井　裕『公害差止めの法理』（昭五一・日本評論社）、大塚　直「生活妨害の差止に関する基礎的考察(1)〜(8)」法学協会雑誌一〇三巻四、六、八、一一号、一〇四巻二、九号、一〇七巻三、四号（昭六一〜平二）、川嶋四郎「差止請求権の今日的課題」『民事訴訟法の争点』（平一〇・有斐閣）、同「差止請求——抽象的差止請求の適法性の検討を中心として——」ジュリ九八一号（平一一）

（1）　差止めの概念

差止めとは、違法な公権的侵害に対する防御である。結果除去が過去にあった侵害の違法な結果を除去することであるのに対し、差止めは現在または将来の侵害を防御することを目標とする。

（2）　差止請求権の構造と要件

公法上の差止めは、公法上の差止請求権によって実現される。その法的根拠は、憲法の基本的人権の防御的機能に求められ、その目標は、公権力による基本的人権または憲法で保護されている法的地位の侵害に対する防御である。したがって、公法上の差止請求権は、結果除去請求権と共通の法的根拠と構造をもっている。

公法上の差止請求権は、差し迫った公権力による法的に保護された地位の侵害が違法であり、これを受忍する義務がないことを要件とする。

(1)　差し迫った公権力による侵害

①　公権力による侵害とは、行政行為または事実行為による現実の侵害である。侵害はそれ自体は中立的であるが、それが公法の領域から生じるときは、公権力による侵害である。侵害が私法の領域から生じたときは、公法上の差止請求は認められない。この場合は民事上の差止請求となる。しかし公権力による侵害に対する民事上の差止請求は不適法である。

②　公法上の絶対権としての自由権の侵害が必要である。健康、名誉、プライバシーおよび所有権が絶対権に属する。単なる相対的権利の侵害、とくに公法契約の侵害は公法上の差止請求権を根拠づけない。

③　侵害が既に行われたときは、それを繰返す危険（Wiederholungsgefahr）が存在し、侵害が差し迫っているといえる。公権力の担当者は、適法に行動しているものと信じているから、不法な措置は是正されず、将来に亙って不法な措置を維持することが多い。この場合、差し迫った侵害が、法形式上、行政行為であるか単なる事実上の行政作用であるかは、問題でない。

(2)　侵害の違法性

公権力による侵害が違法であるときは、当事者に受忍義務がない。侵害の法的性質と種類により、受忍義務については、いろいろの考慮がなされる。

①　違法な行政行為による侵害

差し迫った違法な行政行為に対しては、仮の権利保護が期待できない場合にのみ、差止請求による攻撃をすることができる。行政行為が無効でなく、または、取消されてない場合は、違法な行政行為といえども有効であるから、執行―結果除去請求権は働かない。これが機能するためには、行政行為の違法性だけでは不十分であり、行政行為の取消しがなければならない。

② 騒音、振動、臭気、排気ガスなど公害による侵害

公法の領域で生じた公害に対する防御は重要な問題である。公法の領域で生じた公害に対しても、理論上、差止請求が成立することについては議論の余地がない。問題は、このような公害に対する差止請求権の法的根拠をどこに求め、侵害の違法性の要件、すなわち当事者の受忍義務をどのようにして演繹できるか、という点にある。

（3）わが国の法的状況

わが国では、公法の領域で生じた公害に対する防御は、民事上の差止請求によって、これを実現できるものとしてきた。学説・判例は、差止請求の許容性についても受忍義務の確定についても、これを民法的に構成してきた。[1] しかし大阪国際空港訴訟の最高裁判決は、空港の離着陸のためにする供用について民事の差止請求は認められないと判示し、これが公共施設からの公害防止のための民事上の差止請求に関する指導的判決になっている。[2] その後判例は、公法の領域で生じた公害（侵害）を「公権力の行使」と同置し、それについての民事上の差止請求は認められないものとした。[3] したがって、公共施設からの公害に対する差止請求は、これを公法的に理論構成する必要に迫られているといえよう。[4]

（1）民事上の差止請求を適法としたもの

名古屋地判昭五五・九・一一判時九七六号四〇頁は、「わが国においても既に、名誉、貞操、氏名権、肖像権など

は実定法の規定をまたずして、人格権なる権利であると認められ、その絶対権的性格からして物権的請求権に準ずる妨害排除請求権を有することは異論のないところであり、かつ、生命、身体、健康が法的保護の対象たり得ることは自明のことであり、何ら実定法上の根拠なくしてこれを人格権の最も重要な具体的権利の一つとすることは、さして支障もないところである。」と判示し、人格権が差止請求の法的根拠となることを認めた。

東京高判昭六二・七・一五訟月三四巻一一号二一一五頁（＝横田基地訴訟）は、「人格権としての生活権又は身体権に対して侵害を受けた者は、……現に行われている侵害行為を排除し、又は将来生ずべき侵害を予防するため、侵害行為差止請求権を有するものと解すべきである。」と判示したが、航空機騒音等による米軍の侵害行為を停止させる差止請求は不適法であるとした。

大阪地判平七・七・五判時一五三八号一七頁（＝西淀川大気汚染公害訴訟）は、都市型複合大気汚染下における抽象的差止請求について、「汚染源の主体相互の間に主・従の関係や密接な関係があるなど各主体に連帯差止請求が許容される場合には、……債務者の責任範囲内において達成すべき事実状態を特定してその差止を求めることは可能であり、その限度の特定で審判の対象も明らかとなっており、債務者の防御権の行使にも特段の支障もないから、これを違法とするのは相当でない。」と判示した。

民事上の差止を不適法としたもの

神戸地判昭六一・七・一七判時一二〇三号一頁（＝国道四三号線訴訟）は、道路騒音、排ガスの差止めを求める抽象的不作為請求の適法性について、「本件差止請求は、要するに本件道路を走行する自動車から発生する騒音及び二酸化窒素が一定の基準値を超えて原告らの居住敷地内に侵入しないよう、被告らに対し適当な阻止を行うことを求めるというものである。それは、形式的には騒音及び二酸化窒素の進入禁止という一見単純な不作為を求めるかのようであるが、現実には被告らにおいて後記のとおり様々な措置のいずれかを行った結果としてもたらされる不侵入という事実状態を求めるものであり、実質的には被告らに対し作為としての右の措置を行うことを求めるものにほかならず、結局その内容は、考えられる限りのあらゆる作為を並列的、選択的に求めているものと解さざるをえない。

ところで、一般に原告に対し請求の趣旨の特定を要求する理由は、それが裁判所において既判力の客観的範囲、二重起訴、当事者適格の有無の判断を行うために不可欠であるほか、審理の対象、範囲を明確にして、適切、迅速な訴訟指揮を行うためにも必要不可欠なものであり、また、被告において十分に防御権を行使するためにも重要なものだからである。

したがって、請求の趣旨の特定に関し、仮にこれに対応する判決主文が言渡されても、それは間接強制の方法で強制執行ができるから、その特定に欠けることはない旨の原告らの主張は、その特定が要求される右の理由に照らして採用の限りでない。

そこで、訴訟の終結に至るも、なお請求の趣旨が特定されないときは、裁判所はこれを不適当な訴として判決をもって却下すべきものであり、一定の事実状態を求める訴についても、その状態を作出しうる作為又は不作為が、一義的で解釈の余地がなく、特定のものに限定され、したがって事実状態を特定することがその作為又は不作為の内容を特定するのと同視しうる場合以外は、やはり却下を免れないものというべきである。

本件差止訴訟は、複数の措置（作為）についての請求を包含し、その作為の内容が特定されているとは到底いえないものであるから、その訴は不適法というほかなく、これを却下するのが相当である。」と判示した。

東京地八王子支判平元・三・一五判タ七〇五号二〇五頁（＝横田基地訴訟）は、主位的差止請求について、被告が米軍の横田飛行場使用に直接規制を加えるか、米軍に対し何らかの行動に出ることを求める趣旨であると解し、前者であれば被告には横田飛行場の管理、運営権限がないから被告適格を欠くし、後者であれば原告らの請求は被告に対して行政権の発動を求めるものであるから、本件のごとき通常の民事訴訟によることは許されないとし、いずれにしても不適法であるとの理由で却下した。また、予備的差止請求については、被告に対して原告らの居住地域への騒音の到達の防止を包括的に求めたものと解し、被告の行うべき作為、不作為の具体的内容が特定されていないから不適法であるとして却下した。

(2)　最判昭五六・一二・一六民集三五巻一〇号一三六九頁（＝行政判例百選Ⅱ149「空港公害と被害者救済」＝大阪国際空港訴訟）は、「国営空港の特質を参酌して考えると、本件空港の管理に関する事項のうち、少なくとも航空機の離着陸の規制そのもの等、本件空港の本来の機能の達成実現に直接にかかわる事項自体については、空港管理権に基づく管理と航空行政権に基づく規制とが、空港管理者としての運輸大臣と航空行政権の主宰者としての運輸大臣のそれぞれ別個の判断に基づいて分離独立的に行われ、両者の間に矛盾乖離が生じ、本件空港を国営空港とした本旨を没却し又はこれに支障を与える結果を生じることがないよう、いわば両者が不即不離、不可分一体的に行使実現されるものと解するのが相当である」。

「本件空港の離着陸のためにする供用は運輸大臣の有する空港管理権と航空行政権という二種の権限の、総合的判断に基づいて不可分一体的な行使の結果であるとみるべきであるから、右被上告人らの前記のような請求は、事理の当然として、不可避的に航空行政権の行使の取消変更ないしその発動を求める請求を包含することとなるものといわなければならない。したがって右被上告人らが行政訴訟の方法により何らかの請求をすることができるかどうかはともかくとして、上告人に対し、いわゆる通常の民事上の請求として前記のような私法上の給付請求権を有するとの主張の成立すべきいわれはないというほかない。

以上のとうりであるから、前記被上告人らの本件訴えのうち、いわゆる狭義の民事訴訟の手続により一定の時間帯につき本件空港を航空機の離着陸に使用させることの差止を求める請求にかかる部分は、不適法というべきである。」と判示した。

伊藤正己裁判官の補足意見　「本件空港の管理権の行使が運輸大臣の航空行政権を基盤とする総合的な空港供用行為と密接不可分の関係にあることにかんがみ、被上告人らと上告人との間の本件空港の供用差止めに関する紛争は、本件空港に関する右のような総合的な供用行為の適法性を争う訴訟において、公共の利益の維持と私人の権利擁護との調和を図るという観点からこれを審理判断するのでなければ、根本的な解決をみることはできないというべきである。したがって、このような争訟は、本件空港の設置等につき運輸大臣がした前記のような個々の行政処分の取消訴訟によるほか、あるいは、争訟手続上は本件空港の供用行為そのものを全体として公権力の行使に当たる行為として把握し、それに対する不服を内容とする抗告訴訟によるべきものと解するのが相当であって、これを空港の事業主体である上告人と私人との間の対等当事者間の私法関係として狭義の民事訴訟の方法によって審理判断することは許されないものというべきである。」

（3）東京高判昭六一・四・九判時一一九二号一頁（＝厚木基地訴訟）は、「わが国の自衛権行使のための実力組織の規模、内容、程度及びその運用を如何に決定するかは、政治部門における高度の政治的、専門的裁量による判断を伴うものというべく、それは、国内における政治、経済等の動向や集団安全保障体制のもとにおける国際関係にも深い関連があり、わが国の存立と安全にもかかわる緊要な事項であるとともに、高度の政策的判断を不可欠とするものであって、いわゆる統治行為ないし政治問題に属するものというべきである。そうすると、斯かる緊要な国家の政策決定の具体的効力を直接左右するが如き本件差止請求は、裁判所の民事訴訟事項として適格を有するものとすることはできないから、右請求にかかる訴えは不適法としてこれを却下すべきものと認める。」と判示した。

福岡地判昭六三・一二・一六判時一二九八号三二頁（＝福岡空港訴訟）は、「本件空港の航空機離着陸のためにする供用は、運輸大臣の有する空港管理権と航空行政権という二種の権限の、複合的観点に立った総合的判断にも基づく不可分一体的な行使の結果であるとみるべきであるところ、空港周辺住民に対する航空機騒音による侵害は、空港の敷地所有者に対する不法占拠による侵害等とは異なり、まさに右の航空行政権によって認められた航空機の飛行自体によって発生するものであるから、その侵害の停止を目的とする前記原告らの本件空港の供用の差止請求は、事理の当然として、不可避的に、右航空行政権の行使の取消、変更ないしその発動を求める請求を包含することとなるといわざるを得ない。しかしながら、公権力の行使に当たる行為（公定力を有する行為）の効力を狭義の民事訴訟によって否定することを許さない現行行政事件訴訟法の規定の趣旨からすれば、たとえ本件空港の供用自体は原告らに対する関係で、運輸大臣に対し公権力としての航空行政権の行使の取消、変更ないしその発動を求めることになるような場合には、そのような事項は狭義の民事訴訟の対象から除外されていると解するのが相当であるから、原告らが被告に対し、狭義の民事上の請求として前記の差止めを求める訴えは、不適法というべきである。

以上のように解しても、本件空港における民間航空機の離着陸時間帯の制限を目的として、周辺住民が適法に提起し得る訴訟が皆無となるものではない。すなわち、右住民は、右一定の時間帯に本件空港を利用している民間航空会社を被告として、航空機の離着陸のための空港使用の差止請求訴訟を提起することができるし、行政訴訟としては、運輸大臣を被告として、航空機騒音防止法による航行方法指定の告示の制定を求める義務付け訴訟等が考えられる（もっとも、この義務づけ訴訟については、その適法要件として、少なくとも、(1)運輸大臣に右告示の制定について第一次判断権を行使させる必要がないか、その必要性が極めて少ないこと、(2)右告示の制定がされ、又はされないことによって被る周辺住民の損害が重大であって、事前救済の差し迫った必要があること、(3)他に救済を求める手段がないこと、以上の三要件を具備しなければならないと解されるから、周辺住民の被害が極めて重大であるのに運輸大臣が何らの被害軽減措置をとらないといった特別の場合でない限り、訴えは不適法とされることになろう。）」と判示した。

最判平五・二・二五民集四七巻二号六四三頁（＝厚木基地訴訟）は、「自衛隊機の運航に伴う騒音等の影響は飛行場周辺に広く及ぶことが不可避であるから、自衛隊機の運航に関する防衛庁長官の権限の行使は、その運航に必然的に伴う騒音等について周辺住民の受忍を義務づけるものといわなければならない。そうすると、右権限の行使は、右騒音等により影響を受ける周辺住民との関係において、公権力の行使に当たる行為というべきである。」、「上告人らの本件自衛隊機の差止請求は、被上告人に対し、本件飛行場における一定の時間帯（毎日午後八時から翌日午前八時まで）における航空機と自衛隊機の離着陸等の差止め及びその他の時間帯（毎日午前八時から午後八時まで）における航空機騒音の規制を民事上の請求として求めるものである。しかしながら、右に説示したところに照らせば、このような請求は、必然的に防衛庁長官にゆだねられた前記のような自衛隊機の運航に関する権限の行使の取消変更ないしその発動を求める請求を包含することになるものといわなければならないから、行政訴訟としてどのような要件の下にどのような請求をすることができるかはともかくとして、右差止請求は不適法というべきである。」と判示した。

最判平五・二・二五判時一四五六号五三頁（＝横田基地訴訟）は、「本件飛行場に係る被上告人と米軍との法律関係は条約に基づくものであるから、被上告人は、条約ないしこれに基づく国内法令に特段の定めのない限り、米軍の本件飛行場の管理運営の権限を制約し、その活動を制限し得るものではなく、関係条約及び国内法令に右のような特段の定めはない。そうすると、上告人らが米軍機の離着陸等の差止めを請求するのは、被上告人に対しその支配の及ばない第三者の行為の差止めを請求するものというべきであるから、本件差止請求は、その余の点について判断するまでもなく、主張自体失当として棄却を免れない。」と判示した。

最判平六・一・二〇判時一五〇二号九八頁（＝福岡空港訴訟）は、「本件空港は、空港整備法二条一項二号にいう第二種空港であつて、同法四条一項の規定により運輸大臣が設置し、管理するものであるところ、このような本件空港において民間航空機の離着陸の差止めを請求することは、民事上の請求としては不適法であるとした原審の判断は、正当であり（最高裁昭和五一年（オ）三九五号同五六年一二月一六日大法廷判決・民集三五巻一〇号一三六九頁参照）、右判断に所論の違法はない。」と判示した。

名古屋高金沢支判平六・一二・二六判時一五二一号三頁（＝小牧基地訴訟）は、「自衛隊機の運航に関する防衛庁長官の権限の行使は、その運航に伴う騒音等につい住民の受忍を義務付けるものといわなければならない。そうすると、右権限の行使は、右騒音等により影響を受ける周辺住民との関係において、公権力の行使に当たる行為というべきである。

ところが、一審原告らの本件自衛隊機の差止請求は、必然的に防衛庁長官に右自衛隊機の運航に関する権限の行使の取消変更ないしその発動を求める請求をすることになるといわねばならないから、行政訴訟としていかなる要件の下にいかなる請求ができるかどうかはともかくとして、民事上の請求としては不適法というべきである（最高裁平成五年二月二五日第一小法廷判決・民集四七巻二号六四三頁参照）。」と判示した。

(4)　神戸地判平一二・一・三一（＝尼崎公害訴訟）は、「差し止め対象汚染を形成しないために被告らが行うべき措置は、要するに本件道路排煙の大気中への排出抑制措置を実施することに尽きるのであって、それとはまったく異なる種類の措置の実施（例えば、患者の家に空気清浄器を設置すること等）もこれに含まれると解される余地はなく、また、差し止め対象汚染は数値によって客観的に指定されたレベルの大気汚染であるから、本件不作為命令は、被告らが命令を正しく履行したかどうかの判定が困難となるようなものでもない。したがって、本件不作為命令を求める給付訴訟が不適法であるという根拠は乏しい。」、「本件差止請求は、一日平均値〇・一五ミリグラム／立方メートルを超える浮遊粒子状物質の汚染を形成しないとの不作為命令を求める限度で一部理由があるということにはなるが、それ以下の汚染濃度については確たる数値を示す根拠が十分ではなかったので、差し止め請求を認容することができなかった。」、「道路の公共性のゆえに本件差し止め請求が棄却されるべきであるということにはならない」と判示した。

（4）　受忍義務（受忍限度論）

判例は、受忍義務の確定について、一方において、民法の基準に従い、他方において、「公権力性」を根拠にしている。しかしその後、民法を基準にする判例では、いわゆる総合的判断に基づき「違法性段階論」ないし「二重の受忍限度論」を展開するものと環境基準に拠るものとの二つの判断基準が示され[(1)]、公共性を有する公的施設から生ずる公害について、周辺住民等は特別の受忍義務が課せられることになる。しかし公共の施設から生ずる公害による周辺住民の権利利益の侵害は権力性を有するが、権力性ないし公共性は、直ちに周辺住民に対し受忍義務を課する法的根拠たり得るものではなく[(2)]、法律の留保の原則によれば、受忍義務を認めるためには実定法上の根拠規定が必要となろう[(3)]。

民主的法治国においては、裁判官が、法律の根拠なしに、国民に対し特別の受忍義務を課すことは許されていないというべきである。公害について受忍義務を課せられているときは差止請求権は成立しない。しかし受忍限度を超える侵害の場合には、損害賠償を求める請求権はもちろん、公法上の差止請求権も成立するといえよう。[4][5]

（1）　最判昭五六・一二・一六民集三五巻一〇号一三六九頁（=行政判例百選Ⅱ149「空港公害と被害者救済」=大阪国際空港訴訟）は、「本件空港の供用のような国の行う公共事業が第三者に対する関係において違法な権利侵害ないし法益侵害となるかどうかを判断するにあたっては、上告人の主張するように、侵害行為の態様と侵害の程度、被侵害利益の性質と内容、侵害行為のもつ公共性ないし公益上の必要性の内容と程度等を比較検討するほか、侵害行為の開始とその後の継続の経過及び状況、その間にとられた被害の防止に関する措置の有無及びその内容、効果等の事情を考慮し、これらを総合的に考察してこれを決すべきものである」と判示した。

名古屋高判昭六〇・四・一二判時一一五〇号三〇頁（=東海道新幹線訴訟）は、差止請求の受忍限度は損害賠償のそれよりも厳格なものでなければならないことを前提として、「一方において、本件新幹線騒音振動の態様・程度、原告らの受けている被害の性質・内容、他方において、東海道新幹線のもつ公共性の内容・程度、被告に対する差止によって生ずる影響を比較衡量し、新幹線営業開始後の騒音振動暴露量の変動、被告がこれに対しとり来った発生源対策、障害防止対策及びその将来の予測、行政指針、原告ら居住地の地域性、新幹線騒音振動の他の交通騒音振動との比較等を総合考慮した結果、東海道新幹線の現在の本件七キロ区間に於ける運航状況（従ってこれに基づく騒音振動の暴露）は、差止の関係において原告らが社会生活上受忍すべき限度を超えるものではない（違法な身体権の侵害とならない）と判断する。」と判示した。

東京高判昭六一・四・九判時一一九二号一頁（=厚木基地訴訟）は、「本件飛行場に離着陸する航空機に起因する騒音等に基づく原告らの被害につき、被告に損害賠償責任が成立するためには、被告による本件飛行場の使用、或は供用におけるその設置・管理行為が違法性を帯有し、国賠法二条一項の営造物の設置又は管理に瑕疵があるとされ、或は、民法七〇九条の不法行為に該当すると評されなければならないところ、右違法性の判断に際しては、右原告らの被害が、社会生活を営むうえにおいて受忍すべきものと考えられる限度を超えるものかどうかを基準とすべきである。」と判示した。

東京高判昭六二・七・一五訟月三四巻一一号二一一五頁（＝横田基地訴訟）は、「（判決要旨）米軍基地周辺の航空機騒音による被害受忍限度について、社会生活上やむを得ない最小限度（通常の受忍限度）を超える騒音であっても、公共性、地域特性等の特別の事情が存するときは、これを超える一定限度（特別の受忍限度）までは、受忍限度を超える違法な騒音とならないが、米軍の管理下にある軍事飛行場の公共性の程度は民間飛行場のそれと等しいこと、航空機騒音に係る環境基準、防音工事助成措置の基準、騒音が人体に及ぼす影響についての実験結果等を総合すると、専ら住居の用に供される地域にあってはＷＥＣＰＮＬ値七五以上、それ以外の地域であって通常の生活を保全する必要がある地域にあってはＷＥＣＰＮＬ値八〇以上の騒音による被害は、受忍限度を超えていると認めるのが相当である」と判示した。

金沢地判平三・三・一三判時一三七九号三頁（＝小松基地訴訟）」は、自衛隊機および米軍機の騒音による生活被害について、「夜間についての差止請求との関係では、原告らの被害は未だ社会生活上受忍すべき限度を超えるものとはいえない。」、「昼間における……差止請求との関係でも、原告らの被害は未だ社会生活上受忍限度を超えるものとはいえない。」、損害賠償請求との関係では、「ＷＥＣＰＮＬ八〇以上の地域（昭和五五年の防衛施設庁告示で第一種区域とされた地域）に居住し、又は居住していた原告らについては、航空機騒音による被害が受忍限度を越えたものとして、違法性を帯びるものと認めるのが相当である。」と判示した。

判例では、ＷＥＣＰＮＬ値七〇以上から、七五以上から、あるいは八〇以上について損害賠償を認めるものがあり、統一的な判断は示されていない。

最判平七・七・七民集四九巻七号二五九九頁（＝国道四三号訴訟）は、「道路等の施設の周辺住民からその供用の差止めが求められた場合に差止請求を認容すべき違法性があるかどうかを判断するにつき考慮すべき要素は、周辺住民から損害の賠償が求められた場合に賠償請求を認容すべき違法性があるかどうかを判断するにつき考慮すべき要素とほぼ共通するのであるが、施設の供用の差止めと金銭による賠償という請求内容の相違に対応して、違法性の判断において各要素の重要性をどの程度のものとして考慮するかにはおのずから相違があるから、右両場合の違法性の有無の判断に差異が生じることがあっても不合理とはいえない。」と判示し、自動車騒音等の一定の値を超える侵入の差止請求を認容すべき違法性があるとはいえないとして、上告を棄却した。

（2）　植村栄治「公定力の人的限界」ジュリ七六一号四三頁（昭五七）、阿部泰隆『行政救済の実効性』七四頁（昭六〇・弘文堂）。

金沢地判平三・三・一三判時一三七九号三頁（＝小牧基地訴訟）は、「自衛隊機の離着陸・運航そのものの性質は、……国民に対する公権力の行使を本質的内容としない内部的な職務命令とその実行行為にすぎないものというほかなく、直接一般私人との関係で、その一方的意思決定に基づき、権利義務に影響を及ぼすものではないので、これを右公定力を付与された行為とみることは到底できないものである。そして、公定力を有しない行為は、それが行政目的を達成するのに必要な行為であっても、これによる侵害利益との比較衡量において民事上の差止請求の対象となり得ると解すべきものであり、このことは、自衛隊機の離着陸等をこれを包含する防衛行政の名称で統括し、その行使の一場面と解することによって変ずるものではない。国民生活に第一次的責任を負担する行政機関の専門的判断は、格別に不合理であると認められない限り、司法上の判断においても尊重されるべきものであるが、そのことの故に、およそ本件のような自衛隊機の離着陸等に対する民事上の差止請求がなし得ないと解することはできず、その他本件に顕れた一切の事情を考慮しても、被告の前記主張は採用の限りではない。」と判示した。

（3）　ドイツでは、例えば、行政手続法七五条二項は、「計画確定裁決に不可争力が生じたときは、企画の差止、施設の除去又は変更、若しくはその利用の差止を求める請求権は排除される。計画の不可争力が生じた後に初めて、企画又は確定した計画に対応する施設に、他人の権利に対する予測できない効果が生じたときは、関係人は、不利益な効果を除去する予防手段又は施設の設置若しくは維持を要求することができる。」と規定し、法律が関係人に受忍義務を課している。

しかし明示の公法の規定がない場合、判例は、民法九〇六条を類推適用して、受忍義務を確定しているが、公共施設に対しては、民法九〇六条の基準による受忍義務以上の高い受忍義務を認めている（BGH, NJW 80, 582)。この点について、有力学説は判例理論に反対し、公害による侵害は法律の正当化根拠がない限り、違法であり、受忍すべきものではないという（F. Ossenbühl, Staatshaftungsrecht, 5. Aufl., 1998, S. 314; G. Scholz/B. Tremml, Staatshaftungs- und Entschädigungsrecht, 5. Aufl., S. 215.）。

（4）　いわゆる「違法性段階論」に基づいて、「通常の受忍限度」を損失補償の要否を定める基準とし、「特別の受忍限度」を損害賠償・差止請求の共通の違法性の基準とし、空港騒音について「通常の受忍限度」として環境基準のW（＝WECPNL）値七〇ないし七五、「特別の受忍限度」としてW値七五ないし八〇を提唱する見解もある（西埜章『損失補償の要否と内容』二一九頁以下）。

（5）　なお、差止請求の実現方法としての予防的不作為（差止）訴訟および一般的給付訴訟については、宮田三郎『行政訴訟法』一六〇頁以下、一七五頁、二三六頁以下（平一〇・信山社）を見よ。

第四篇　損失補償責任

第一章　公法上の損失補償

文献　今村成和『国家補償法』(昭三二・有斐閣)、今村成和『損失補償制度の研究』(昭四三・有斐閣)、下山瑛二『国家補償法』(昭四八・筑摩書房)、高原賢治『財産権と損失補償』(昭五三・有斐閣)、秋山義昭『国家補償法』(昭六〇・ぎょうせい)、西村・幾代・園部編『国家補償法大系1〜4』、阿部泰隆『国家補償法』(昭六三・有斐閣)、宇賀克也『国家責任法の分析』(昭六三・有斐閣)、西埜　章『損失補償の要否と内容』(平三・一粒社)、小林忠雄編『公共用地の取得に伴う損失補償基準要綱の解説[改訂版]』(平六・近代図書)、小高　剛編『損失補償の理論と実際』(平九・住宅新報社)

今村成和「損失補償」『行政法講座三巻』、雄川一郎「国家補償総説」、西埜　章「公法上の損失補償の原理と体系」、以上、『現代行政法大系6』、藤田宙靖「財産権の補償とその限界」同『西ドイツの土地法と日本の土地法』(昭六三・創文社)

結城光太郎「『正当な補償』の意味—農地買収価値の正当補償性を疑う」

公法研究十一号（昭二九）、松島諄吉「公法上の損失補償の要件たる特別の犠牲について」大阪大十周年記念『法と政治の諸問題』（昭三七）、高原賢治「『正当な補償』の意味」ジュリスト三〇〇号学説展望（昭三九）、樺山　謙『補償の理論と現実』（昭四四・勁草書房）、渡辺洋三『土地と財産権』（昭五二・岩波書店）

木村　実「生活権補償の性格」『行政法の争点（旧版）』、平井　孝「事業損失・公共補償」、市橋克也「生活権補償の性格」以上、『行政法の争点』

荒　秀「土地利用規制と補償」、華山　謙「公共事業の施行と補償」、三宅豊博「損失補償基準」以上、『現代行政法大系6』

橋本公亘「憲法上の補償と政策上の補償」『行政法の争点』、高田　敏「損失補償と憲法二九条」、安本典夫「財産権制限と補償」以上、杉村編『行政救済法2』（平三・有斐閣）

阿部泰隆「行政財産の使用許可の撤回と損失補償」同『行政法の解釈』（平二・信山社）、東平好史「行政行為の取消撤回と損失補償」『行政法の争点』

塩野　宏「予防接種事故と国家補償」同『行政過程とその統制』（平元・有斐閣）、西埜　章「予防接種事故補償の性質」『行政法の争点』、折登美紀「予防接種禍補償を基礎づける憲法原理」法と政治四二巻四号（平三）、稲葉馨「予防接種禍に対する国の補償責任」ジュリ一六二一号（平五）

（1）損失補償の概念

損失補償とは、行政の適法な作用により特定の者に損失を及ぼした場合において、それが公権力の行使に基づく特別の犠牲（besonderes Opfer）であるときに、これを調節するために補償することをいう(1)。公法上の損失補償には、次のような特色がある。

第一に、損失補償は適法行為に基づく補償である。損失補償の原因となる行為は適法な行政の作用であり、そこに不法の要素は存在しない。この点で、不法行為に基づく損害の賠償と区別される(2)。

第二に、損失補償は公権力の行使に基づく補償である。この点で、私法上の損害賠償や契約上の反対給付と区別される。例えば土地収用の損失の補償は土地の売買代金に類似するが、収用は意図的な強制による財産権の剝奪であって、収用の補償が任意の契約による反対給付でないことは明らかである(3)。

第三に、損失補償は、特別の犠牲に対する全体的な公平負担の見地からの、調節的な補償である。損失補償は、調節機能という点で、現在および将来の一切の損害を包括する損害賠償とは異なる。また、一般的な負担または財産権に内在する社会的制約については、損失補償の問題は生じない。

（1）伝統的学説は、損失補償を財産上の特別犠牲の場合にに限定する。田中博士によれば、損失補償とは「適法な公権力の行使によって加えられた財産上の特別の犠牲（besonderes Opfer）に対し、全体的な公平負担の見地からこれを調節するためにする財産的補償をいう」、「損失補償は、いわば、私有財産に対して加えられる特別偶然の損失を全体の負担において調節するための法技術的形式である」（田中二郎『行政法上』二一一頁）。伝統的な損失補償の典型的場合は、財産権侵害についての損失補償であったが、損失補償概念にとって、損失補償の原因行為が財産権の侵害でなければならないか、生命、身体、健康のような非財産的法益の侵害をも含むかは、本質的な問題ではないといえよう。この点についての判例の考え方は別れている。

東京地判昭五九・五・一八訟月三〇巻一一号二〇一一頁は、「憲法一三条後段、二五条一項の規定の趣旨に照らせば、財産上の特別の犠牲が課せられた場合と生命、身体に対し特別の犠牲が課せられた場合とで、後者の方を不利に扱うことが許されるとする合理的理由は全くない。従って、生命、身体に対して特別の犠牲が課せられた場合においても、右憲法二九条三項を類推適用し、かかる犠牲を強いられた者は、直接憲法二九条三項に基づき被告国に対し正当な補償を請求することができると解するのが相当である。」と判示した。

名古屋地判昭六〇・一〇・三一訟月三二巻八号一六二九頁は、「憲法二九条三項は、その文言によって明らかな通り、同条二項を承けた上で『私有財産』の収用について定めたものである。そして同条二項によれば、財産権の内容は法律によって定められるのであるが、人の生命・身体・健康を財産であると定めた法律は勿論存在しない。のみならず、本件で問題となっている生命・身体・健康に関する被害は収用に基づく財産権に対する侵害とは発生状況及び態様を全く異にするものであ（る）」と判示した。

（2）　行為の適法性は補償の本質的な前提要件でないといい（雄川一郎「行政上の無過失責任」我妻還暦『損害賠償責任の研究下』二三九頁以下・昭四〇・有斐閣）、あるいは、故意・過失に対する責任を損害賠償、公法上の特別の犠牲に対する責任を損失補償とし、侵害の適法・違法を損害賠償・損失補償の区別の基準とすることに反対する見解がある（山田準次郎『国の無過失責任の研究』八頁・昭四三・有斐閣）。

（3）　例えば、収用補償と任意買収の対価を異質のものとみるのは正当でないとして、損失補償のメルクマールとして加害行為の権力性を挙げる必要がない、とする見解があるが（芝池義一『行政救済法講義』一六二頁、平七・有斐閣）、賛成できない。

（2）　損失補償の理論的根拠

損失補償は公法に特有の制度であって、その理論的根拠としては、平等原則と財産権の保障を挙げることができる。

すなわち、損失補償の理論上の根拠の第一は、平等原則である。公益、すなわち全体のために行われる行政の作用が特定の者の負担または犠牲においてなされた場合には、その不平等な負担ないし特別の犠牲は、これを解消し全体の負担に転嫁し平均化することを要し、そのために行われるのが損失補償であり、これを平均的補償ということができる。

損失補償の理論上の根拠の第二は、財産権の補償である。憲法二九条三項は、「私有財産は、正当な補償の下に、これを公共のために用ひることができる」と規定する。近代憲法は、私有財産制を保障するとともに公用収用を認め、両者を調整する原理として「正当な補償」を要するものとした。

損失補償の根拠の第三として、生活権の保障が挙げられる。これは、財産的保障だけでは十分でない場合に、生活権保障の観点から、補償内容を充実すべきであるという主張である。(1)

（1） 高原賢治『財産権と損失補償』一六三頁、今村成和『損失補償制度の研究』四〇頁、秋山義昭『国家補償法』一八五頁、西埜章『損失補償の要否と内容』一七八頁。

（3） 明治憲法の下での損失補償

財産その他の法益を公共の福祉のために特別の犠牲に供せられた者は国家により補償されなければならないという法思想は古くから知られていた。

近代憲法においても、例えば、一七八九年のフランスの人および市民の権利宣言第一七条は「所有権は、一の神聖で不可侵の権利であるから、何人も適法に確認された公の必要性が明白にそれを要求する場合で、かつ事前の正当な補償の条件の下でなければ、これを奪われることがない。」と規定し、アメリカ合衆国憲法も修正第五条で、「正当な補償なしに、私有財産を公共の用のために奪われることはない。」と規定した。

しかし明治憲法には損失補償に関する一般的規定がなかった。明治憲法第二七条は、「日本臣民ハ其ノ所有権ヲ侵サルコトナシ。公益ノ為必要ナル処分ハ法律ノ定ムル所ニ依ル」と規定するだけで、補償について規定するところはなかった。したがって補償は、ただ各個別的な法令において特に定めのある場合にのみ認められ（例えば、土地収用法による損失の補償、地方鐵道法三一条による買収価格、たばこ専賣法一九条一項に依る収納価格、アルコール専売法一五条による賠償金、傳染病豫防法一九条ノ二・二項による手当金など）、このような規定のない場合には、補償をする必要がないものと解された。

（4）　損失補償の法的根拠

日本国憲法二九条三項は、公共のために私有財産を用いるには正当な補償が必要であることを明らかにし、一般的制度として損失補償を認めるにいたった。しかし現実には、憲法上補償を要するにかかわらず、個々の法律に補償規定を欠く場合があり、このような場合に憲法二九条三項の規定がいかなる法的効果を有するかが問題となった。この規定の法的意義について学説は分れている。

①　憲法二九条三項は立法指針を示したプログラム規定であり、損失補償請求権が発生するためには、法律上明示の定めが必要であるとする説(1)

②　憲法二九条三項を効力規定と解し、「正当な補償」が必要であるにもかかわらず、補償規定を欠く法律等は違憲無効であるとする説(2)。したがって、その法律に基づいて財産権を侵害することはできず、この場合、被侵害

者は、裁判所に対し、侵害行為の取消や侵害行為による損害の賠償を請求することができる。

③　損失補償に関する法律の規定の有無にかかわらず、憲法二九条三項から、直接補償請求権が発生する余地があるとする説。[3] この説では、憲法二九条三項は直接に法の適用機関に向けられた「法律的規定」であり、被侵害者は、正当な補償を請求できるから、侵害の根拠法令自体は無効ではないことになる。

最高裁は直接請求権発生説をとっており、[4] 近年は、学説も広くこれを支持している。しかし違憲無効説をもって正当であると考えるべきであろう。違憲無効説によれば、違憲無効の収用法規に基づく収用処分は違法となる。当事者は、直接、憲法二九条三項を根拠に補償を請求することができず、収用処分の取消を求めて訴訟を提起すべきであろう。違憲無効説では、用途地域の規制や都市計画制限のような一般的な制度の実効性がなくなり、乱開発などが許容され、直接請求権説では莫大な補償が必要となることが、難点であるとされる。[5] 用途地域の規制や都市計画制限のような一般的侵害は、補償を必要とせず、当事者はこれを受忍しなければならず、それが収用的性格を有する場合には、収用法律は法治国的な実質的要件と手続的要件を具備しなければならない。当事者に補償を与えることによって、違憲無効の収用法規を合憲化することは許されないといえよう。

（1）　美濃部達吉『新憲法逐條解説』六九頁（昭二二・日本評論社）、田上穣治『再全訂行政法総論』一三一頁（昭三八・有信堂）。
（2）　田中二郎『行政法上』二一四頁、磯崎辰五郎『行政法（総論）』二一六頁（昭三〇・青林書院）。
（3）　今村成和『行政法入門（第6版）』一八〇頁（平七・有斐閣）。
（4）　最判昭四三・一一・二七刑集二二巻一二号一四〇二頁（＝行政判例百選II 172「直接憲法に基づく補償請求」＝名取川事件）は、河川附近地制限令「四条二号の定める制限について同条に損失補償に関する規定がないからといって、同条があらゆる場合について一切の損失補償を全く否定する趣旨とまでは解されず、本件被告人も、その損失を具体的に主張立証して、別途、直接憲法二九条三項を根拠にして、補償請求する余地が全くないわけではないから、単に一般的な場合について、当然に受忍すべきものとされる制限を定めた同令四条二号およびこの制限違反について罰則を定めた同令一〇条項の各規定を直ちに違憲無効の規定と解すべきではない。」と判示した。

京都地判昭四八・一・二六判時七〇五号四七頁は、憲法二九条三項の正当な補償につき、「この補償が、実定法で損失補償の規定がある場合に限られる至当性はなく、そのような実定法上の規定のない場合は、憲法二九条三項を根拠に、損失補償が求められるとしなければならない。そうして、憲法二九条三項を根拠に損失補償を請求する場合の要件は、請求権者が、国又は公共団体の行為によって、一般的に受忍すべきものとされる公共上の制限をこえ、特別の財産上の犠牲を強いられた場合であることが必要であると解するのが相当である（最判昭和四三年一一月二七日刑集二二巻一四〇二頁参照）。」と判示した。

最判昭五〇・三・一三民集一一巻四号三四三頁は、「公共のためにする財産権の制限が社会生活上一般に受忍すべきものとされる限度をこえ、特定の人に対し特別の財産上の犠牲を強いるものである場合には、憲法二九条三項によりこれに対し補償することを要し、もし右財産権の制限を定めた法律、命令その他の法規に損失補償に関する規定を欠くときは、直接憲法の右条項を根拠にして補償請求をすることができないわけではなく、右損失補償に関する規定を欠くからといって、財産権の制限を定めた法規を直ちに違憲無効というべきでないことは、当裁判所の判例の趣旨とするところである（昭和三七年（あ）第二九二二号　同四三年一一月二七日大法廷判決・刑集二二巻一二号一四〇二に頁参照）。」と判示した。

最判昭五〇・四・一一訟月二一巻六号一二九四頁（＝平城京訴訟）は、「公共のためにする財産権の制限が一般的に当然受忍すべきものとされる制限の範囲をこえ、特定の人に対し特別の犠牲を課したものである場合には、これについて損失補償を認めた規定がなくとも、直接憲法二九条三項を根拠として補償請求をすることができないわけではな（い）」と判示した。

（5）　阿部泰隆『国家補償法』二六四頁以下。

第二章　損失補償の成立要件

（1）　憲法上の補償要件

憲法二九条三項は、私有財産を「公共のために用ひる」場合には、正当な補償が必要である旨を規定している。「公共のために用ひる」とは、特別の公共のためにする財産権の制限が一般的に当然受忍すべきものとされる制限の範囲を超え、特定の人に対し特別の犠牲を課したものと認められる場合をいう[1]。これは特別の公共の用の必要が存しなければならないことを意味する。一般的公益または私益は十分でない。また、国有財産を増大するという財政的理由による私有財産権の剝奪は許されない。

① 「公共のため」

「公共のため」については、道路・鉄道・空港の建設等、直接、特定の公共事業の達成に限定する説[2]と、私有財産が他の個人の私的な用に供されても、広く公共の福祉または公共の利益の維持増進のために用いられる場合を指すという説がある。後者が通説・判例である[3]。私有財産が他の個人の私的な用に供される場合は、私有財産の剝奪・制限が、特別の公益の実現を目的とする場合でなければならない。

② 「用ひる」

「用ひる」については、私的財産権の使用のほか、財産権の剝奪および制限も含むと解されている[4]。この場合比例性の原則が働く[5]。特別の公益を実現するための私有財産の強制的な剝奪・制限は、追求する目的に対して適合的で、必要で、比例するものでなければならない。私有財産の剝奪・制限は、それが避けられない場合、すなわち、より緩和された法的または経済的に代替できる解決が採れない場合に、必要な措置であるといえる。また、私有財産の剝奪が追求する目的に対し適正な関係にある場合、狭義の比例性がある。この場合、私有財産権侵害の重大性とそれを正当化する公益理由の重要性・緊急性との比較衡量が重要である。

（1）　最判昭四三・一一・二七刑集二二巻一二号一四〇二頁（＝行政判例百選Ⅱ172「直接憲法に基づく補償請求」＝名取川事件）、最判昭五〇・三・一三民集一一巻四号三四三頁、最判昭五〇・四・一一訟月二一巻六号一二九四頁（＝平城京訴訟）など。

（2）　最判昭二八・一二・二三民集七巻一三号一五二三頁の井上・岩松裁判官の少数意見は、自作農創設特別措置法に基づく農地買収について、「本来からいえば、憲法二九条三項は例えば鉄道の敷設等公共事業の為めに、これに必要な局部的に限定された個々の土地を買収する様な場合に関する規定であり、汎く全国の地主から農地を取り上げてこれを小作人に交付することを目的とする本法買収の如き革命的な場合を考えて居るものとは思えない」と述べた。

（3）　今村成和『損失補償制度の研究』二九頁、藤田宙靖「財産権の制限と補償の要否」『憲法の争点（新版）』一二〇頁（昭六〇）。

最判昭二七・一・九刑集六巻一号四頁は、食糧管理法三条に基づく主要食糧の政府買上げは、「政府が国民の食糧の確保及び国民経済の安定を図るため食糧を管理しその需要及び価格の調整並びに配給の統制を行うことを目的としてなされるものである」から、私有財産を「公共のため」に用いることに外ならない、と判示した。

最判昭二八・一二・二三民集七巻一三号一五二三頁の栗山裁判官の補足意見は、自作農創設特別措置法に基づく農地買収について、「同項（＝憲法二九条三項）にいう公共の用というのは公共の利益を含む意味であって何も必しも物理的に公共の使用のためでなければならないと解すべきではない。又収用した結果具体的の場合に特定の個人が受益者となっても政府による収用の全体の目的が公共の用のためであればよいのである。」と述べた。

最判昭二九・一・二二民集八巻一号二二五頁（＝憲法判例百選Ⅰ100「私有財産を『公共のために用ひる』の意義」）は、「自創法による農地改革は、……耕作者の地位を安定し、その労働の成果を公正に享受させるため自作農を急速かつ広範に創設し、又、土地の農業上の利用を増進し、以て農業生産力の発展と農村における民主的傾向の促進を図るという公共の福祉の為の必要に基づいたものであるから、自創法により買収された農地、宅地、建物等が買収申請人である特定の者に売渡されるとしても、それは農地改革を目的とする公共の福祉の為の必要に基づいて制定された自創法の運用による当然の結果に外ならないのであるから、この事象のみを捉えて本件買収の公共性を否定する論旨は自創法の目的を正解しないに出た独自の見解であって採用できない」と判示した。

（4）　今村成和『損失補償制度の研究』二九～三〇頁。

（5）　比例原則については、宮田三郎『行政法総論』一一七頁以下（平九・信山社）を見よ。

（2）　損失補償の要否の基準

損失補償は「特別の犠牲」に対する調節的な補償であり、「特別の犠牲」は補償要否の一般的基準あるいは根拠である。憲法は財産権の内容制限を補償なしで認めているが、財産権の制限が、比例性の限界を超え、平等原則に違反すれば、当然補償が必要である。したがって、補償を要する財産権の剝奪・制限と補償を要しない財産権の制限の区別が問題となる。この点については、いろいろの考え方が展開されている。

Ⅰ　ドイツの判例理論

(1)　個別行為説（Einzelaktstheorie）

個別行為説は、G・アンシュッツが主張し、ライヒスゲリヒトが採用したもので、形式的基準である。この考え方によれば、特定の人または特定の範囲の人の権利が個別的行為によって侵害され、個別的な所有権者だけが公共のために特別の犠牲を課せられている場合には、補償が必要である。したがって、同様の状況にあるすべての人が同様の方法で侵害されたときは、原則として補償は必要がない。[1] 個別行為説は、古典的な財産権補償を重要視した私益と公益との調和点を示すもので、問題の本質を含んでいるが、侵害の重要性を理由にすべての人に補償が必要である場合には、機能しない。

(2)　特別犠牲説（Sonderopfertheorie）

特別犠牲説はワイマール憲法の連邦通常裁判所が展開した形式的基準である。この考え方によれば、「収用は、剝奪の形態であれ負担の形態であれ、特定の人または特定の範囲の人が、他人と比較して、不平等な特別の侵害を受け、公共のために受忍できない特別の犠牲を課せられる財産権の侵害」[2] であり、収用は平等原則違反から生じ、このような場合に補償が必要である。平等原則違反の特別犠牲という基準は、多数の所有者が高権的措置によって侵害を受ける場合には、機能しない。そこで連邦通常裁判所は実質的基準を採用するにいたった。

(3)　重 大 説（Schweretheorie）

連邦行政裁判所は、連邦通常裁判所と異なり、当初から、侵害の深さ（Eingriffstiefe）という実質的基準を採用した。連邦行政裁判所によれば、収用は、「侵害の重大性と影響範囲（Schwere und Tragweite des Eingriffs）」およびそこから生じる受忍可能性（Zumutbarkeit）という基準によって、所有権の内容制限から区別される。[3] 重大説は、具体的場合における個人の利益と公共の利益の実質的な比較衡量を指示するものであり、したがって価値評価的であるということができる。しかし重大説も、個人が補償なしに受忍すべきものについての明確な一般的基準たりえず、結局、受忍可能性という法外的基準を認めざるを得なかった。

(4)　状況拘束性の理論（Situationsgebundenheitstheorie）

これは、収用と財産権の内容制限の区別を「事柄の性質」によって判断しようとする考え方である。連邦通常裁判所は、例えば、自然保護地域の土地や文化財である建築物などのように、財産権の対象が存在する特別の状況から一定の実体的な拘束が生じ、それが重大で受忍できない負担でない限り、補償を要しない社会的拘束であるという。状況拘束性の理論は、財産権の一般的義務性を書き換えたものである。それは、とくに土地の場合に、土地の状況拘束により所有者に対し他人と比較して不平等な侵害を認めることを意味する。[4]連邦行政裁判所も土地の「状況拘束性」を肯定した。

(5)　ま と め

特別犠牲説と重大説は対立するものではない。連邦通常裁判所は、特別―犠牲説の重点を形式的な「特別」という側面から実質的な「犠牲」という側面に移行させ、侵害の重大性および受忍可能性という実質的基準を導入して、特別犠牲説を修正した。また連邦行政裁判所も、受忍可能性説(Zumutbarkeitstheorie)を適用するにあたって、特別犠牲説を具体化する基準としての負担の不平等は、侵害の重大性の重要な徴表(Indiz)であることを明らかにした。要するに、判例理論は、侵害の重大性、受忍可能性および侵害される土地の状況拘束性を基準にしているということができる。

しかし連邦憲法裁判所は、一九八一年七月一五日の湿式砂利採掘事件決定（Naßauskiesungsbeschluß）において、収用概念を古典的な形式的収用概念に転回させ、憲法上の収用概念については、一般的基準としての特別犠牲説と重大説を否認した。したがって、連邦通常裁判所は、憲法上の収用概念以外の、犠牲観念に根拠を有する慣習法上の収用に相当する侵害について、湿式砂利採掘事件決定前に展開した基準を適用しているといえよう。

II　ドイツの学説

主な学説として、次のものを挙げることができる。

(1)　保護価値説（Schutzwürdigkeitstheorie）

これはW・イェリネクによって主張された説であり、個別行為説と共に収用の限界に関する論議の出発点であった。保護価値説は、解決の鍵を保護に値するものと保護に値しないものとの区別に求め、侵害の重大性を決定的であると見る。この場合、区別の根拠は一般的見解および法律の趣旨に求められる。(5)

(2)　受忍可能性説（Zumutbarkeitstheorie）

R・シュテッターが主張した説で、この説は、公権力による侵害の重大性、影響範囲、本質性および強度を決定的なものとみて、侵害の受忍可能性を基準とする。(6)連邦行政裁判所がこれを採用した。

(3)　実質減損説（Substanzminderungstheorie）

W・シェルハーが主張する説で、財産権の実質的実体がその本質的に必要な経済的機能を破壊されるか決定的に損なわれる場合に、収用であると見る。(7)

(4)　私的効用説（Privatnützigkeitstheorie）

私的効用説はR・ラインハルトが主張するもので、それは、憲法秩序、経済秩序および社会秩序はその原動力として私的イニシアティブと私的利益が基礎にあるという考え方に基づいている。それによると、収用は、財産権の私的効用という基礎を公共性という視点から破壊し剝奪するような財産権の規制および制限であるが、財産権の機能的な私的効用を確保するための強制的規制は社会的拘束として受忍すべきものである。(8)

(5)　目的転用説（Zweckentfremdungstheorie）

Ｅ・フォルストホフが主張する目的転用説によれば、財産権がそれまでの関連から引き離され、全部または一部、その目的以外のことに転用されて、新しい別の任務を与えられる場合に、収用となる。(9)

（１）一九三〇年五月二七日のライヒスゲリヒトの判決(RGR, 129, 146)は、「収用は、法律に基づく行政行為によってのみならず、直接法律によっても行うことができる。しかし本件では、特定の人または特定の範囲の人の権利の侵害が問題となる収用にとって一般的に妥当する要件が存在していない（一九二九年一二月三日のライヒスゲリヒトの決定、RGZ, Bd. 128, S. 165、……並びにアンシュッツ、憲法一〇版。一五三条、注九、……参照）。」と判示した。

（２）一九五二年六月一〇日の連邦通常裁判所の決定（BGHZ 6, 270, 279）は、「収用においては、一般的かつ同様の効果を有し当該権利の本質と両立し得る内容的規定および所有権の限界が問題なのではなく、剝奪の形態であれ負担の形態であれ、所有権への法律上許容される強制的な国家侵害が問題である。それは当該個人またはグループを他の人と比較して不平等、特別に侵害し、かつそれが特別の、受忍できない一般性のための犠牲、すなわち当該権利種属の内容と限界を一般的かつ統一的に確定するのではなく、権利主体の範囲から個人またはグループを平等原則に反して特別に侵害する犠牲を強制するものである。平等原則違反は収用の特徴を示す。すべて平等になされる所有権の一般的な内容制限は補償を必要としないが、まさに、平等原則違反を埋め合わせるために、収用は、この埋め合わせを保障する被収用者の補償を要請する。これは個別的侵害としての収用に関するライヒスゲリヒトの判例の正しいかつ絶対に維持すべき基本観念である。この法的観念は——提起された多くの攻撃と違って——収用を形式的基準に従って規定しない。それは反対に、収用について唯一適切な、全く内容的に規定する基準を提供する、すなわち、その性格を強制的、不平等な一般性のための犠牲であるとする。」と判示した。

一九六六年一月三一日の通常連邦裁判所の判決（BGHZ 45, 152）は、「収用とは、当該者を他の人と比較して不平等に扱い、一般性のために受忍できない特別の犠牲を強制する所有権またはその他の財産的権利への適法な高権的侵害である。」と判示した。

一九七一年一二月二〇日の連邦通常裁判所の判決（BGHZ 57, 359）は、沿道住民が地下鉄工事によって生じた営業上の損失の補償を求めた事件において、公用収用が存在するかどうかは、沿道住民に対する侵害の結果が、その期間、種類、強度、影響によって無補償の甘受をもはや受忍せしめえないほど重大なものであるかどうかによるのであって、この原則を本件に適用すれば、地下鉄工事は公用収用的性格を有する侵害行為として評価され、補償が認められる、と判示した。

一九七三年一月二五日の連邦通常裁判所の判決（BGHZ 60, 130）は、「補償を必要としないで許される所有権の制限は、所有権の内容と限界が当該権利の種類の一定の規制にとって一般的に固有のものであるべきであり、かつ当該権利の本質により固有でありうること、一般的な一定の義務、例えば受忍義務を課し、かつ権利主体者を無差別統一的にその権利の行使に際して社会的に拘束すること、を前提としている（BGHZ 6, 270, 285）。」と判示した。

（3）　一九五七年六月二七日の連邦行政裁判所第一部の判決（BVerwGE 5, 143）は、「本件の建築敷地適格性（Bauland-qualität）の剝奪が、原告に対し、平等原則違反による特別の犠牲を課することになるかどうかは、自然保護の思想がすべての自然環境に関連し、しかもその点であらゆる土地が同様の方法でそれに服し、この基本思想の個々の土地に対する異なる効果が、その特別な地域の状態から、正当化されるということを考慮すると、疑いがあるということができる。ただ本件では説明を必要としない。何となれば、当裁判所は、補償を要する収用のメルクマールを、補償を要しない所有権の内容規定に対する限界において、特別の犠牲というメルクマールに見るのではなく、侵害の重大性と影響範囲という実質的要素に見るからである。土地収用を個人または個人のグループに課せられ、かつ、当該権利の内容と限界を一般的かつ統一的に確定しない特別の犠牲として特徴づけようとする試みは、当裁判所の見解によれば、問題の正当な解決を可能にするものではない。何となれば、全く公共を対象とせず、または、個人に関するあらゆる規制においては——現代の法律の大多数はそうである——いかなる場合に不平等になされる特別の侵害が存在し、いかなる場合に集合的所有権の一般的制約が存在するかを定めることのできる基準がないからである。そして法制史から受け継がれてきた所有権の規定を概観すれば、平等または不平等という形式的基準ではなく、侵害の実質的性質と重大性が所有権の内容規定としての性格または収用としての性格について、決定的であったことがわかるのである。」と判示した。

一九六二年六月二二日の連邦行政裁判所の判決(BVerwGE 15, 1)は、堤防組合が行った堤防の拡幅工事等によって土地の利用を害されたことを理由に、堤防組合の一員であるその土地の所有者が水利組合法に基づいて補償を求めた事件において、侵害行為の重大性の判断に当たっては、土地の「位置関係」(Ortsbezogenheit)も一定の役割を果たすとして、堤防地の自然的位置から当該土地の農業的利用を思い止まり、あるいは堤防の構築を受忍するという「義務性」が生ずるのであり、したがって、本件においては公用収用とみなされるべき「侵害の重大性と影響範囲」について語ることができない、と判示した。

一九六四年七月八日の連邦行政裁判所第五部の判決（BVerwGE 19, 94）は、「一九五七年七月二七日の青少年保護法七条は基本法第一二条にも違反しない。第一二条第一項第二文によれば、職業の従事は法律によりこれを規制することができる。職業従事の規制は公益の合理的な考慮がそれを合目的的であるとする場合には合憲である。本件はその場合に当たる。青少年保護法七条一項の禁止は、青少年を遊技場という経験上悪しき環境から遠ざけ、したがって風俗の危険を遮断するという考え方を基礎としている。この禁止は何ら過剰な、期待できない負担を含むものではない。子供と青少年にその精神的および情緒的な発育についての危険を寄せつけないために、遊技場経営者に所得の損失を要求することができるのである。

上級連邦検察官が正当に論述するように、青少年保護法七条一項の禁止は収用ではない。営業設備の原告の権利が、その権利の行使において、全く本質的な程度に至る程重大な方法で侵害されているのではない。遊技場経営者には一定の財産損失となる制限が課せられたが、単なる財産損失は、当該経営がこれから先も維持できる場合には、収用ではない。遊技場の場合、一八歳以上の青年の客にオープンされている場合はそうである。要するに、青少年保護法七条一項は、公益が比例性の原則を考慮してそれを正当化している場合には、基本法一四条に合致する所有権制限であるにすぎない。」と判示した。

一九七四年八月三日の連邦行政裁判所の判決（BVerwG DöV 1974, 390）は、先祖代々の墓所権の使用期間が墓地法の改正によって事後五〇年から四〇年に短縮され、墓地使用権の延長は使用料の支払い次第であるとされた場合、それは、補償を要する収用ではなく、所有権の内容および限界の定めに当たり、基本法一四条に違反するものではない、と判示した。

(4)　状況拘束性理論

一九五六年一二月二〇日の連邦通常裁判所の判決（BGHZ 23, 30）は、工業地域における緑地を確保するために緑地帯に編入された土地の所有者が建築が許されなくなったことを理由に補償を求めた事件において、当該土地は都市の近郊にあつて、人口が密集し高度に工業化された地域の中にあるから、住民の生活環境を保全するために、「状況拘束性」からその性質上、所有権から流出する多くの利用権能の一つを行使しないという「義務性」を課せられており、本件におけるような拘束は社会的拘束の具体化にすぎない、と判示した。

一九六七年七月一三日の連邦通常裁判所の判決（BGHZ 48, 193）は、「一般的な建築法上の制限、とくに建築法に含まれている実体－法的建築禁止は、通常、土地所有権者に対し何ら補償を要する特別の犠牲を課するものではなく、いわばただ所有者の社会的拘束性を具体化するものである。しかしこれは、新しい建築規定が事柄の性質から生じる土地の建築の可能性、要するに土地の性状および状態により合理的かつ経済的考察方法の際に考えられる建築の可能性が拒否され、または重大な方法で制限される場合および本件では建築の形式で一定の利用の種類が新規制の前に既に実現した場合には、異なる。……このような事情のもとでは、原則として、このような建築禁止を受けた所有者の特別な犠牲を肯定すべき収用的侵害である。」と判示した。

一九七八年六月八日の連邦通常裁判所の判決（BGHZ 72, 211, 216f.）は、「土地の利用または利用のために保障されている権限は、とくに、利用または使用のあらゆる種類が土地の時々の〝状態〟、その〝情況〟およびそこから一般的利益において生じる〝状況拘束性〟に適合しなければならないという点で、社会的拘束に服する。この与えられた〝状況〟は、自然保護地域であり（連邦自然保護法四条）または自然景観保護に指定される（連邦自然保護法五条）ための要件を有している土地においては、とくに、自然保護の理由から命ぜられた利用または使用制限は何ら収用ではなく、単なる社会的拘束の表現にすぎないという通常の結果を意味する。所有権者に対し、自然保護法上の規制が行使される利用または合理的に考えられる利用可能性を排除する場合に初めて、補償を要する特別の犠牲が要求されているのである。」と判示した。

一九八三年三月三日の連邦通常裁判所の判決（BGHZ 87, 66, 71f.）は、「当裁判所は土地所有権の社会的拘束（基本法一四条二項）の表現と解すべき状況拘束性についての収用法の判例において、次のような原則を展開した。すなわち、あらゆる土地はその状態および、性状、並びに景観および自然に囲まれ、要するにその〝状況〟によって形成されている。それを所有者は、その権限を行使する際に、所有権の社会的拘束について考慮しなければならない。したがって、あらゆる土地にいわばその状況拘束性から演繹される内在的な所有者の権利の制限があり、そこからとくに自然保護および文化財保護の要件に関して利用権および処分権の限界が生じるのである。この限界が具体的場合にどのように引かれるかは、その都度一般利益の利害と当該所有者の利益との衝突の評価的判断に基づいて確定されなければならない。」と判示した。

一九八四年一月二六日の連邦通常裁判所の判決（BGHZ 90, 17, 25）は、「所有権の社会的拘束（基本法一四条二項）と収用（基本法一四条三項）との限界について、当裁判所は、次のような原則を展開した。すなわち、あらゆる土地は、その状態および性状、並びに景観および自然に囲まれ、要するにその〝状況〟によって、形成されている。」と判示した。

（5） W. Jellinek, Verwaltungsrecht, 3. Aufl., 1931, S. 413.

（6） R. Stödter, Öffentlich-rechtliche Entschädigung, 1933, S. 208; ders., Über den Enteignungsbegriff, DöV, 1953, S. 97ff., 136ff.

（7） W. Schelcher, Gesetzliche Eigentumsbeschränkung und Enteignung, AöR 57 (1930), S. 350.

（8）　R. Reinhardt, Verfassungsschutz des Eigentums, 1954, S. 1ff.
　私的効用説に対する批判として、W. Leisner, Sozialbindung des Eigentums, 1972, S, 171ff. Vgl., W. Leisner, Eigentum, in: Isensee/Kirchhof, HStR VI, 1989, §149 Rn. 133ff.
（9）　E. Forsthoff, Lehrbuch des Verwaltungsrecht, 10. Aufl., 1973, S. 344.

III　わが国の学説

(1)　総合（形式的基準プラス実質的基準）説

特別の犠牲といいうるや否やの限界は、侵害行為の対象が一般的であるかどうか、いいかえれば、広く一般人を対象としているか、それとも特定人又は特定の範疇に属する人を対象としているか——被侵害者が全体に対してどういう割合を占めているか——どうか（形式的基準）および侵害行為が財産権の本質的内容（Wesensgehalt）を侵すほどに強度なものであるかどうか、いいかえれば、社会通念に照らし、その侵害が財産権に内在する社会的制約として受忍されなければならない程度のものかどうか（実質的基準）の両要素について客観的・合理的に判断して決するほかない。(1)

なお、より具体的には、公共の安全・秩序の保持とか社会的共同生活の安全の確保というような消極的目的のために最小限度において必要な比較的一般的な財産権の制限（財産権の本質を奪うようなものは、消極的な目的のためにも補償なしには許されない）は、ここにいう特別の犠牲とは認められず、原則として、損失補償を要しない、それに対し、産業・交通その他公益事業の発展とか、国土の総合利用・都市の開発発展というような積極的な目的のために必要な特定の財産権の収用その他の制限（そのための軽微な財産権の制限については必ずしも補償を要しない場合があろう）は、ここにいう特別の犠牲として、損失補償を要する、という大まかな実質的基準を立てることができる。[2]

(2)　実質的基準説

（イ）　財産権の剝奪又は当該財産権の本来の効用の発揮を妨げることとなるような侵害については、権利者の側にこれを受忍すべき理由がある場合でないかぎり、当然に補償を要するものと解すべきである。

（ロ）　右の程度に至らない財産権行使の規制については、(a)当該財産権が社会的共同生活上の調和を保って行くために必要とされる制限である場合には、財産権に内在する社会的拘束の現れとして、補償を要しないものと解すべく、(b)他の特定の公益目的のために、その財産の本来の社会的効果用とは無関係に、偶然に課せられる制限であるときには、補償を要するもの、ということになる。[3]

(3)　実質的基準の具体化説

特別の犠牲、権利の社会的拘束性、内在的制約といった基準は、それぞれの概念の抽象的内容は明確であっても、それ以上の具体的内容が示されていない。実質的基準の具体化は、利用規制の態様、原因、損失の程度、社会通念といった視点に基づいて、総合的に判断すべきである。[4]

(4)　ま と め

わが国の学説は、総じて言えば、形式的基準と実質的基準の二つの基準に基づいて、財産権侵害の目的・強度、財産権の性格、効用、損失の程度、社会通念等を総合的に考慮して、個別的に判断するという総合的な、あるいは、曖昧で漠然たる立場をとっているということができる。

Ⅳ　わが国の判例理論

(1)　内在的制約論

適法な作用に基づく損失には、当然に受忍すべきものと受忍できないものがある。当然に受忍すべき損失は、それが財産権に内在する制約の実現であるか[5]、一般的な最小限の制限である場合は[6]、補償を要しない。

(2)　特別の負担ないし特別の犠牲

適法な作用に基づく損失が、一般的なものではなく、特別の負担ないし特別の犠牲に当たるときは、これを受忍できないものとして、補償が必要である[7]。

(3)　消極的目的・積極的目的のための財産権の制限

①　財産権の規制が災害防止の目的のものである場合、それは当該財産権を有する者が受忍しなければならない責務であって、損失補償は必要がない[8]。ただし、規制が財産権の剝奪であれば補償が問題となる。

②　警察規制が公共の安全・秩序の維持に必要な限度において行われるかぎり、その警察規制に基づく損失については、補償は必要がない。ただこの限界を超えて規制が行われる場合には、補償が必要である[9]。

③　警察責任者（警察違反の状態について責任を有する者）については、たといその損失が特別の損失であっても、補償を要しない[10]。

④　都市計画目的のための建築基準法の制限および都市計画上の建築制限は、不当に長期にわたらない限り、補償は不要と考えられている。しかし都市計画事業制限による土地の価格上の損失は補償を要する[11]。

⑤　損失補償は精神的損失に対する補償を含まない[12]。

V 総　括

補償の要否の判断は、実質的基準を基礎とする限り、補償の要否を一定の転換点と侵害閾をもって規定することは困難である。実質的基準に基づく判断の主要な問題は、侵害行為の比例性である。考え方としては、次の視点が重要であるといえよう。

①　重大性　公権力による侵害が重大でなければならない。侵害が特に経済的な点で著しいかどうかが重要である。軽微な侵害は犠牲にあたらない。

②　受忍可能性　財産権に内在する制約の実現であるために当然受忍すべき損失、受忍できないが一般的損失であるために補償を要しないもの、受忍できない特別の損失であるために補償を要するもの、このような受忍可能性の判断の基礎となるのは、侵害の期間、種類、強度および影響範囲などである。

③　状況拘束性　土地利用に対する侵害が財産権に内在する社会的制約の範囲内にあるかどうかの問題については、状況拘束という視点が重要である。状況拘束性とは、当該土地が存在する位置・状態および自然環境等から、一定の土地利用を止めさせ、それによる損失を受忍すべき社会的義務性が生じることを意味する。

(1)　田中二郎『行政法上』二一四頁以下。
(2)　田中二郎『行政法上』二一五頁以下。しかし、警察制限（消極制限）と公用制限（積極的規制）という区別は、一義的に明確になしうるものではないし、また補償の要否と当然には一致するものでもない（阿部泰隆『国家補償法』二七二頁）。
(3)　今村成和『行政法入門（第6版）』一七九頁（平七・有斐閣）。
(4)　塩野　宏『行政法II』二八三頁。同様の考え方に基づいて、①制限の目的、②制限の強度、③土地の状況、④従前の利用方法、⑤制限の期間、⑥被規制者の受ける利益などの視点が重要であるという見解があり（西埜　章『損失補償の要否と内容』八三頁以下)、また、損失補償の要否の基準については、侵害行為の強度と侵害行為の目的が中心になるという見解も示されている(宇賀克也『国家補償法』四〇一頁)。

(5) 東京地判昭六一・三・一七行集三七巻三号二九四頁は、「公共の福祉のために財産権の行使に対して規制が加えられ、これによってその財産権についてある種の制限が生じたとしても、その制限が、当該財産権の本来の性質ないし目的に応じてその財産権が公共の福祉に適合するようにその内容を定めることによって生じたものである場合には、右制限は、当該財産権に内在する社会的制約の具体化にほかならないから、これによって生じた損失についてはこれを補償することを要しないものというべきである。……自然公園内にあってすぐれた風致及び景観を有する土地の所有者に対して、その土地所有権の行使につき右のような公共の福祉を実現するために必要かつ合理的な範囲内の制限を加えることは、その土地が自然公園内にあり、すぐれた風致及び景観をもつものとして存在し、利用されてきたという当該財産権本来の性質に応じてその財産権の内容を定めるものというべきである。そうすると、……このような制限によって生ずる損失は、これを補償することを要しないものといわなければならない。」と判示した。

東京地判平二・九・一八判時一三七二号七五頁は、自然公園「法三五条一項は、要許可行為について許可を得ることができないために損失を受けた者に対して通常生ずべき損失を補償する旨を規定しているが、この規定は、右のような法に定める利用行為の制限が、その態様いかんによっては、財産権の内在的制約を超え、特定の者に対して特別な犠牲を強いることとなる場合があることから、憲法二九条三項の趣旨に基づく損失補償を法律上具体化したものであると解すべきである。

したがって、……本件不許可処分による制限が特別の犠牲に当たるか否かは、本件土地を含む周辺一帯の地域の風致・景観がどの程度保護すべきものであるか、又、本件建物が建築された場合に風致・景観にどのような影響を与えるか、さらに、本件不許可処分により本件土地を従前の用途に従って利用し、あるいは従前の状況から客観的に予想され得る用途に従って利用することが不可能ないし著しく困難となるか否か等の事情を総合勘案して判断すべきである。」と判示した。

（6）　最判昭五七・二・五民集三六巻二号一二七頁は、鉱業法六四条の制限は、「鉄道、河川、公園、学校、病院、図書館等の公共施設及び建物の管理運営上支障ある事態の発生を未然に防止するため、これらの近傍において鉱物を掘採する場合には管理庁又は管理人の承諾を得ることが必要であることを定めたものにすぎず、この種の制限は、公共の福祉のためにする一般的な最小限の制限であり、何人もこれをやむを得ないものとして受忍しなければならないものであって、特定の人に対し特別の財産上の犠牲を強いるものとはいえないから、同条の規定によって損失を被ったとしても、憲法二九条三項を根拠にして補償請求することはできないものと解するのが相当である。」と判示した。

（7）　大阪高判昭四九・九・一一訟月二〇巻一二号八七頁（＝平城京訴訟）は、「土地所有者に対する不作為義務を課する規範の設定は、まずもって文化財を構成する財産権自体に内在する社会的制約の反映というべきであるから、この程度の使用制限があっても、必ずしも常に損失補償を要すると解すべきではない。もっともこれにより土地の有効利用を本質とする土地所有権の内容が形骸化するおそれがある程度にまで、社会的制約を超える特別の負担を課するときは、所論のとおり損失補償の要否が検討されなければならない。けれども、元来土地は、国土を形成する物体として、これを対象とする権利は公共の福祉に適合するように法律をもっていかようにでもその内容を定められるべきものであり文化財保護法が前叙の目的をもって文化財の現状変更行為を禁止したからといって、そのゆえに、直ちに違憲の法律ということはできない。」と判示した。

津地判昭五二・三・一一訟月二三巻三号五一六頁は、「本件土地は、歴史上、文化上由緒ある名勝の地である点に価値を有すると同時に、前記優白質花こう岩等を埋蔵している点に財産的価値を有しており、前記風致保安林、史跡名勝の指定により前者の価値を保護するために、本件土地につき現状変更が禁止されるときは、本件土地から花こう岩を採取することが殆ど不可能となり、右のごとき利用制限は、土地の有効利用を本質とする本件土地所有権に対する重大な制約となるものと解され、Ａが石材業者ないしはこれを業とする会社の経営者であって、かつて花こう岩の採取をしたことがあることを考え合わせると、右制約は、歴史上、文化上由緒ある名勝の地を保護、保存するという社会、公共の利益のために、本件土地所有権に一般に受忍を要求される以上の特別の負担を課しているものというべきであり、これによってAに損失を及ぼしているときには、森林法三五条の規定に照らし、または憲法二九条の規定により正当な補償を受け得るものと解するのが相当である。」と判示した。

東京地判昭五七・五・三一行集三三巻五号一一三八頁は、「憲法二九条三項により補償を請求できるのは、公共のためにする財産権の制限が社会生活上一般に受忍すべきものとされる限度を超え、特定の人に対し特別の財産上の犠牲を強いるものである場合に限られると解される。ところで、……（自然公園法上の）右のような利用行為の制限は、自然の風景地を保護し、その利用の増進を図るという公園法の行政目的のために課せられたものであり、その制限の態様いかんによっては当該財産権の本質的内容を侵害することもありうることであり、また、当該財産権の効用とは無関係に偶然に課せられる制限であることを否定することは困難である。そうすると、同法に定める利用行為の制限を全て所有権の内在的制約とし、土地所有者は当然にこれを受忍すべき義務があるとみることは相当でない。同法三五条一項が要許可行為について許可を得ることができない場合について通常生ずべき損失を補償すべき旨規定したのは、右のような趣旨によるものと解される。したがって、同項が土地の収用、権利のはく奪その他実質的にこれと同視しうる場合にのみ補償を要する規定であると解することは相当でないし、また、従前の利用方法に変更がない場合には補償を要しないということもできない。」と判示した。

（8）　最判昭三八・六・二六刑集一七巻五号五二一頁（＝行政判例百選II 171「公用制限と損失補償」＝奈良ため池条例事件）は、「本条例は、災害を防止し公共の福祉を保持するためのものであり、その四条二号は、ため池の堤とうを使用する財産上の権利の行使を著しく制限するものではあるが、結局それは、災害を防止し公共の福祉を保持する上に社会生活上已むを得ないものであり、そのような制約は、ため池の提とうを使用し得る財産権を有する者が当然に受忍しなければならない責務というべきものであって、憲法二九条三項の損失補償はこれを必要としないと解するのが相当である」と判示した。

本判決は、災害防止を目的にため池の耕地としての利用規制がなされた事例であるとして、補償は必要ないものとしたが、学説では、耕地としての利用が全面的に禁止された侵害強度の高い事例であるとして、補償を要するという批判が多い。

（9）　最判昭四七・五・三〇民集二六巻四号八五一頁（＝行政判例百選Ⅱ166「破壊消防に伴う損失補償の要件」）は、「火災の際の消防活動により損害を受けた者がその損失の補償を請求しうるためには、当該処分等が、火災が発生しようとし、もしくは発生し、または延焼のおそれがある消防対象物およびこれらのもののある土地以外の消防対象物および土地に対しなされたものであり、かつ、右処分等が消火もしくは延焼の防止または人命の救助のために緊急の必要があるときになされたものであることを要するものといわなければならない。……消防団長が右建物を破壊したことは消防法二九条三項による適法な行為ではあるが、そのために損害を受けたXらは右法条によりその損失の補償を請求することができるものといわなければならない。」と判示した。

（10）　最判昭五八・二・一八民集三七巻一号五九頁（＝行政判例百選Ⅱ167「地下道新設に伴う石油貯蔵タンクの移転と補償」）は、「警察法規が一定の危険物の保管場所等につき保安物件との間に一定の離隔距離を保持すべきことなどを内容とする技術上の基準を定めている場合において、道路工事の施行の結果、警察違反の状態を生じ、危険物保有者が右技術上の基準に適合するように工作物の移転等を余儀なくされ、これによって損失を被ったとしても、それは道路工事の施行によって警察規制に基づく損失がたまたま現実化するに至ったものにすぎず、このような損失は、道路法七〇条一項の定める補償の対象には属しないものというべきである。」と判示した。

（11）　塩野　行政法Ⅱ二九一頁、小沢道一『逐条解説土地収用法下』七七頁（平一〇・ぎょうせい）、西埜　章『損失補償の要否と内容』二六六頁。

最判昭四八・一〇・一八民集二七巻九号一二一〇頁（＝行政判例百選Ⅱ170「建築制限付土地の収用と補償の価額」）は、「土地収用法における損失の補償は、……土地が都市計画事業のために収用される場合であっても、何ら、異なるものではな（い）」と判示した。

(12)　最判昭六三・一・二一判時一二七〇号六七頁（＝福原輪中堤訴訟）は、「土地収用法八八条にいう『通常受ける損失』とは、客観的社会的にみて収用に基づき被告収用者が当然に受けるであろうと考えられる経済的・財産的な損失をいうと解するのが相当であって、経済的価値でない特種な価値についてまで補償の対象とする趣旨ではないというべきである。……本件輪中堤は、江戸時代初期から水害より村落共同体を守ってきた輪中堤の典型の一つとして歴史的、社会的、学術的価値を内包しているが、それ以上に本件堤防の不動産としての市場価格を形成する要素となり得るような価値を有するというわけでないことは明らかであるから、前示のとおり、かかる価値は本件補償の対象となり得ないというべきである。」と判示した。

第三章　損失補償の内容

第一節　正当な補償の意義

（1）再取得理論（Wiederbeschaffenstheorie）——完全補償か相当補償か

憲法二九条三項は、私有財産は正当な補償の下に公共のための用いることができる旨を定めている。問題は、何が正当な補償に当たるかである。損失補償は特別の犠牲の調節を目的とし、平等原則の遵守を保障できるように定めなければならない。したがって補償額をもって当事者は収用された物体と同種・同価値の物体を再取得できる状態に置かれなければならない。この再取得理論によれば、損失補償額の算定の出発点は収用された物体の取引価格、いわゆる市場価格である。しかし補償は、完全な価格補償（Wertausgleich）でなければならないか、あるいは具体的場合には完全な補償をを下回ることも許されるのかという点については、見解の対立がある。

（2）ドイツの学説・判例

①　ワイマール憲法

ワイマール憲法一五三条二項第二文は、「公用収用は、ライヒの法律に別段の定めがない限り、適当な補償（angemessene Entschädigung）を提供して行われる。」と規定した。学説は、適当な補償とは、一切の損失に対する補償の意味ではなく、所有権の限界に属する部分を除いた所有権の実体（Substanz）に対する侵害から生じた損失に対する補償に限り、すなわち、適当な補償とは完全な補償（volle Entschädigung）にほかならないとした。ライヒスゲリヒトも適当な補償を「完全な補償」という意味に解釈した。[1]

② 基本法

基本法一四条三項は、「補償は公共の利益と関係者の利益との正当な衡量（gerechter Abwägung）の下に定めなければならない。」と規定した。基本法は、「適当な補償」というワイマール方式を採用しなかった。したがって、補償の範囲についても、ワイマール憲法の場合と同様に、学説では、基本的に、損失補償は完全な補償を意味するという見解と「正当な衡量」を重視して相当補償で良いという見解とが対立している。[2]

連邦通常裁判所は、再取得価格（Wiederbeschaffenswert）を正当な補償の出発点と見て、市場価格による補償をすべきであるとし、特別の場合にそれを下回る補償を規定する立法者の権限を否認しているが、[3]特別の理由がある場合には補償の減額を認めている。[4]連邦憲法裁判所も当初完全補償説に立っていたが、一九六八年一二月一八日の連邦憲法裁判所の判決は、立法者が事情により完全補償を定め、しかしまた、それを下回る補償を定めることもできることを認めた。[5]しかし学説は、連邦憲法裁判所の見解によっても取引価格があらゆる補償の基礎であり、特別の例外的場合に一定の限界においてのみ取引価格から外れることができるにすぎず、連邦通常裁判所の判例との相違はないという。[6]

（1） F. Ossenbühl, Staatshaftungsrecht, 5. Aufl., 1998, S. 208.
なお、柳瀬良幹『公用負担法（新版）』二六五頁・注（一〇）（昭四六・有斐閣）を見よ。

（2） ドイツの学説について詳しくは、西埜　章『損失補償の要否と内容』一一四頁以下を見よ。

（3） 一九六二年一一月八日の連邦通常裁判所の判決（BGHZ 39, 198, 199f.）は、「収用補償の任務は被収用者に課せられた特別の犠牲とその財産損失を補償することである。補償は当該者に対し現実の価格補償をすべきものである。このような価格補償は通常その助けをもって同種の物、すなわち同価値の目的物を手に入れることができるように算定しなければならない。同価値の目的物の取得の可能性を目指し、それは被収用者に対し補償によって奪われたものと完全に同等のものを与えなければならないというように表現される。その場合、被収用者は具体的場合に現実に同価値の物を再び手に入れることができるか、あるいは手に入れようとするかということは前提にされていない。その結果、補償の確定に当たっては、収用された対象物の一般的価格から出発しなければならない。一般的価格は通常の取引において収用された対象物ついて獲得できる代価、要するに対象物があらゆる人について有する取引価格と交換価格である。」と判示した。

一九六四年三月一二日の連邦通常裁判所の判決（BGHZ 41, 354, 358）は、「補償は当該者に対し現実の価格補償を調達し、これは……通常被収用者が補償をもって同種の物、すなわち同価値の目的物を再び手に入れるべき状態に置かれるように算定しなければならない（BGHZ 11, 162; 26, 373, 374; 29, 217, 221; 39, 198, 200参照）。しかし、被収用者に対し代替地の取得可能にすることが補償の目的であるという場合、控訴裁判所は誤っている。何となれば、引用した判例は、被収用者が具体的場合に現実に同種類・同等の代替物を取得することができる、あるいは取得しようとしていることを前提とせず、かつ、とくに取得費用の支給に関しては何ら言及していないからである。むしろ、被収用者は補償によって奪われた物について完全な等価物が与えられ、要するに奪われた物の完全な価格を獲得しなければならないというように〝具体的に〟(bildhaft) 表現されなければならない。そうすると、義務を負うている価格補償が行われるのである。」と判示した。

（4）　一九五二年六月一〇日の連邦通常裁判所大法廷決定(BGHZ 6, 270, 292ff.)は、「ワイマール憲法一五三条の〝適当な補償〟という補償定式は、ライヒスゲリヒトの判例により通説の賛成のもとに、適当な補償の下限として通常一般的価格が考えられるというように解釈された。それに対し、この限界を超えることができるかどうか、および、いかなる範囲においてかという問題は統一的な解答を見いだし得なかった。一九三三年後、学説の一部、ついでプロイセン高等行政裁判所の判例でも、一般的価格以下の補償も具体的場合には適当であり得るという見解、……が主張された。本件の関連において、ワイマール憲法一五三条による適当な補償の算定に関するこの争点について最終的に立場を明らかにする必要はない。何となれば、補償の額は具体的場合における諸関係により定められること、および一般的価格以下の補償は、特別の理由が具体的場合において一般価格以下の確定を必要と思わせることがない場合には、決して適当と認めることができないことについて、一致しているからである。」と判示した。

一九五四年六月一〇日の連邦通常裁判所の判決（BGHZ 13, 395, 397）は、「立法者は、収用を認める法律において、補償の種類と範囲を規制する権限を有している。補償は適当でなければならず(ワイマール憲法一五三条)、それは一般性と関係者の利益を正当な衡量の下に定めなければならない(基本法一四条)。特別の理由は、収用物件の一般価格を下回り、当該者にその財産損失についての完全な補償を提供しない補償を正当化することができる(BGHZ 6, 270[293, 295]参照)。」と判示した。

（5）一九六八年一二月一八日の連邦憲法裁判所判決（BVerfGE 24, 367, 421）は、「公用収用補償は利益調節の結果であるべきである。それは、関係者だけの利益の承認であってはならないが、公共の利益だけの承認であってもならない。基本法一四条三項三文は、立法者に事実関係の特殊性を考慮し、公用収用時における適正な補償に達することを可能にしている。硬直した、市場価値のみに方向づけられた補償は、基本法には無縁のものである。被収用者に対し常に剥奪された物の完全な等価物が与えられなければならないのではない。立法者は、事情によっては完全な補償を、しかしまた事情によってはそれを下回る補償を定めることもできるのである。」と判示した。

（6）F. Ossenbühl, Staatshaftungsrecht, 5. Aufl., 1998, S. 208.

（3）わが国の学説・判例

わが国の場合、完全補償説と相当補償説の対立は、敗戦・占領という非常事態での占領政策の一環として行われた農地改革による農地の低廉な強制買収価格の合憲性をめぐって、顕著に現れた。

(1) 完全補償説　完全補償説は損失の完全な塡補が必要であるとする。その根拠として、平等の原則を挙げるもの[1]と財産権不可侵の原則を挙げるもの[2]がある。

(2) 相当補償説　相当補償説は、社会・経済状況および社会通念に照らして合理的と考えられる程度の塡補で足りるとする。相当補償説によれば、補償は完全な補償を下回ることも許される。[3]

(3) 折衷説　相当補償説の内部では、いかなる場合に相当補償で足りるとするかによって、いくつかの考え方がある。

① 「小さい財産」については完全な補償が認められるべきであるが、「大きい財産」については相当な補償で足りるとする説[4]

② 既存の財産法秩序の枠内における個別的な侵害行為については完全な補償を要するが、ある種の財産権に対する社会的な評価が変化したことに基づき、その権利関係の変革を目的として行われる侵害行為については完全補償は必要がないとする説[5]

③ 個別的偶然的損失については完全な補償を要するが、合理的理由がある場合には相当な補償で良いとする説[6]

最高裁は戦後の農地改革・自作農創設のための農地買収価格について相当補償説をとったが[7]、このような特別の例外的場合においてのみ妥当しうる相当補償説を一般化することはできない。通常の原則的場合に、完全補償を否定する合理的理由は見当たらないし、既存の財産法秩序の権利関係の変革を目的とする「社会主義的な心情[8]」は憲法解釈の合理的根拠たり得ない。憲法における私有財産尊重の趣旨や平等の原則からすれば、完全補償説が

正しいというべきであろう。(9)

(1)　柳瀬良幹「憲法と補償」同『人権の歴史』七二頁（昭二四・明治書院）、佐藤幸治『憲法』三八九頁（昭五六・青林書院）、尾吹善人『日本憲法』三三九頁（平二・木鐸社）。

(2)　結城光太郎「『正当な補償』の意味」公法研究一一号八四頁（昭二九）。

(3)　田中二郎『行政法上』二一七頁、佐藤功『日本国憲法概説（全訂第二版）』二一一頁（昭五五・学陽書房）。

(4)　高原賢治『財産権と損失補償』二〇頁。

(5)　今村成和『損失補償制度の研究』七四頁。同旨、市原昌三郎『行政法講義（改訂第2版）』二〇九頁（平八・法学書院）、和田英夫『行政法講義上』三五七頁（昭五七・学陽書房）、室井力編『新版現代行政法入門（一）』二六〇頁（平七・法律文化社）。

(6)　佐藤功『ポケット注釈全書　憲法上［新版］』四九三頁（昭五八・有斐閣）。

(7)　最判昭二八・一二・二三民集七巻一三号一五二三頁（＝行政判例百選II 168「正当な補償」）は、「憲法二九条三項にいうところの財産権を公共の用に供する場合の正当な補償とは、その当時の経済状態において成立することを考えられる価格に基づき、合理的に算出された相当な額をいうのであって、必ずしも常にかかる価格と完全に一致することを要するものではないと解するを相当とする。けだし、財産権の内容は、公共の福祉に適合するように法律で定められるのを本質とするから(憲法二九条二項)、公共の福祉を増進し又は維持するため必要ある場合は、財産権の使用収益又は処分の権利にある制限を受けることがあり、又財産権の価格についても特定の制限を受けることがあって、その自由な取引による価格の成立を認められないこともあるからである。」と判示した。

なお、栗山裁判官の補足意見と、買収価格は正当な補償にあたらないとする四裁判官の反対意見がある。

当時、学説の多くは、右の最高裁判決を妥当な解釈であるとしたが、占領下の農地改革は憲法の枠外の問題と見る見解（田中二郎『行政法上』二一八頁）が正しいといえよう。

(8)　尾吹善人『日本憲法』三三九頁。

(9)　最判昭四八・一〇・一八民集二七巻九号一二一〇頁（＝行政判例百選Ⅱ170「建築制限付土地の収用と補償の価額」）は、「土地収用法における損失の補償は、特定の公益上必要な事業のために土地が収用される場合、その収用によって当該土地の所有者等が被る特別な犠牲の回復をはかることを目的とするものであるから、完全な補償、すなわち、収用の前後を通じて被収用者の財産価値を等しくならしめるような補償をなすべきであり、金銭をもって補償する場合には、被収用者が近傍において被収用地と同等の代替地等を取得することをうるに足りる金額の補償を要するものというべく、土地収用法七二条（昭和四二年法律第七四号による改正前のもの。以下同じ。）は右のような趣旨を明らかにした規定と解すべきである。そして、右の理は、土地が都市計画事業のために収用される場合であっても、何ら、異なるものではなく、この場合、被収用地については、街路計画等施設の計画決定がなされたときには建築基準法四四条二項に定める建築制限が、また、都市計画事業決定がなされたときには旧都市計画法一一条、同法施行令一一条、一二条等に定める建築制限が課せられているが、前記のような土地収用における損失補償の趣旨からすれば、被収用者に対し土地収用法七二条によって補償すべき相当な価格とは、被収用地が、右のような建築制限を受けていないとすれば、裁決時において有するであろうと認められる価格をいうと解すべきである。」と判示した。

大阪地判昭五二・四・二六行集二八巻四号三五四頁は、「土地収用法七一条にいう『事業の認定の告示の時における相当な価格』とは、右時点（本件では都市計画法七〇条一項により都市計画決定認可告示の時）において完全な補償となる額でなければならず、収用土地の所有権に対する補償の場合には、その額は被収用者が右時点において近傍で被収用地と同等の代替地を取得することをうるに足る額でなければならないと解される（最高裁昭和四八年一〇月一八日第一小法廷判決、民集二七巻九号一二一〇頁参照）。」と判示した。

第二節　損失補償の対象と範囲

第一款　財産権の剝奪（＝土地収用）の場合

土地収用の補償は損失補償の典型である。補償の具体的内容については、土地収用法、公共用地の取得に関する特別措置法に規定があり、さらに運用基準として、「公共用地の取得に伴う損失補償基準要綱」（昭和三七年六月二九日閣議決定、昭和四二年一二月二二日一部改正。以下、一般補償基準という。）がある。なお、一般補償基準は任意買収の場合の補償基準にもなる。

土地収用法は次のような項目について補償を要する（＝補償項目）という規定をしている。

（1）　権利対価補償

土地収用法は、収用される土地に対する補償金の額を、「近傍類地の取引価格等を考慮して算定した事業認定の告示の時における相当な価格に、権利取得裁決の時までの物価の変動に応ずる修正率を乗じて得た額」であると規定する（収用七一条）。

「相当な価格」については、それを客観的価値＝交換価値と解する説が通説的見解である。すなわち「客観的社会的評価における価格（objektiver Wert）であり、若しこれを売渡すとすれば普通買主の支払うを要すると認めらるべき価格（gemeiner Verkaufwert）」[1]、「一般有用能力（allgemeine Benutzungsfähigkeit）に基づき」それを「自己の目的のために使用しうる総ての人に対してそれが持つ価格」である[2]。

土地の一般的有用能力によって定まる客観的価値＝交換価値は、その土地の一般取引価格（＝市場価格）であって、時価決定の標準となるが、土地はその性質上、時価を決定することが困難である。土地については、一物四価といわれるように、時価のほかに、公示価格、路線価、固定資産税評価額があり、それぞれ異なっている。収用される土地の補償は時価によって行われるが、時価を求めるにあたっては、その地域に地価公示法による「標準地の公示価格」が公示されている場合には、当該土地の価格と「標準地の公示価格」とは均衡を保たなければならない（地価公示九条一一条）[3]。

学説は、時価決定の標準について、次のようなメルクマールを挙げている[4]。

① 展望された眺望を楽しめるといった、その土地に対する好感価値（Annehmlichkeitswert）は考慮されるが、その土地に対する特別の縁故のような感情価値（Affektionswert）は主観的価値であるから除外される（一般補償基準八条四項）[5]。

② 現所有者がその土地を取得するために支払った代価、その後土地に加えた投資は、主観的意向により定まり、客観的価値と一致しないことが多いから、補償額算定の標準にならない[6]。

③ 土地収用以前において、その土地の取得を欲する第三者または起業者が提供した代価は、投機的または急迫の必要によることがあるから、時価測定の標準とならない。

④ その土地の現在の純所得も必ずしも客観的価格評価の基準とならない。特定年度の所得は正常でないことがあり、純所得は運用の巧拙の事情によることが多いからである。

⑤ 近傍同種の土地の現実の取引価格は、最も重要な標準であるが、決定的標準ではない。千差万別の取引条件から社会的に相当と考えられる正常取引価格を求める必要がある[7]。行政実務も、近傍類地の取引価格は一基準

八条)。

とみなし、収益性の要素を参考として加味することによって客観的価値を求める努力を示している(一般補償基準

⑥　土地の現在の利用方法は必ずしも土地の一般的有用能力と合致するとは限らない。

(1)　美濃部達吉『公用収用法原理』三三〇頁(昭一一・有斐閣)。

(2)　渡辺宗太郎『土地収用法論』一三八頁、一四二頁(昭四・弘文堂)。

(3)　なお、不動産の鑑定評価に関する法律(昭三八・七・一六)および不動産鑑定評価基準(平二・一〇・二六)が定められ、不動産鑑定評価制度が整備されている。

(4)　柳瀬良幹『公用負担法(新版)』二八二頁以下(昭四六・有斐閣)。

(5)　高松高判昭三〇・一一・九行集六巻一一号二五一九頁は、「『相当な価格』とは当該土地の一般的利用価値、換言すれば客観的評価における価格を指すものであることは多言を要しないところであり、土地所有者が当該土地に対して有する愛着心その他主観的な価値は考慮する必要がない」と判示した。

(6)　大阪高判昭三九・一一・九下民集一五巻一一号二六四一頁は、「『相当な価格』とは、収用土地の客観的取引価格であり、それは土地の現在の地目が何であるかというよりもむしろその客観的利用価値によって形成されるから、土地の地目が公簿上も現況も畑であっても、宅地として、利用価値を有する場合には、宅地の価値をも加味して評価し、損失の補償をするのが相当である。本件土地の近傍類地の取引価格はこれをもって直ちに適正な近傍類地の取引価格と認めることは困難である。土地収用の補償額は取引価格を標準とすべきで、過去に投入した費用はそのまま資料とすべきでない。」と判示した。

(7)　松江地判昭四五・三・二五行集二一巻三号六〇三頁は、「土地収用法(昭和三九年三月一〇日当時適用されたもの、以下同じ)七二条は、収用する土地に対しては近傍類似の取引価格等を考慮して、相当な価格をもって補償すべき旨を定めている。そして、相当な価格は土地の現在の地目にかかわらずその客観的利用価値によって定められ

るべきであると考えられる。」と判示した。

東京地判昭五二・一〇・一二訴月二三巻一一号一八九五頁は、「収用する土地に対する損失の補償は、公益上必要な特定の事業のために土地が収用さる場合、その収用によって当該土地の所有者が被る特別の犠牲を回復することを目的とするものであるから、法七一条所定の『相当な価格』とは、基準時における完全な補償となる額、すなわち被収用者が右基準時に近傍において被収用地と同等の代替地を取得するとができるに足りる額であり、さらにこれを換言すれば基準時における当該土地の客観的かつ正常な市場価格でなければならないものと解すべきである（最高裁判所昭和四八年一〇月一八日第一小法廷、民集二七巻九号一二一〇頁参照。ただし、この判決は、昭和四年法律七四号による改正前の法（土地収用法）に関するものであるが、以上の限度において改正後の法の解釈にも妥当するものと解せられる。）。したがって、都市計画事業等よる土地開発が行われることが明らかになったことにより、将来のいわゆる開発利益、すなわち起業利益がみこまれる結果、被収用地の客観的な交換価値が騰貴した場合であっても、基準時である事業の認定（本件では収用手続の開始）の告示のときまでに値上りし価格について、それが客観的かつ正常な市場価格を構成する以上は、被収用者に帰属するものとして補償に含まれるべきであり、そのように解することは法七一条の趣旨に沿うものであることが明らかであるといわなければならない。」と判示した。

（2）　残地補償

同一所有者に属する一段の土地の一部が収用された結果、残地の面積が狭小となり、あるいは不整形となって残地の価格が低下し、利用価値が減少するなどの損失が生じたときは、その損失を補償しなければならない（収用七四条）。この残地補償は、実は被収用部分に対する補償であり、形の上で残地に対する損失の補償として規定されているのであって、それによって収用された土地に対する補償が完全な補償となるということができる。[(1)]

また、その残地に、通路、みぞ、かき、さくその他の工作物の新築、改築、増築もしくは修繕または盛土もしくは切土をする必要が生じたときには、これに要する工事費用も補償しなければならない（収用七五条、道路七〇条、河川二一条）。これを「みぞかき補償」という。(2)

（1）　柳瀬良幹『公用負担法（新版）』二八六頁（昭四六・有斐閣）。

大阪高判昭四九・九・一三判時七六八号二三頁は、「控訴人は、残地価格の減少による損失とは土地所有権の剝奪、制限そのものより生じた損失（所謂収用損失）に限るべきであると主張するが、土地収用は一定の事業の用に供するためになされるものであり、土地の収用とそれの一定の事業への供用とは不可分のものであって、被収用地を使用して行われる事業の種類、性質、規模等の如何によっては、その残地につき単なる形状の変化、面積の縮少等収用そのものに基づく価格の減少以外に、更に残地の価格ないし利用価値の減少を招来する場合が存することは明らかであり、このような場合における残地価格ないし利用価値の減少による損失（所謂起業損失）は土地収用と密接不可分の関係にあり、これを収用に起因する損失というを妨げず、かつ、このような損失についても補償するのでなければ、土地収用における補償の完全性を期することはできないというべきであるから、控訴人の右主張は採用できず、残地につき生じた所謂起業損失についてもこれを補償すきべものと解するのが相当である。」、「所謂起業損失は、残地のみならずその近傍の土地についても同様に生じる場合もあり、このような場合に、近傍の土地の損失に対する補償がなされず、残地についてのみ補償をすることは一見不均衡といえるけれども、被収用者は、その他の者と異なり収用により生じた総ての損失の補償を受けるべき地位にあるものであるから、残地につき損失が存する以上はその損失を受ける権利があるものというべく、右のような不均衡が生じるとしても、これは法律上やむを得ないところであり、これを理由として被収用者に対する所謂起業損失の補償を否定することは相当でない。」と判示した。

金沢地判平四・四・二四行集四三巻四号六五一頁は、「（判決要旨）土地収用そのものによって直接的に損失が生じたという関係がなくとも、収用された土地においてその目的たる公共事業が展開されることにより、利用方法に制約を受けるなどして残地に関する損失をもたらす場合には、当該損失においても土地収用法七四条一項にいう『土地の一部を収用し、又は使用することに因って』生じた損失ということができる」と判示した。

同旨、名古屋高金沢支判平五・四・二六行集四四巻四＝五号三六三頁。

（2）　最判昭五八・二・一八民集三七巻一号五九頁は、道路法七〇条一項の「補償の対象は、道路工事の施工による土地の形状の変更を直接の原因として生じた隣接地の用益又は管理上の障害を除去するためにやむを得ない必要があってした前記工作物の新築、増築、修繕若しくは移転又は切土若しくは盛土の工事に起因する損失に限られると解するのが相当である。」と判示した。

（3）　起業損失（事業損失）

起業損失または事業損失とは、収用された土地が公共事業に供されることに基づく損失ないし公共事業の施行によって生じた騒音・振動・悪臭・煤煙等による生活上の不利益をいう。起業損失ないし事業損失が補償の対象になるかどうかが問題となる。土地収用法は、残地（被収用者）および隣接地（第三者）等に対する、いわゆるみぞかき補償を定めているが（同法七五条、九三条一項）、騒音・悪臭等の被害については、明文の規定がない。被収用者および第三者に対する起業損失について補償を要するかどうかについて、学説は分かれている。

(1)　起業損失は土地の一部収用に必ず伴うものであるから補償を要するが、第三者に対する起業損失の補償は立法を待つほかないという説

この説は、起業損失は、間接的損失であるが、収用に起因しそれに必然的に伴う損失であり、事業のために残地に生じた損失は収用のための損失と認めなくてはならないから、当然補償を要すると解しており、戦前の判例もこれを承認してきたし、現在の通説といえよう。(1)

(2)　起業損失は、土地が収用されたことに基づいて生じるものではなく、したがって被収用者としての損失でないから、補償を要しないという説

この説は、起業損失の存在は認めるが、その損失は残地についてのみならず、近傍のすべての土地、すなわち第三者にも生じる損失であり、それは収用の結果的損失で、被収用者として受ける損失といえないから、第三者に対する起業損失とあわせて、別の解決方法によるべきであるという[2]。

(3)　騒音・臭気等により第三者が受けた生活上の損失についても、公共事業と損失の間に因果関係がある限り、補償を考慮すべきであるという説[3]

通説の問題点は、何故に第三者が受ける損失は除外されるかという点にある。通説では、このアンバランスは被収用者と第三者の土地収用に対する地位の差異に求められ、土地収用法九三条が第三者にも補償の請求を認めているもの以外の起業損失については、今後の立法によって救済されることがあっても、解釈論としては補償を要しないとしている。しかし現代社会においては、生活権補償の理念から、公共事業の施行による生活上の損失についても補償を認める必要があるという考え方が有力になっている。ただ、そのような生活上の損失を認めるとしても、これを損失補償の問題と考えるべきか、損害賠償として構成される問題なのかは、国家補償法体系にかかる根本的な問題を含んでいるといえよう[4]。

また、いわゆる起業利益、すなわち収用された土地が公共事業の用に供されていることに基づいて残地に生ずる利益はこれを補償と相殺すべきか否かの問題があるが、この点については、現行法は明文をもって起業利益を損失の補償と相殺することを禁じている（同法九〇条）。

（1）　美濃部達吉『公用収用法原理』三二六頁以下（昭一一・有斐閣）、佐々木惣一『行政法各論』五二頁以下（大一

一・有斐閣)、柳瀬良幹『公用負担法(新版)』二七六頁以下、高田賢三・国宗正義『土地収用法』二二三頁以下(昭二八・日本評論社)。
行判昭四・六・二〇行判録四〇輯四八頁(電車線路による交通の便の喪失)
行判昭八・一一・二五行判録四四輯九六一頁(高圧電線の架設による土地の分断)
なお、大阪高判昭四九・九・一三判時七六八号二三頁(=本書の二六〇頁)を見よ。

(2) 渡辺宗太郎『土地収用法論』一六二頁(昭四・弘文堂)。
最判昭五八・二・一八日民集三七巻一号五九頁(=行政判例百選Ⅱ167「地下道新設に伴う石油貯蔵タンクの移転と補償」)は、「警察法規が一定の危険物の保管場所等につき保安物件との間に一定の離隔距離を保持すべきこと等内容とする技術上の基準を定めている場合において、道路工事施工の結果、警察違反の状態が生じ、危険物保有者が右技術上の基準に適合するように工作物の移転等を余儀なくされ、これによつて損失を被つたとしても、それは道路工事の施行によって警察規制に基づく損失がたまたま現実化するに至ったものにすぎず、このような損失は、道路法七〇条一項の定める補償の対象には属しないものというべきである。」と判示した。

一般補償基準四一条ただし書きは、「ただし、事業の施行により生ずる日陰、臭気、騒音その他これらに類するものによる不利益又は損失については、補償しないものとする。」と定めている。

(3) 金沢良雄「損失補償の限界」公法研究二五号七六頁、今村成和「公共用地の任意買収と損失補償」公法研究二十五号六一頁(以上、昭二八)、西埜　章「公法上の損失補償の原理と体系」『現代行政法大系6』二一八頁。

(4) 判例では、国営空港、旧国鉄当の公共施設の操業から生じる騒音被害は、国家賠償法二条の公の営造物の設置・管理の瑕疵の問題、すなわち損害賠償の問題として処理されている。
また、「損失補償基準要綱の施行について」(昭和三七年六月二九日閣議了解)の第3「事業施行に伴う損害等の賠償について」では、事業損失が社会生活上受忍すべき範囲を越えまたその発生が現実に予見される場合にはあらかじめ賠償することは差し支えない、としている。

（4）　移転料補償

収用する土地に家屋その他の物件が存する場合には、その物件の移転料を補償して、これを移転させなければならない（収用七七条）。移転料の算定に当たっては、客観的に見て合理的な移転先および移転方法を想定して算定される。

（5）　通損補償

土地収用法は、離作料、営業上の損失、建物の移転による賃貸料の損失その他の「通常受ける損失」の補償を認めている（収用八八条）。これを通損補償という。「通常受ける損失」とは、抽象的でなく、被収用者が現に受ける具体的損失のうち、通常の事情のもとにおいて何人でも受けると認められる経済的損失であり、特別の事情に基づく損失は含まれない。(1)　例えば、宅地・耕地の造成費や建物の移転中における臨時居住のための借家料などが通損補償に属する。

I　期待的利益の喪失

期待的利益の概念は、極めて現実的な期待可能性をもつものから、極めて空想的観念的期待にすぎないものまでその幅は著しく多様であり、一般的には期待利益の喪失は評価されないというのが通説・判例であるとされている。(2)　確かに、期待利益が土地の価格に影響を与え、地価を高める原因になっている場合には、期待利益は収用物件の価格または残地補償の中に含まれ、従って期待利益の喪失は独立の補償原因にならない。しかし、それ以外において、収用地を保有することにより、通常の事情のもとにおいて経済上の利得を得べきことが当該被収用者でなくとも何人でも受けられるという確実に期待し得る場合に、収用によりその期待された利益を失うことを期待利益の喪失と観念し、これを「通常受ける損失」に含めるのが通説といえよう[3]。問題は、確実で客観的な期待利益とそうでないものとの限界であるが、将来農地から得ようとした期待利益の喪失は「通常受くべき利益」に当たらないとした判決は、今日では全く時代遅れであると断ぜられている[4]。

II　精神的損失

精神的損失は「通常受ける損失」に含まれない。これが通説・判例とされてきた[5]。したがって、一般的には、先祖伝来の土地を手放すことによる苦痛などの精神的損失は、通常受ける損失に含まれない[6]。行政実務では、任意契約の際に慰謝料という見舞金を支払うすぐれて日本的な慣行があったが、一般補償基準では、精神的損失についての補償等の措置は認めないこととなった[7]。損失補償はすべての経済的損失に対する完全な補償でなければならない。しかし、ここにいう経済的損失は被収用者の個人的特別の事情に基づくものではなく、通常の事情のもとで被収用者の受ける人的な経済的損失である。最近の学説は、精神的損失についての補償を認めることについて好意的である[8]。社会生活上受忍の限度を超えて不法行為に該当する場合は格別、精神的損失は、原則として補償を要しないとする通説が妥当であるといえよう。

III　身体的損失——予防接種被害

伝染病の発生・蔓延を防止するために、法的な強制あるいは勧奨により実施された予防接種により、一部の者について死亡その他重篤な後遺障害を惹起した場合、損失補償制度により救済することができるか。もともと、憲法二九条三項は「私有財産」、すなわち財産的損失を対象とする規定であり、予防接種から一部の者に生じた生命・身体の損失をめぐり、国家賠償法で救済できない場合や予防接種健康被害救済制度（予防接種法一六条〜一九条の四）では不十分な場合に、身体的損失も「特別の犠牲」に当たるとして救済することが可能か。すなわち、生命・身体・健康の侵害に対する損失補償の憲法的根拠が問題となる。この点について、判例・学説とも、別れている。

① 損失補償否認説

憲法上、生命・身体・健康の侵害に対して損失補償は認められないという見解(9)

② 憲法二九条三項の類推適用説

予防接種の実施は社会全体の利益のために行われ、その結果として一部の者に被害が生じるものであるから、適法行為による特別の犠牲であるとし、憲法二九条三項を予防接種被害についても類推適用して、具体的補償請求権を根拠づけることができるとする見解(10)

③「もちろん解釈」説

憲法二九条三項の「もちろん解釈」により補償請求権を認める見解(11)

④ 憲法二九条三項類推適用否定説

憲法二九条三項の適用範囲に人の生命・健康を含めることを否認し、あるいは、予防接種の場合損失は意図された特別犠牲といえないとする見解(12)

⑤ 憲法二五条一項説

予防接種被害に対する損失補償の根拠を生存権の保障規定である憲法二五条一項、あるいは、憲法一三条、一

四条一項に求める見解[13]

⑥　損害賠償説

予防接種被害については、生命・身体に対する侵害は違法行為であるとして、國側の過失を認め、あるいは過失の推定により、国家賠償責任を問うべきであるという見解[14]

IV　生活権補償

生活権補償とは、個別の財産に対する補償ではなく生活全体に対する補償というべきもので[15]、その明確な定義はまだ形成されていないが、一応、個人の生活基盤の侵害に対して生存権保障の理念に基づいてなされる補償をいう、と定義されよう[16]。生活権補償の具体的内容としては、第三者補償（少数残存者補償、離職者補償）、事業損失補償、精神的損失の補償、狭義の生活補償、生活再建措置（土地、建物の取得・斡旋、職業の斡旋・指導・訓練、営業資金や生活再建資金の融資）などが挙げられている[17]。とくに、ダムの下に水没する農地を有する農民や公有水面の埋立てにより漁業権を失う漁民のように、収用の結果、生活基盤や職業を失う場合には、収用財産に対する金銭的補償だけでは足りず、生活再建のための補償の必要性がある。

従来このような補償は通説・判例の認めるところではなかったが[18]、最近の学説では、生活権補償を認めるべきであるという主張が有力になっており、生活再建措置を講ずることを国と地方自治体の努力義務として定める立法例も見られ（都計七四条、用地取得特別措置四七条、水源地域対策特別措置八条、琵琶湖総合開発特別措置七条など）、また一般補償基準では、少数残存者補償（四五条）、離職者補償（四六条）などについて定めている。

生活権補償の法的根拠についても学説は分かれている。一つは、憲法二五条の生存権保障の理念に基礎を置くものであり[19]、他は、憲法二九条三項の財産権保障に関する公平負担の観念と憲法二五条の生存権保障を結合させれば生活権補償に対する抽象的な憲法の根拠が存在するというものである[20]。問題は、抽象的に、生活権補償の法的根拠を憲法のどの条項に求めるかというよりも、生活権補償を具体的な請求権としてどのように構成することができるか、という点にある。判例は生活権補償を認めていない[21]。具体的請求権として生活上の補償を認めるためには、憲法二五条を具体化する立法的措置の浸透が必要であるし、さらに、行政実務が進んで、生活再建措置をとるべきことが求められよう。

（1）　柳瀬良幹『公用負担法（新版）』二九三頁、高田賢三＝国宗正義『土地収用法』二五九頁。

（2）　下山瑛二『国家補償法』四〇八頁、四一一頁。

（3）　柳瀬良幹『公用負担法（新版）』二九三頁。

（4）　金子　宏「期待利益の喪失と損失補償」土地収用判例百選七三頁（昭四三）。

（5）　高田賢三＝国宗正義『土地収用法』二六二頁、今村成和『損失補償制度の研究』一四九頁、一五一頁、一六九頁、小高　剛『土地収用法』四五八頁（昭五五・第一法規）。

徳島地判昭三一・五・二行集七巻一一号二八三〇頁は、「土地収用法第八十八条に所謂通常受ける損失とは、財産上の損失を意味し、精神上の損失を包含しないものと解する。蓋し土地の収用又は使用により精神上の損害を生ずるのは土地所有者又は関係人が、当該土地につき特殊な愛着の情を有するとか、その他特段の事情ある場合に限るべく、かかる損害は通常生ずる損害とはなし得ないからである。なお那賀川電源開発に伴う被収用者に感謝料協力料等の名義で精神的損害補償をなしたとしても法律上これと関係なき本件において直ちに同一の結論を採り得ない。」と判示した。

（6）　最判昭六三・一・二一判時一二七〇号六七頁（＝福原輪中堤訴訟）は、輪中堤の文化的価値について、「土地収用法八八条にいう『通常受ける損失』とは、客観的にみて収用に基づき被収用者が当然に受けるであろうと考えられる経済的・財産的な損失をいうと解するのが相当であって、経済的価値でない特種な価値についてまで補償の対象とする趣旨ではないというべきである。」と判示した。

（7）「公共用地の取得に伴う損失補償基準要綱の施行について」（昭和三七年六月二九日閣議了解）の第2「精神損失に対する補償等の取扱について」では、「従来一部において行われてきた精神的損失に対する補償、協力奨励金その他これに類する不明確な名目による補償等の措置は、行わないものとする」としている。

（8）有力説は、精神的損失が「受忍の域を超える重大な精神的打撃を与える場合」（金沢良雄「損失補償の限界」公法研究二五号六七頁）、「精神的苦痛が延いて病気その他の肉体的障害を伴い、財産上の実害を生ずるにいたる場合」（高田賢三「『正当な補償』の意味」ジュリ三〇〇号八七頁・昭三九）、「被収用者の収用地に対する主観的・感情的価値が著しく高く、そのような価値感情を有することが社会的・客観的に見ても肯定し共感しうる場合」（小澤道一『改訂版土地収用法下』二八〇頁（平七・ぎょうせい）、西埜　章『損失補償の要否と内容』二六六頁）には、補償を認めるべきであるとする。

　また、塩野　宏『行政法II』二九一頁は、「財産侵害においても、被害者の感情に特別の侵害を与え、放置しておくことが、公平に反する限り、法的救済の対象とする余地があり」、「独立の精神的損失についての補償項目を立てることができる」という。

　なお、福島地郡山支判平元・六・一五判タ七一三号一一六頁（＝郡山市再開発事業計画事件）は、選挙により交代した新市長が旧市長時代から推進されてきた市街地再開発事業計画の見直しを表明したことについて、「たまたま本件［事業］区域内に居住を有しあるいは営業の基盤を有していたばかりに、都市の健全な発展と秩序ある整備を図り、都市の合理的かつ健全な高度利用を目指すという高度な公益目的をもった都市計画法、都市再開発法の適用をうけることになり、自己の生活基盤を根底から変更せざるを得ないことを知りつつこれに協力してしてきた原告らにとっては、今回の一連の青木市長のもとでの被告市の行政は、まさに青天の霹靂とでもいうべきものであって、この間にあって蒙ったと認められる原告らの精神的苦痛に対しては慰謝の措置が講じられなければならない。」と判示した。

仙台高判平六・一〇・一七判時一五二一号五三頁（＝郡山市再開発事業計画事件）は、「被告控訴人ら地権者等と十分な協議もなしになされた原計画の変更により本件再開発事業は改めて事業計画案の作成の段階に後退し、そうでない場合に比して事業の完成までより以上の長期間を要することとなり、既に都市計画の決定から一〇年余の間一貫して右事業に協力してきた被控訴人らは、その労苦と意図が結実しなかったばかりか、この先においても都市計画法五五条による土地利用の制限を受けたまま……右事業の完成を待つ結果となったことにより、相当の精神的苦痛を受けたことは察するに難くない。しかしながら、そもそも再開発事業が長期間を要するものであることは前記のとおりであり、右土地利用の制限もこれを前提としたうえでの法規制であること……等を勘案すれば、右精神的苦痛は未だ受忍の限度を超えていないというべきである。」と判示した。

(9)　成田頼明「予防接種健康被害者救済制度の法的性格について」田上喜寿『公法の基本問題』四五一頁以下（昭五九・有斐閣）。

高松地判昭五九・四・一〇判時一一一八号一六三頁（＝予防接種禍訴訟）は、痘そうの予防接種被害を理由とする憲法二九条三項に基づく損失補償請求に対し、同条項は生命身体の侵害についての補償に類推することはできないとして、請求を棄却した。

東京高判平四・一二・一八判時一四四五号三頁（＝予防接種禍訴訟）は、「損失補償請求については、憲法二九条三項は、財産権に対する適法な侵害に対する補償を定めたものであるところ、本件予防接種被害は、生命・健康という、法によっても侵害することが許されない法益の侵害にかかわるものであるから、同条を根拠に損失補償請求権を導き出すことはできないし、憲法の他の条項から損失補償請求権を根拠づけることもできない」と判示した。

(10)　塩野　宏「賠償と補償の谷間」塩野　宏・原田尚彦『行政法散歩』二一九頁（昭六〇・有斐閣）、原田尚彦「予防接種事故と国家補償」ジュリ八九八号六頁（昭六二）。

東京地判昭五九・五・一八判時一一一八号二八頁は（＝予防接種禍訴訟）は、公共のために財産上特別の犠牲が課せられた場合には、これにつき損失補償を認めた規定がなくとも、直接憲法二九条三項を根拠として損失補償を請求できるのであり、憲法一三条後段、二五条一項の趣旨に照らせば、生命、身体に対し特別の犠牲が課せられた場合を右財産上のそれより不利に扱うことが許されるとする合理的理由はない、したがって、生命、身体に対して特別の犠牲が課せられた場合においても、憲法二九条三項を類推適用し、直接同項に基づき国に対し正当な補償を請求することができると解するのが相当である、と判示した。

(11)　阿部泰隆「賠償と補償の間」法曹時報三七巻六号七頁（昭六〇）、今村成和「予防接種事故と国家補償」ジュリ八五五号七〇頁（昭六一）、棟居快行「生命・身体の侵害と憲法二九条三項」ジュリ八九八号一〇頁（昭六二）、梅原康生「結果責任に基づく国家補償」杉村編『行政救済法2』一九〇頁（平三・有斐閣）、芝池義一『行政救済法講義』一六九頁（平七・有斐閣）。

大阪地判昭六二・九・三〇判時一二五五号四五頁（＝予防接種禍訴訟）は、憲法二九条三項の規定のもちろん解釈により、損失補償責任を肯定した。

福岡地判平元・四・一八判時一三一三号一七頁（＝予防接種禍訴訟）は、憲法二九条三項は、国民の生命・健康の特別な犠牲について、財産権の補償と同等以上の補償が必要である趣旨を含み、直接同条項を根拠として補償請求をすることができると解されるところ、これは生命・健康の特別な犠牲についても妥当する、と判示した。

(12)　名古屋地判昭六〇・一〇・三一判時一一七五号三頁（＝予防接種禍訴訟）は、憲法二九条三項は「私有財産」の収用について定めたもので、財産権の中には人の生命・身体・健康は含まれないとして、生命・身体に対し特別の犠牲が課せられた場合について同条項の適用を否定した。

大阪高判平六・三・一六判時一五〇〇号一五頁（＝予防接種禍訴訟）は、「予防接種禍に憲法二九条三項を類推解釈して適用するというのは、財産権を公共のために用いるということと予防接種ということとの間に類似性が存することが前提であるが、両者間には根本的な違いがあるのであり、類推適用することが不可能であるにもかかわらず、もちろん解釈によって適用することができるということは本来法理論上あり得ないといわなければならない。」

と判示した。

(13)　滝沢　正「予防接種事故と損害の塡補」判タ五三〇号一六頁（昭五九）、西埜　章「予防接種判決と損失補償」ジュリ八二〇号三五頁（昭五九）、折登美紀「予防接種禍補償を基礎づける憲法原理」法と政治四二巻四号一一四頁（平三）。

名古屋地判昭六〇・一〇・三一判時一一七五号三頁（＝予防接種禍訴訟）は、憲法二五条一項により損失補償請求権が発生しうることを肯定した。

(14)　下山瑛二『国家補償法』四三七頁、滝沢　正「予防接種事故と損害の塡補」判タ五三〇号一八頁（昭五九）、新美郁文「予防接種事故と国・自治体の責任」判タ五四六号一〇頁（昭六〇）。

最判平三・四・一九民集四五巻四号三六七頁（＝行政判例百選Ⅱ144「予防接種と国家賠償責任」＝小樽種痘禍訴訟）は、「予防接種によって右後遺障害が発生した場合には、禁忌者を識別するために必要とされる予診が尽くされたが禁忌者に該当する事由を発見することができなかったこと、被接種者が右後遺障害を発生しやすい個人的素因を有していたこと等の特段の事情が認められない限り、被接種者は禁忌者に該当していたものと推定するのが相当である。」と判示し、国家賠償責任を認める方向を示した。

東京高判平四・一二・一八高民集四五巻三号二一二頁（＝予防接種禍訴訟）は、「もともと、生命身体に特別の犠牲を課するとすれば、それは違憲違法な行為であって、許されないものであるというべきであり、生命身体はいかに補償を伴ってもこれを公共のために用いることはできないものであるから、許すべからざる生命身体に対する侵害が生じたことによる補償は、本来、憲法二九条三項とは全く無関係のものであるといわなければならない。したがって、このように全く無関係なものについて、生命身体は財産以上に貴重なものであるといった論理により類推ないしもちろん解釈することは当を得ないものというべきである。

以上のとおりであるから、憲法二九条三項を、公権力の行使が適法か違法かを問わず、特別の犠牲が結果として生ずれば損失補償を命じた規定と解した上、予防接種被害も同様に特別の犠牲と観念し得るが故に、損失補償ができると解釈することはできないものといわなければならない。」と判示し、厚生大臣には予防接種の禁忌者に予防接種を実施させないための充分な措置をとることを怠った過失があるとして、国家賠償責任を認めた。

福岡高判平五・八・一〇判時一四七一号三一頁（＝予防接種禍訴訟）は、厚生大臣には予防接種の禁忌該当者に予防接種を実施させないための十分な措置をとることを怠った過失があるとして、国には国家賠償法一条一項に基づく損害を賠償する責任がある、と判示した。

同旨、大阪高判平六・三・一六判時一五〇〇号一五頁（＝予防接種禍訴訟）。

札幌高判平六・一二・六判時一五二六号六一頁（＝小樽種痘禍訴訟、差戻後判決）は、痘そうの予防接種により重篤な後遺障害が発生した事故について、担当医師の問診義務違反の過失があったとして、国及び地方公共団体の損害賠償責任を認めた。

徳島地判平七・一〇・三判時一五五三号四四頁（＝日本脳炎予防接種禍訴訟）は、日本脳炎の予防接種により重篤な後遺障害が発生した事故について、接種担当医師の問診義務違反の過失があったとして、国の損害賠償責任を認めた。

(15)　塩野　宏『行政法II』二九二頁。

(16)　西埜　章「損失補償実体法総説」『国家補償法体系4』二四頁。

(17)　市橋克哉「生活権補償の性格」『行政法の争点』二七〇頁。

(18)　西埜　章『損失補償の要否と内容』一五九頁以下。

岐阜地判昭五五・二・二五行集三一巻二号一八四頁は、「水特法（水資源地域対策特別措置法）は、……八条において、指定ダム等の建設に伴い生活の基盤を失うこととなる者のための生活再建措置のあっせんについて規定している。

本件において、ダム建設に伴い生活の基盤を失うことになる者につての補償も公共用地の取得に伴う一般の損失補償の場合と異ならず、あくまでも財産権の保障に由来する財産的損失に対する補償、すなわちその基本は金銭補償であり、本来これをもって右にいう合理的な補償というべきであり、かつ、これをもって足りるところ、これのみでは、財産権上の損失以外の社会的摩擦、生活上の不安も考えられるため、前記水特法の諸規定により、これらを緩和ないし軽減する配慮に出て、財産上の損失、補償とは別にとくに水特法八条において、生活再建措置のあっせん規定を定めたものであり、要するに右規定は関係住民の福祉のため、補償とは別個に、これを補完する意味において採られる行政措置であるにすぎないと解すべきである。すなわち、右生活再建措置のあっせんは、憲法二九条三項にいう正当な補償には含まれず、したがって、これが懈怠による何らかの損害を観念し得るとしても、それをもって、憲法二九条違反による損害とはいえず、無名抗告訴訟として本件ダム建設行為禁止差止の根拠となし得ない。」と判示した。

(19)　松島諄吉「正当補償条項の再検討(上)」ジュリ四九一号二六頁(昭四六)、小高　剛『土地収用法入門』一四七頁(昭五三・青林書院新社)。

(20)　渡辺洋三『土地と財産権』二四四頁、西埜　章『損失補償の要否と内容』一八七頁、塩野　宏『行政法II』二九三頁。

(21)　東京地判昭六三・六・二八行集三九巻五＝六号五三五頁は、「憲法二九条は、私有財産を財産権として、すなわち経済的な交換価値として保障しようとする規定であって、右の保障を通じて非財産的性格を有する生活権が保障されることがあるとしても、生活権を直接保障する規定ではない」と判示した。同旨、東京高判平五・八・三〇行集四四巻八＝九号七二〇頁。

第二款　財産権の制限（＝公用制限）の場合

財産権の制限の場合にも、それが特別の犠牲に当たるときは、憲法二九条三項の「正当な補償」が必要である。財産権制限に対する補償も、「通常生ずべき補償」を完全に補償するものでなければならない。この場合の補償の

内容についても学説・判例は別れている。(1)

(1)　相当因果関係説

土地の利用制限に対する補償は、土地利用制限によって土地所有者が被ることになった損失のうち、当該利用制限と相当因果関係にあると認められる一切の損失についてなされる。(2)

(2)　地下低落説

土地の利用制限による損失の補償は、土地の利用制限によって生じる土地の利用価値の低下に対して支払われるべきである。(3)

(3)　積極的実損説

土地の利用制限によって現実に生ずる積極的な損失だけが補償される。(4)

(4)　地　代　説

補償額の算定に当たっては、地代相当額を基礎にすべきである。(5)

(5)　公用地役権設定説

土地利用制限は公用地役権の設定であるから、これに対する代償を補償すべきである。(6)

（1）　西埜　章『損失補償の要否と内容』一四一頁以下、宇賀克也『国家補償法』四六一頁以下。

（2）　森島昭夫・発言「座談会『各国における土地利用規制と損失補償』」季環六四号一一六頁（昭六二）。

（3）　原田尚彦「公用制限における補償基準」公法研究二十九号一八一頁（昭四二）。

西埜　章「損失補償実体法総説」『国家補償法大系４』二八頁は、相当因果関係説と地価低落説の両基準を総合して補償の具体的内容を決定するのが妥当である、という。

東京地判昭五七・五・三一行集三三巻五号一一三八頁は、「土地の利用制限に対する補償は、土地の利用価値の低下が土地所有者にいかなる損失を及ぼしたかを客観的に評価し、補償すべきものであるが、土地の利用価値の低下は、結局利用制限によって生じた地価に反映されるから、公園法の不許可補償は、当該不許可決定に伴う土地の利用制限が地価の低落をもたらしたかを客観的に算定し、それを補償の基準とするほかはないと解するのが相当である。」と判示した。

（4）大井民雄「古都保存法解説」観光六号四八頁（昭四一）、塩野　宏『行政法II』二九六頁。

東京地判昭六一・三・一七行集三七巻三号二九四頁は、「ここにいう『通常生ずべき損失』とは、前記の趣旨から、自然公園内にある土地の所有権に内在する社会的制約を超えて特別の犠牲として当該財産権に加えられた制限によって生ずる損失、例えば、自然公園として指定される以前の当該土地の用途と連続性を有しあるいはその従前の用途からみて予測することが可能であるような当該土地の利用行為を制限されることによって生ずる損失、当該利用行為に基づく現状の変更が、その土地が自然公園として指定されている趣旨と調和させることが技術的に可能な程度にとどまるものであるにもかかわらず、その利用行為を制限されたことによって生ずる損失、その他離作料、物件移転費等予期しない出費を現実に余儀なくされた場合におけるその積極的かつ現実的な出費による損失をを指すものと解するのが相当である。」と判示した。

東京高判昭六三・四・二〇行集三九巻三・四号二八一頁は、自然公園「法三五条による補償の対象となる損失は、……法一七条三項所定の特定の行為につき同条項所定の許可を得ることができなかったために受ける損失に限られるのであって、法一七条一項による特別地域の指定自体によって受けた損失は含まれないと解すべきである。すなわち、特別地域の指定自体によって生じる土地の公用制限は、一般的な制限であり、しかも、それは、社会一般の通念上、都市計画法や建築基準法等による土地の利用制限と同様に、土地の所有権等に内在する制約にとどまるものと解されるのであつて、それによって受ける損失はこれを当然に受忍すべきものと解するのが相当である。」と判示した。

東京地判平二・九・一八判時一三七二号七五頁は、自然公園「法三五条一項は、要許可行為について許可を得ることができないために損失を受けた者に対して通常生ずべき損失を補償する旨を規定しているが、この規定は、右のような法に定める利用行為の制限が、その態様いかんによっては、財産権の内在的制約を超え、特定の者に対して特別な犠牲を強いることとなる場合があることから、憲法二九条三項の趣旨に基づく損失補償を法律上具体化したものであると解すべきである。

したがって、原告は、本件不許可決定により受けた本件土地の利用行為の制限（本件建物の新築の制限）が財産権の内在的制約の範囲を超えて特別の犠牲に当たる場合でなければ、損失の補償を求めることができない」、「本件不許可処分による本件建物の建築の制限は、国立公園内におけるすぐれた風致・景観を保護するために必要かつ合理的な範囲内の制限として、社会生活上一般に受忍すべき財産権の内在的制約の範囲内にあり、これを補償することを要しないものといわなければならない。」と判示した。

（5）　荒　秀「土地利用規制と補償」『現代行政法大系6』一九三頁。

（6）　今村成和『人権叢説』二三三頁（昭五五・有斐閣）。

第三款　行政財産の使用許可の撤回の場合

行政財産（公物）の使用許可が公益上の理由によって撤回された場合に、補償を要するか否かが問題となる。この点についても、学説・判例は分かれている。

従来の通説・判例は、行政財産の使用許可は相手方に行政財産の使用権を設定するものであり、当該使用許可の撤回は行政財産の使用権の剝奪であるから、公用収用に準じて、当該使用権の喪失そのものについて補償が必要であるとした。(1) これに対し、行政財産（公物）の使用許可権は、当該財産の本来の用途（＝公用または公共用）に供する必要が生じたときは、そのような公益上の理由により権利が剝奪されても、それは行政財産に内在する制約であり、したがって行政財産の許可使用権に対する補償は不要である、という有力な見解が主張されている。(2)

結局、公益上の理由による一方的な使用許可の撤回は、公用収用に準じる侵害行為であり、このような侵害が行政財産に内在する制約であるとしても、無補償で消滅すべき制約であるとは考えられず、問題は、一方的な侵害行為により財産的損失を受けたかどうかにかかっている。使用許可の撤回により生じる損失は、使用権そのものの喪失による損失と撤回に付随して生じる建物や工作物の撤去費、営業上の損失などの損失に大別できる。このような財産的損失を全く受けていない場合には、損失補償もあり得ないといえよう。(3)

（1）原　龍之助『公物営造物法（新版）』三一六頁（昭四九・有斐閣）、遠藤博也『行政法スケッチ』二六〇頁（昭六二・有斐閣）。

東京地判昭四四・三・二七判時五五三号二六頁（＝東京中央卸売市場事件）は、行政財産使用許可取消しによる土地の使用権の喪失について、憲法二九条三項に基づき、本件土地使用権の価格は、更地価格の六〇％をもって正当とし、右価格をもって控訴人のうけるべき「正当な補償」と認める、と判示した。

（2）阿部泰隆「行政財産の使用許可の撤回と損失補償」ジュリ四三五号七五頁以下（昭四四）、原田尚彦「使用許可の撤回と損失補償」塩野　宏・原田尚彦『演習行政法（新版）』二三二頁（平元・有斐閣）。

最判昭四九・二・五民集二八巻一号一頁（＝太極光明事件）は、「本件のような都有行政財産たる土地につき使用許可によって与えられた使用権は、それが期間の定めのない場合であれば、当該行政財産本来の用途または目的上の必要を生じたときはその時点において原則として消滅すべきものであり、また、権利自体に右のような制約が内在しているものとして付与されているものとみるのが相当である。すなわち、当該行政財産に右の必要を生じたときに右使用権が消滅することを余儀なくされるのは、ひっきょう使用権自体に内在する前記のような制約に由来するものということができるから、右使用権者は、行政財産に右の必要が生じたときは、原則として、地方公共団体に対しもはや当該使用権を保有する実質的理由を失うに至るのであって、その例外は、使用権者が使用許可を受けるに当たりその対価の支払いをしているが当該行政財産の使用収益により右対価を償却するに足りないと認められる期間内に当該行政財産に右の必要を生じたとか、使用許可に際し別段の定めがなされている等により、行政財産について右の必要にかかわらず使用権者がなお当該使用権を保有する実質的理由を有すると認めるに足りる特別の事情が存する場合に限られるというべきである。」と判示した。

（3）　補償を要する場合

東京地判昭四七・八・二八判時六九一号四〇頁（＝カジバシ映画館事件）は、「道路占用許可のごとき公物使用の特許による使用権は、公益の必要が生じた場合は何時でも一方的に行政主体において消滅させ得るという内在的制約があるものであり、その取消は、行政の所謂設権処分により特別に与えられた利益を剝奪して一般人並に扱うに過ぎないのであって、営業許可の公益上の理由による取消や、土地収用のごとく元来私人の享有する権利自由を剝奪し、特にその物に特別の犠牲を負わせるのとはその利益状況を異にする。そうはいっても、実際に許可が取消されて原状回復を命ぜられた場合には、公物使用者側に偶発的な損失を生ずることは避けがたいのであって、これをその者だけに負担させるのは社会通念上の受忍義務の範囲を超える場合があるので、憲法二九条三項の趣旨からしても、これが補償をなすことを要するものと解すべきである。しかし、右の補償の範囲については、被許可者に通常生ずべき損害に限るとするが、……右通常生ずべき損害とは、本件のごとく使用権に基づき映画館営業を行っている場合には、右使用権の内在的制約から、最大限、建物撤去、移転先の調査に要した費用、営業中止により被った損失、右使用権行使のために投下した資本の回収未了等の如き損失をいうものと解するのが相当である。本件使用権自体は、もともと一般取引市場で成立する適正な対価を支払わず、いわば恩恵的に付与されたものであること、公益上の理由があればいつでも剝奪されうる内在的制約を伴うこと、また転貸譲渡も禁止され、使用目的も限定されていることから一般の借地権の如く半永久的な利用権化しているのとは異なること、許可を取り消された場合、右権利自体は当然に消滅するのであって、これが『特別の犠牲』に当たるというべきか疑問であること、本件使用権の経済的側面としての本件土地の使用料についても、……一般市場で成立する賃料と比較しても著しく低廉であること等からすれば、右の通常生ずべき損害の対象とならぬと解するのが相当である。」と判示した。

補償を要しない場合

横浜地判昭五三・九・二七判時九二〇号九五頁（＝川崎ゴルフ場事件）は、「都公法（＝都市公園法）一一条二項、同条一項によれば、本件のごとき公園施設の管理許可は、『公益上やむを得ない必要が生じた場合』は、公園管理者において、いつでも、これを取消（撤回）することができるのである。換言すれば、右管理許可により付与された管理権は、それ自体右の公益上の必要が生じたときには、撤回されるという制約が内在しているものとして与えられているのであるから、右許可を受けた者は、当該公園施設につき右の公益上の必要が生じたときは、原則上、受忍の範囲内として、公園管理者に対し右管理権を保有する実質的理由を喪失し、かつ、右管理者の右許可の取消（撤回）により右権利は消滅するに至るものと解するのが相当である。従って、特別の事情のないかぎり、右管理許可を取消（撤回）された者は、右管理権自体の消滅という損失を受けたとしても、都公法一二条一項所定の『通常受けるべき損失』に該当せず、これが補償を求めることができないというべきである（最高裁昭和四九年二月五日判決、民集二八巻一号一頁参照）。」と判示した。

東京高判昭五一・四・二八判時八二八号四六頁は、河川区域内の土地についての「占用許可による使用権は、河川区域内の土地という右土地の用途に伴う制約を当然に受けるべき不安定な権利である、その占用許可の目的がゴルフ場として使用することを認めるような場合であっても、長期間の使用権を認めるものではなく、河川法七五条二項に該当するような事由が生じたときには、使用権が消滅すべきものであり、また、権利自体に右のような制約が内在しているものとみるべきである。……それで、河川法七五条二項に基づき占用許可が取消された場合も、全く予期に反するような短期間で使用権が消滅させられたような特別の事情がないかぎり、使用権の喪失についての損害、原状回復に関する費用の損害、設置した施設の移転、修復に関する損害等について補償を求めることができないというべきである（行政財産の使用許可の取消と損失補償の関係について、最高裁第三小法廷昭和四九年二月五日判決・民集二八巻一号一頁〕」と判示した。

東京地判昭五三・六・二六行集二九巻六号一一九七頁（＝多摩川河川敷ゴルフ場事件）は、河川区域占用不許可処分につき、「原告の使用権は、その占用期間が満了すれば、それに伴って当然に消滅すべき性質のものあって、その占用期間において存続するにすぎないことは既に示したとうりであるから、本件不許可の如く、右使用権が期間満了により消滅した後新たに占用許可を与えないという拒否処分がなされたからといって、何ら財産権を侵害したことにならないことは明らかである。」と判示した。

第四款　補償額算定の基準時

土地収用法は、収用する土地および残地の損失補償の額について、「近傍類地の取引価格等を考慮して算定した事業認定の告示の時における相当な価格に、権利取得裁決の時までの物価の変動に応ずる修正率を乗じて得た額とする。」と規定している（収用七一条）。これは、旧土地収用法が補償額の算定時期を収用裁決時の地価を基準として算出していたものを改めて、「事業認定の告示の時」を補償額の算定基準時とすることによって、土地価格の固定化を図り、ゴネ得の防止を図ったものである。土地収用法七一条については、それに合理的理由があるかどうか、それが憲法に適合するかどうかという問題がある。この点については、学説が分かれている。

①　事業認定以後の近傍類地の価格の騰落は、事業認定を受けた土地の補償に関係がないから、事業認定の時を補償額算定の基準時とするのが理論的に正しい。(1)

②　収用目的物に対する補償額の算定基準時を事業認定の時期としたのは、合理的でなく、違憲の疑いがあり、あるいは違憲である。(2)

損失補償の本質からいえば、損失補償の額は実際に損失が生ずる時の額、すなわち権利取得の時期の価格でなければならない。しかし、公共事業の場合、計画発表から収用裁決の時までは時間がかかり、その間に地価が高騰するのが通例である。土地収用法七一条の趣旨は、事業認定の時以後に生ずる事業の結果としての地価の上昇分（起業利益または開発利益）と事業の認定の時以後に生ずる通常の地価の上昇分を補償額から排除することにある。しかし、開発利益の適正化の問題は受益者負担、開発利益の平均化によるべきであり、また、地価の通常の上昇は法の許容するところであるから、これを「ゴネ得」と称し、被収用者の責任として補償額から排除するのは筋違いというべきであろう。(3) 判例は、補償金支払請求（収用四六条の二）、さらに加算金（収用九〇条の三）、過怠金（収用九〇条の四）、物価スライド（収用七一条）という制度を根拠にして事業認定時価格固定性を合憲としている。(4) しかし、事業認定時における市場価格を補償金支払請求制度によって補強しても、著しい地価高騰の場合に、それが「完全な補償」に達するかどうかは疑わしいし、また著しく地価が低落する場合は過剰な補償となるおそれがあろう。補償の内容の問題と補償金支払時期の問題は次元の異なる問題といえよう。

以上に対する例外は、残地収用の場合の所有者以外の権利者に対する補償で、その額は、「権利取得裁決の時における相当な価格」（収用七六条三項）である。また、収用する土地および残地以外の損失補償の額、すなわち、物件の移転料、離作料、営業上の損失・建物の移転による賃貸料の損失、その他通常受ける損失などの損失補償の額は、「明渡裁決の時の価格によって算定しなければならない。」（収用七三条）。

（1） 渡辺宗太郎『土地収用法論』一九八頁（昭四・弘文堂）。
（2） 柳瀬良幹『公用負担法（新版）』二八二頁以下（昭四六・有斐閣）は、事業認定時を算定基準時とすることによって、地価高騰の場合の補償を減額しようとするのは、補償の本質に矛盾する不合理があり、憲法二九条三項に反する疑いがある、という。

今村成和『損失補償制度の研究』一三六頁は、事業認定時を補償額算定の基準とするのは、結局弱者にのみ厳しく作用し、明らかに憲法上の平等原則に違反する、という。

宇賀克也『国家補償法』四三八頁は、被収用地だけでなく、近傍の土地からも開発利益が吸収されていなければ、補償額によって近傍類地を取得することができないから「正当な補償」とはいえない、という。

(3)　柳瀬良幹『行政法教科書（再訂版）』二六〇頁。

ちなみに、「公共用地の取得に伴う損失補償基準要綱」第3条は、「土地等の取得又は土地等の使用に係る補償額は、契約締結の時の価格によって算定するものとしその後の価格の変動による差額については、追加払いしないものとする。」と定めている。

(4)　広島地判昭四九・五・一五判時七六二号二二頁は、「憲法条項にいわゆる『正当な補償』は必ずしも収用裁決時における市場価格と解さなければならないわけではなく、土地収用法が事業認定の告示の時を基準にしていること自体は、同法第四六条の二により、土地所有者等に告示後収用または使用の裁決前に補償金の支払い請求をする権利を与えていること、同法第四六条の四により、起業者は右請求のあった日から原則として二月以内にその見積額を支払わなければならないこと、同法第九〇条の三により、右見積額が不当に低いときや支払期限を遅滞したときは、収用委員会が正当な補償額を裁決する際に不正額や遅滞額について高率の加算金を加えることとしていること、収用委員会の裁決において補償金額を定めるときには、同法第七一条により右事業認定告示の時の相当価格に権利取得裁決時までの物価の変動に応ずる修正率を乗ずることとしていること等を加味して検討するとき、右憲法条項にいわゆる『正当な補償』に反するとは断じ難い。」と判示した。

同旨、広島地判昭四九・一二・一七判時七九〇号五〇頁、東京地判昭五九・七・六行集三五巻七号八四六頁、東京地判昭六三・六・二八行集三九巻五＝六号五三五頁、東京高判平五・八・三〇行集四四巻八＝九号七二〇頁など。

第五款　損失補償の方法

損失補償は原則として金銭補償の方法によるが(収用七〇条)、替え地、耕地の造成、工事または移転の代行、宅地の造成などの現物補償を認めることもある(収用七〇条但し書、八二条〜八六条)[1]。補償は起業者が支払う(収用六八条)。

(1)　個別払いと一括払い

数人の被補償者（土地所有者および関係人）に対して補償金を支払う場合には、補償は、原則として各人別にしなければならないが（個別主義）、例外的に、各人別に見積もることが困難であるときは、一括払いが認められる（代位主義）（収用六九条）。個別主義を原則とするのは、代位主義によるときは、各被収用者が完全な補償を受けることができない場合があり得るからである[2]。

(2)　前払いと後払い

補償金の支払いを前提条件として所有権の取得などを認める前払いと所有権の取得などをした後に補償金を支払う後払いの制度がある。わが国では原則として前払い主義をとる(収用九五条)。しかし前払いは憲法上の要求ではない[3]。例外的に後払いが認められることもある（公共用地の取得に関する特別措置法二一条・三三条一項・二項）。

(3)　全額払いと分割払い

補償金を一時に全部支払うか、年度に分けるなど何回かに分割して支払うかの区別である。前者を原則とするが、例外的に後者の方法が認められる余地がある。

（1）　一般補償基準第六条二項は、「土地等の権利者が金銭に代えて土地又は建物の提供、耕地又は宅地の造成その他金銭以外の方法による給付を要求した場合において、その要求が相当であり、かつ、真にやむを得ないものであると認められるときは、事情の許すかぎり、これらの給付を行なうよう努めるものとする。」と定めている。

（2）　柳瀬良幹『公用負担法（新版）』二七五頁。

（3）　フランス人権宣言第一七条は、「所有権は、……事前の正当な補償の条件の下でなければ、これを奪われない。」と規定し、プロイセン憲法第九条は、「所有権は、……あらかじめ――緊急の場合にはすなくとも仮に――確定されるべき補償を給してのみ、これを奪い、または制限することができる。」と規定していた。

学説においても、生活権補償の観点から、事前補償または同時補償をしないことによって、従前の生活レベルの維持を著しく困難にすることは「正当な補償」といえず、違憲の疑いが濃いという見解がある（宇賀克也『国家補償法』四七三頁）。

最判昭二四・七・一三刑集三巻八号一二八六頁（＝行政判例百選II 169「補償金支払時期」）は、「憲法は『正当な補償』と規定しているだけであって、補償の時期についてはすこしも言明していないのであるから、補償が財産の供与と交換的に同時に履行さるべきことについては、憲法の保障するところではないと言わなければならない。もっとも、補償が財産の供与より甚だしく遅れた場合には、遅延による損害をも塡補する問題を生ずるであろうが、だからといつて、憲法は補償の同時履行までをも保障したものと解することはできない。」と判示した。

東京地判昭五九・七・六行集三五巻七号八四六頁は、「憲法二九条三項は『私有財産は、正当な補償の下に、これを公共のために用ひることができる。』としている。しかし、同条は補償の支払い時期については何ら規定していないのであるから、いわゆる補償前払いの原則が憲法上常に保障されていると解することはできない（最判昭和二四年七月一三日刑集三巻八号一二八六頁）。」と判示した。

同旨、東京地判昭六三・六・二八行集三九巻五＝六号五三五頁。

第四章　損失補償の手続

文献　小澤道一「損失補償の手続と救済手続（一）〜（四・完）——その不統一と問題点」自治研究六四巻五号、七号、九号、十号（昭六三）、宇賀克也「損失補償の行政手続（1）（2）」自治研究六九巻一号〜三号（平五）
下出義明「損失補償に関する訴訟における訴訟上の諸問題」『実務民訴講座9』、藤井　勲「損失補償の訴えに関する若干の問題」判タ二四三号（昭四五）、村上敬一「損失補償関係訴訟の諸問題」『新・実務民訴講座10』、塩野　宏「損失補償請求の性質」塩野　宏・原田尚彦『演習行政法（新版）』（平元・有斐閣）、山岸敬子「土地収用法上の当事者訴訟」木村弘之亮編『行政法演習II』（平七・成文堂）

損失補償手続についての統一的な法律は存在しない。補償手続に関する法の規定は各個別法の規定するところであるが、個別法の規定は整備されておらず、全く不統一である。

（1）　補償手続の主体

(1)　補償義務者

補償義務者（補償を実行すべき者）は、国（自衛隊法一〇五条二項、農地法八五条の三）および都道府県（地方自治法二三二条一項）または市町村（消防法二九条四項）である場合と、公共事業の起業者（収用六八条、電気事業法六三条―電気事業者、ガス事業法四五条―ガス事業者、航空法四九条、五〇条―飛行場の設置者、）および公物の管理者（海岸法一八条、一九条、二二条二項―海岸管理者、道路法六九条―道路管理者）や使用許可を受けた者（河川法四一条―水利使用の許可を受けた者、公有水面埋立法六条―埋立ノ免許ヲ受ケタル者）である場合がある。補償義務者は権利主体でなければならないが、国および都道府県については、例外的に行政機関をもって補償義務者を示している場合もある（航空機騒音防止法一〇条一項、郵便物運送委託法一五条一項）。

(2)　補償請求権者

補償請求権者は各個別法が規定する者であり、例えば、「土地所有者及び関係人」（収用六八条）、「漁業を営んでいた者」（自衛隊法一〇五条二項）、「土地所有者および申請をした者、土地、権利若しくは定着物を取得した者」（農地法八五条の三第二項）である。

（2）　補償の決定権者

(1)　当事者の協議により決定する場合で協議不成立の場合

①　収用委員会の裁決による方式（収用九四条。この規定を準用するもの、河川法二二条、道路法六九条三項・七〇条四項・七二条二項・七五条三項、都市公園法一二条三項、海岸法一二条五項など）。

②　行政庁の裁定による方式（道路運送法六九条五項―都道府県知事、航空法四九条五項―運輸大臣、水道法四二条三項―厚生大臣、道路法六九条三項―道路管理者、ガス事業法四五条二項―都道府県知事など）。

(2)　行政庁が一方的に決定する場合

①　行政庁が独自に決定する方式（自衛隊法一〇五条六項、自然環境保全法三三条三項、海上運送法二七条三項、文

化財保護法四一条二項、建築基準法一一条、漁業法三九条七項など)。
② 諮問委員会等の意見を聴いて決定する方式(海上運送法二七条三項、漁業法三七条七項、水産資源保護法一一条三項など)。
(3) 補償についての規定はあるが、補償手続について明示の定めがない場合(消防法二九条、水防法三四条、公有水面埋立法一五条、道路運送法三五条など)
(4) 補償決定の方式
① 損失発生の有無および補償額について補償義務者が一方的に決定するもの(自然環境保全法三三条、自然公園法三五条、文化財保護法四一条、新東京国際空港安全確保法四条、航空機騒音防止法一〇条〜一五条など多数)。
② 損失発生の有無および補償額について紛争が生じている場合に収用委員会が裁決により決定するもの(収用九四条。立法例は多数に及ぶが、例えば、海岸法一二条、河川法二一条、道路法六九条、都市計画法二八条、都市再開発法九七条、都市公園法一二条など)。
(5) 補償請求についての法律の規定
① 補償決定について、補償請求権者が、決定機関に対し補償の請求をしなければならない旨の規定を置くもの(自然環境保全法三三条二項、自然公園法三五条二項、新東京国際空港安全確保法四条二項、航空機騒音防止法一一条一項など)。この場合、決定権者は、通常、請求をまって補償の要否・補償額について判断をし決定をする。
② ①のような規定を置かないもの(文化財保護法四一条、五二条、五五条、七三条、八〇条、八一条、八三条、漁業法三九条、郵便物運送委託法一五条など)。この場合、決定権者は、請求の有無に関係なく自ら判断をし決定をする。

(6)　直接憲法二九条三項に基づく補償請求

補償手続が法定されている場合は、法律の定める補償手続によらなければならず、直接憲法二九条三項に基づいて補償請求をすることはできない。[1]これは行政庁が自ら補償の決定をする場合も行政庁が第三者として裁決または裁定をする場合も同様である。[2]

（1）　東京地判昭六〇・一・三〇行集三六巻一号四二頁は、自然公園法三五条一項ないし三項及び三六条の規定は、「憲法二九条三項が要請する損失補償を実体的、手続的に具体化したものであり、このように具体的損失補償請求権についてその行使・確定の手続が法定されている場合には、当該手続によってのみ損失補償を請求すべきものであり、右手続によらないで直接憲法二九条三項に基づいて損失補償請求をすることは許されないと解すべきである。」と判示した。

同旨、東京高判昭六〇・八・二八行集三六巻七＝八号一二五〇頁。

（2）　大阪地判昭三三・七・一五下民集九巻七号一二九一頁は、「損失補償に関する訴は裁決等の行政処分の取消又は変更を求めるものでなく、被告に対し、公法上の権利として補償を請求するものであり、形式的には行政事件訴訟特例法第一条の公法上の権利関係に関するいわゆる当事者訴訟であると解すべきであるけれども、なお収用委員会の裁決の内容を争う実質を保有するばかりでなく、右の抗告訴訟と平行して定められている手続であるから、条文の文句には協議については『協議しなければならない。』とあるに対し裁決については『収用委員会に裁決を申請することができる。』とあるにも拘らず、やはり協議及び収用委員会の裁決を経由せずに訴を提起することは許されないのであって、協議及び裁決を経ることが適法に出訴するための前提要件であると解しなければならない。」、「道路法第七十条の損失補償の請求は前示収用又は使用の対象でない土地に関する損失補償と同じ手続に従わせることを規定しているから、この場合も協議及び収用委員会の裁決を経ることが訴提起の適法要件であるといわねばならない。」と判示した。

東京地判昭三九・一二・一七行集一五巻一二号二四四七頁は、「道路法第七〇条第一項に基づく道路の改築工事に伴う損失の補償は、同条第三、四項による道路管理者との協議、裁決等の手続前においては、その内容が具体的に定まっていないから、右手続を経なければこれを訴求することはできないものと解する。」（判決要旨）と判示した。同旨、新潟地高田支判昭四一・一〇・二九訟月一三巻二号一七〇頁、熊本地判昭四二・七・二七訟月一三巻一〇号一一九八頁。

（3）　不服申立て

補償決定についての不服申立てに関する一般法は存在しない。しかし個別法には不服申立てについて規定するものがある。

①　収用委員会の裁決についての審査請求においては、損失の補償についての不服をその裁決についての不服の理由とすることができない、とするもの（収用一三二条二項）。

②　補償決定に不服がある場合に、「国又は地方公共団体」あるいは「国」を被告とする訴えをもって、補償すべき金額の増額を請求することができる旨を定めるもの（自然環境保全法三四条一項・二項、漁業法三九条八項・九項、河川法四二条など）。この訴えは、いわゆる形式的当事者訴訟であるから、行政不服審査法四条一項五号の適用を受け、行政不服申立ては許されない。(1)

③　補償金額に不服がある場合に収用委員会の裁決を求めることができる、とするもの（収用九四条二項――起業者または損失を受けた者、建築基準法一一条二項――補償を受けることができる者、道路法六九条三項――見積額に不服がある者、都市公園法一二条三項――見積額に不服がある者）。

(1)　東京地判昭三五・八・三行集一一巻八号二三八二頁は、「土地収用法第一二九条第二項ただし書に掲げる各条項の規定による請求にかかる裁決についても、損失の補償に関しては、訴願をすることができないものと解するのが相当である。」(判決要旨)と判示した。

最判昭三七・九・一八民集一六巻九号二〇三〇頁は、「土地収用法一二九条二項但書括弧内の『第七十八条の規定による請求に係る裁決』とは、原判決(その是認引用する第一審判決)のごとく、七八条の拡張収用に関する収用委員会の裁決のうち収用の目的物についての裁決のみを指し、損失補償についての裁決は含まないものと解するのを相当とする。」と判示した。

補償決定については、その性質上、行政不服申立ては許されないという見解がある。すなわち、行政庁が一方的に補償決定の権限を有する場合、この決定は「補償見積額の提示」であって行政処分とはいえず、また、収用委員会の裁決は仲裁裁定的性格のもので純粋の行政処分性を有するものでない、という(下山瑛二『国家補償法』三二〇頁以下)。

(4)　訴　訟

損失補償請求訴訟の性質については、基本的に、形成訴訟説と給付訴訟説との対立がある。形成訴訟説は、収用委員会の補償裁決は行政処分であり、損失補償請求訴訟は行政処分の変更を求める抗告訴訟、すなわち形成訴訟であるとする。(1) したがって、原告は収用委員会の補償裁決の変更(増額または変更)を求め、その勝訴判決を得て、改めて差額等の給付請求をすべきである。これに対し、給付訴訟説によれば、原告は端的に収用委員会の補償裁決との差額等の給付を求める給付訴訟を提起すれば良いとする。(2) この点について、下級審の判例は別れているが給付訴訟説に立つものが優勢である。(3) 最高裁の判断はまだ示されていない。損失補償請求訴訟は、正当な損

失補償額の終局的解決を求めるものであるという視点からすれば、給付訴訟とみるのが正当であるといえよう。(4)

（1）　高田賢三・国宗正義『土地収用法』三六一頁（昭二八・日本評論社）、村上敬一「損失補償関係訴訟の諸問題」『新実務民訴講座⑽』一四四頁以下、宍戸達徳「公用負担関係事件の審理における二、三の問題」『新実務民訴講座⑽』一〇六頁。

（2）　今村成和『国家補償法』八二頁、下山瑛二『国家補償法』三一四、三二七頁、豊水道祐「当事者訴訟」『行政法講座三巻』七六頁、下出義明「損失補償に関する訴訟における訴訟上の諸問題」『実務民訴講座9』二九頁（昭四五・日本評論社）

（3）　形成訴訟説に立つ判例

大阪地判昭三〇・四・二行集六巻四号一〇四八頁は、「土地収用の法律関係が国家権力の行使による公用徴収の法律関係として、公法上の権利関係であることはいうまでもないところであり、その損失補償の関係も右関係の重要な一部として同様な性質を有することは明らかであって、土地収用法によれば、右損失補償の訴はこれに関する裁決庁である収用委員会を相手方とせず、起業者と土地所有者又は関係人間の当事者訴訟の形式をとることとしてはいるが、実質は収用委員会の裁決に対する抗告訴訟の意味をもつものであり、これが通常の民事訴訟ではなく、公法上の権利関係に関する訴訟として行政訴訟であることは明らかである。」と判示した。

東京地判昭四二・四・二五行集一八巻四号五六〇頁は、「補償額の増減を問題とする場合に於ける土地収用法第一三三条の訴えは、収用委員会の裁決のうち補償額の部分の変更を求める形成の訴えにほかならないもの、と解するのが相当である」と判示した。

同旨、松江地判昭四五・三・二五行集二一巻三号六〇三頁。

高松高判昭和五九・一二・二四行集三五巻一二号二三三三頁は、収用委員会のした収用裁決のうち損失補償の額に関する部分に不服のある者は、まず右部分の公定力を排除するために、土地収用法一三三条に基づく訴えにおいて裁決額の変更を求めなければならず、それを求めないで起業者に対して右の額を上回る損失補償金の給付を求めることは許されない、と判示した。

同旨、東京地判平二・三・七行集四一巻三号三七九頁。

給付訴訟説に立つ判例（多数あるが、若干のものを挙げておく）

東京地判昭四七・二・二九行集二三巻一＝二号九三頁は、土地収用法一三三条所定の訴えを提起する「当事者の目的が、補償額の観念的な変更自体よりも、その変更の結果の実現ともいうべき増額による差額の給付または減額による過払額の返還を求めることにあることは明白であり、また、右の給付を認めることが紛争の終局的解決にもっとも適切であることはいうまでもない」と判示した。

広島高松江支判昭四九・七・三一行集二五巻七号一〇三九頁は、土地収用法一三三条の訴訟は、「憲法上の具体的補償請求権を訴訟物とし、その存否の確認又は補償金の支払もしくは返還を求める訴訟であり、形成判決によって裁決のうち補償額を定める部分の変更がなされることが右のような確認又は給付を請求するための論理的前提となるものではない。」と判示した。

名古屋高判昭五八・四・二七行集三四巻四号六六〇頁は、土地収用法一三三条の損失補償に関する訴えは、補償請求権の確認又は差額等の給付を求める当事者訴訟であるとし、土地収用法一三三条に基づく訴えのうち収用委員会のした裁決の変更を求めるる部分は不適法であると判示した。

大阪地判平四・六・二四行集四三巻六＝七号八四七頁は、「土地収用法一三三条の訴えが形式的当事者訴訟とされた趣旨は、①損失補償金額の多寡の問題は、もっぱら、被収用者と起業者との財産的利害に関係があるだけで、公益に関係しないのみならず、そこでの不服の内容も、損失の金銭的評価に関する問題が中心となるため、この訴訟に、公益の代表者としての収用委員会を関与させる必要や実益はないこと、②損失補償の金額は、本来、客観的一義的に定まり得るものであって、そこに行政庁の裁量を容れる余地はないことから、補償金額の多寡に直接利害関係のある被収用者と起業者との間で争わせることが適当であるとの立法政策上の理由によるものというべきである。」

「土地収用法一三三条の訴えは、収用委員会のした裁決のうち損失の補償に関する部分についての不服を内容とするものであって、無名抗告訴訟の実質を有するものであるが、右訴訟については、行政庁である収用委員会を関与させることなく、被収用者と起業者との間で争わせれば足りるとした同条の趣旨に鑑みるならば、土地収用法一三三条は、損失補償に関する紛争は、右当事者間において、全面的かつ終局的に解決することを予定するものと解され、そうである以上、同条に基づく訴えにおいて、あえて裁決を変更する旨の請求をその請求の趣旨に掲げるまでもなく、裁決を変更した結果の確認ないし金員の給付を求めることを認めたものと解するのが相当である。すなわち、土地収用法一三三条が、収用委員会がした裁決のうち損失の補償に関する部分については、収用委員会を被告とする抗告訴訟の判決の拘束力によって変更するものとはせずに、被収用者と起業者を当事者とする形式的当事者訴訟により、これを終局的に変更し得るものとした以上、同条に基づく訴訟においては、端的に、裁決が変更された結果の確認ないし金銭給付を求め得るものというべきである。」と判示した。

(4)　学説としては次のような見解がある。① 損失補償請求訴訟は抗告訴訟的要素と当事者訴訟的要素が融合した独特の訴訟である（金子芳雄「判批」判時六三七号一一六頁・昭四六、碓井光明「当事者訴訟」南　博方編『条解行政事件訴訟法』一五七頁・平四・弘文堂）、② 実体的な補償請求権を確定しつつ形成的な法効果（期間を過ぎれば相手方の同意なしに確定する）の排除を目的とする「救済の訴え」である（鈴木庸夫「当事者訴訟」『現代行政法大系5』九八頁）、③ 補償裁決は当事者が争わない限りでの形成効果を認めたものであり、損失補償請求訴訟は出訴期間のある排他的な実質的当事者訴訟であり、給付訴訟と見るべきである（塩野　宏「行政法II」一九九頁）。

第五篇　特別法に基づく補償責任

文献　梅原康生「結果責任に基づく国家補償」杉村編『行政救済法２』（平三・有斐閣）
塩野　宏「予防接種事故と国家補償」同『行政過程とその統制』（昭六四・有斐閣）、西埜　章「予防接種事故補償の性質」『行政法の争点』、稲葉　馨「予防接種禍に対する国の補償責任」ジュリ一〇二一号（平五）

（1）　問題の所在

国家責任は、主として、行政上の損害賠償と公法上の損失補償との二つの制度の下に展開されてきた。しかし両制度のいずれによっても補償されない損害が存在し、これは損害賠償と損失補償の谷間にある問題であり、学説の多くは、これを結果責任に基づく国家補償の問題であるとした（1）。それは、損害賠償や損失補償の一般的な原則によって救済されない損害について、損害発生の結果に基づく責任ではなく、特別法ないし特別の法原則に基づき、あるいは立法者の公正ないし社会的正義という視点の下に、国や公共団体が負うべき責任である。損害賠償と損失補償の谷間にある問題領域に関する立法や理論はまだ整備されておらず、今後の課題であるということができる。以下に、問題となる場合についての現行の立法例を示しておこう。

（1）今村成和『国家補償法』三頁、一二七頁、秋山義昭『国家補償法』二三二頁以下、芝池義一『行政救済法講義』二七三頁以下、梅原康生「結果責任に基づく国家補償」杉村編『行政救済法2』一六九頁以下。
結果責任という概念は、法概念というよりは、課題領域を示す「開発的な」概念というべきであろう（塩野　宏『行政法II』三〇〇頁注(1)。

（2）立法例

Ⅰ　原因行為が違法ではあるが、公務員に故意過失がない場合

この場合の国家補償責任を定める立法例としては、刑事補償法（誤判に基づく刑の執行に対する補償）、消防法六条三項（防火対象物の改修・除去等の命令が裁判により取消された場合の損失の補償）、国税徴収法一一二条二項（差し押さえられた動産等の売却決定が取消された場合に生じた損失の賠償）、郵便法六八条以下、郵便貯金法二七条、郵便為替法一五条、郵便振替貯金法一六条（郵便事業において国が債務を適正に履行しなかった場合の賠償）などがある。

このような特別の規定が存在しない場合に、国の補償責任を根拠づけるためには、過失の客観化または推定、公権力の行使について国家賠償法二条一項の拡張適用、損失補償の法理の援用などが考えられる。しかしこのような対症療法的な解決ではなく、立法論として公権力の行使について無過失責任を認めるべきであるという意見もある。

Ⅱ　正当な行為の結果として損害が生じた場合

この場合の立法例としては、刑事補償法（未決拘留に対する補償）、文化財保護法四一条・五二条（文化庁長官が国宝の修理等の措置をした場合またはその勧告・命令による重要文化財の出品・公開によって生じた損失の補償）、予防接

種法一六条〜一九条の四（予防接種健康被害救済制度）などがある。

このような特別の規定が存在しない場合あるいは法律の規定が十分でない場合に[1]、国の補償責任を根拠づけるためには、損害賠償もしくは損失補償のいずれかの制度に乗せるしかない。いわゆる予防接種については、国の塡補責任を認める必要があることは当然として、その救済を損害賠償的構成[2]によって行うか、損失補償的構成[3]によって行うかの基本的な対立があり、さらに、結果責任説や危険責任説が主張されている[4]。従来、下級審の裁判例は損失補償的構成をとるものが多かったが[5]、最高裁は、被接種者が禁忌者に該当していたと推定する損害賠償的構成を示し[6]、その後下級審判例も最高裁判例に従った[7]。

III 危険状態に基づいて損害が生じた場合

立法例としては、国家公務員災害補償法（公務災害に対する補償）、警察官の職務に協力援助した者の災害給付に関する法律（公務協力者に対する補償）、日本国に駐留するアメリカ合衆国軍隊等の行為による特別損失の補償に関する法律一条（アメリカ合衆国軍隊または国際連合の軍隊の行為による損失の補償）などがある。

しかし危険状態に置かれたということだけから補償請求権を根拠づけることは困難であり[8]、危険状態から生じた損失の塡補を法律が認める場合にも、そのような法律が国家補償的性質だけをもつとは限らず、社会保障的性格を併せもつこともある[9]。

（1） 予防接種事故については、医療費、後遺症一時金、弔慰金を支給することを内容とした「予防接種事故に対する措置について」（昭和四五年七月三一日閣議了解）により、ある程度の行政救済措置が講じられていたが、昭和五一年に、伝染病予防調査会の「国家補償的精神に基づく法的措置による救済制度」の確立を求める答申に基づき、予防接種法等の一部改正がなされ、「予防接種に起因する疾病・障害・死亡の場合」につき、無過失の場合も給付が受けられる予防接種健康被害救済制度が設けられた。

(2)　滝沢　正「予防接種事故と損害の塡補」判タ五三〇号一八頁（昭五九）、新美郁文「予防接種事故と国・自治体の責任」判タ五四六号一〇頁（昭六〇）。

(3)　塩野　宏「賠償と補償の谷間」塩野　宏・原田尚彦『行政法散歩』（昭六〇・有斐閣）、原田尚彦「予防接種事故と国家補償」ジュリ八九八号六頁（昭六二）。

(4)　秋山義昭『国家補償法』二三一頁、今村成和「予防接種事故と国家補償」ジュリ八五五号七〇頁以下（昭六一）、阿部泰隆「予防接種をめぐる国の補償責任」判タ六〇四号九頁（昭六一）、西野　章「予防接種事故補償の性質」『行政法の争点』一九一頁、梅原康生「結果責任に基づく国家補償」杉村編『行政救済法2』一九〇頁。

(5)　東京地判昭五九・五・一八判時一一一八号二八頁は（＝予防接種禍訴訟）は、公共のために財産上特別の犠牲が課せられた場合には、これにつき損失補償を認めた規定がなくとも、直接憲法二九条三項を根拠として損失補償を請求できるのであり、憲法一三条後段、二五条一項の趣旨に照らせば、生命、身体に対し特別の犠牲が課せられた場合を右財産上のそれより不利に扱うことが許されるとする合理的理由はない、したがって、生命、身体に対して特別の犠牲が課せられた場合においても、憲法二九条三項を類推適用し、直接同項に基づき国に対し正当な補償を請求することができると解するのが相当である、と判示した。

大阪地判昭六二・九・三〇判時一二五五号四五頁（＝予防接種禍訴訟）は、憲法二九条三項の規定のもちろん解釈により、損失補償責任を肯定した。

福岡地判平元・四・一八判時一三一三号一七頁（＝予防接種禍訴訟）は、憲法二九条三項は、国民の生命・健康の特別な犠牲について、財産権の補償と同等以上の補償が必要である趣旨を含み、直接同条項を根拠として補償請求をすることができると解されるところ、これは生命・健康の特別な犠牲についても妥当する、と判示した。

(6)　最判平三・四・一九民集四五巻四号三六七頁（＝行政判例百選Ⅱ144「予防接種と国家賠償責任」＝小樽種痘禍訴訟）は、「予防接種によって右後遺障害が発生した場合には、禁忌者を識別するために必要とされる予診が尽くされたが禁忌者に該当する事由を発見することができなかったこと、被接種者が右後遺障害を発生しやすい個人的素因を有していたこと等の特段の事情が認められない限り、被接種者は禁忌者に該当していたものと推定するのが相当である。」と判示し、国家賠償責任を認める方向を示した。

（7）　東京高判平四・一二・一八高民集四五巻三号二一二頁（＝予防接種禍訴訟）は、「もともと、生命身体に特別の犠牲を課するとすれば、それは違憲違法な行為であって、許されないものであるというべきであり、生命身体はいかに補償を伴ってもこれを公共のために用いることはできないものであるから、許すべからざる生命身体に対する侵害が生じたことによる補償は、本来、憲法二九条三項とは全く無関係のものであるといわなければならない。したがって、このように全く無関係なものについて、生命身体は財産以上に貴重なものであるといった論理により類推ないしもちろん解釈することは当を得ないものというべきである。

以上のとおりであるから、憲法二九条三項を、公権力の行使が適法か違法かを問わず、特別の犠牲が結果として生ずれば損失補償を命じた規定と解した上、予防接種被害も同様に特別の犠牲と観念し得るが故に、損失補償ができると解釈することはできないものといわなければならない。」と判示し、厚生大臣には予防接種の禁忌者に予防接種を実施させないための充分な措置をとることを怠った過失があるとして、国家賠償責任を認めた。

福岡高判平五・八・一〇判時一四七一号三一頁（＝予防接種禍訴訟）は、厚生大臣には予防接種の禁忌該当者に予防接種を実施させないための十分な措置をとることを怠った過失があるとして、国家賠償責任を認めた。

同旨、大阪高判平六・三・一六判時一五〇〇号一五頁（＝予防接種禍訴訟）。

札幌高判平六・一二・六判時一五二六号六一頁（＝小樽種痘訴訟、差戻後控訴審判決）は、痘そうの予防接種により重篤な後遺障害が発生した事故について、担当医師の問診義務違反の過失があったとして、国及び地方公共団体の損害賠償責任を認めた。

（8）　最判昭四三・一一・二七民集二二巻一二号二八〇八頁（＝行政判例百選Ⅱ174「在外資産喪失と国に対する補償請求」）は、「戦争中から戦後占領時代にかけての国の存亡にかかわる非常事態にあっては、国民のすべてが、多かれ少なかれ、その生命・身体・財産の犠牲を堪え忍ぶべく余儀なくされていたのであって、これらの犠牲は、いずれも、戦争犠牲または戦争損害として、国民のひとしく受忍しなければならなかったところであり、右の在外資産の賠償への充当による損害のごときも、一種の戦争損害として、これに対する補償は、憲法の全く予想しないところというべきである。」と判示した。

最判平九・三・一三民集五一巻三号一二三三頁（＝戦争犠牲者補償訴訟）は、戦争中から戦後にかけての国の存亡にかかわる非常事態にあっては、国民のすべてが、多かれ少なかれ、その生命、身体、財産の犠牲を堪え忍ぶことを余儀なくされていたのであって、これらの犠牲は、いずれも戦争犠牲ないし戦争損害として、国民のひとしく受忍しなければならなかったところであり、これらの戦争損害に対する補償は本条三項の予想しないところというべきである、と判示した。

（9）　最判昭五三・三・三〇民集三二巻二号四三五頁（＝行政判例百選Ⅱ175「国家補償と社会保障」）は、「原爆医療法は、被爆者の健康面に着目して公費により必要な医療の給付をすることを中心とするものであって、その点からみると、いわゆる社会保障法としての他の公的医療給付立法と同様の性格をもつものであるということができる」。しかし、同法は「被爆による健康上の障害がかつて例をみない特異かつ深刻なもので……かかる障害が遡れば戦争という国の行為によってもたらされ……しかも、被爆者の多くが今なお生活上一般の戦争被害者よりも不安定な状態に置かれているという事実」を背景に制定されたものであり、「原爆医療法は、このような特殊の戦争被害について戦争遂行主体であった国が自らの責任によりその救済をはかるという一面をも有するものであり、その点では実質的に国家補償的配慮が根底にあることは、これを否定することができない」と判示した。

第六篇　計画保障

文献　遠藤博也『計画行政法』（昭五一・学陽書房）、宮田三郎『行政計画法』（昭五九・ぎょうせい）、手島　孝『計画担保責任論』（昭六三・有斐閣）、宇賀克也『国家補償法』（平九・有斐閣）、宇賀克也「計画担保責任」『行政法の争点』乙部哲郎「国家計画の変更と信頼保護」神戸学院法学六巻三号（昭五二）、保木本一郎「行政活動の変更と補償」『現代行政法大系6』、安本典夫「行政活動の変更と補償」杉村編『行政救済法2』（平三・有斐閣）

第一章　基礎理論

（1）　計画保障の概念

計画保障（Plangewährleistung）とは、計画変更の場合に、計画の存続・遵守を求め、または、計画の存続が可能でない場合に、計画変更によって生ずる損失を回避し、新しい事態への移行を考慮した経過措置および適合援助を求める国民に対する国または公共団体の責任をいう。計画保障の問題性は、計画変更または計画挫折の場合、計画に積極的に協力した国民の法的地位を確保することにあり、第一に適合措置を講ずることが優先し、それが可能でない場合にはじめて、損失補償または損害賠償の責任が問題となる、という点にある。

（2）　問題の所在

計画保障では、一定の計画の存続およびその遵守を求める国民の法的地位が問題となる。計画保障の問題を考察するにあたっては、つぎの諸点に留意しなければならない[1]。

第一に、計画は、その本質上、安定性・継続性（Stabilität, Kontinuität）と柔軟性・可変性（Flexibilität・Veränderlichkeit）との緊張関係のうちにある、ということである。計画は、一方において、国民とくに経済的活動を行う国民に対し、計画に適合する行動、措置および投資などを行わしめるように、様々のインパクトを与える。計画実現は国民が計画の存続をあてにすることができるということ（信頼保護）が前提である。他方において、計画は、政治的、経済的および社会的領域における一定の現実的諸関係を出発点として策定され、それを一定の目標に向かって操作しようとする。しかし基礎的な諸関係が変化しまたは誤った評価に基づいているときは、計画は修正され、変化した諸関係に適合したものに改訂されなければならない。計画の可変性は計画に固有の属性であるということができる。したがって、計画保障の問題は、計画の廃止、変更または不遵守の場合における計画主体と計画の名宛人との間のリスクの分配の問題である、ということができる。

第二に、自由主義的公法学の理解による、自由にはリスクが伴い強制には補償が伴うという対置は計画においては解消される、ということである。オッセンビュールによれば、「高権的強制は、計画において、直接的な力（vis directa）として正面からの侵害という形式をとるのはごく稀である。むしろ侵害の構造は、微妙な国家干渉という形式によって溶解される。高権的強制は、協働、約束、説得、教唆、呼びかけ、奨励金、挑発および脅迫に置き代えられる。間接的な力（vis indirecta）が直接的な力と交代した。そのことによって、自由と強制が混合されるのみならず、同時に責任の所在がぼやけ、少くとも覆い隠されることになった。市民的自由と国家規制との境界は、われわれにとって疑わしいものとなった。自由と強制との対立に基づいて定められた法律学のカテゴリーの武器庫は、もはや以上の諸現象を把握できない。新しいカテゴリーが存在しないため、考察は、当然カズィスティクとなる」。

第三に、計画保障の概念は包摂可能な法概念ではない、ということである。計画保障の概念は計画の概念と結びついており、計画そのものは法概念ではないから、計画保障は、広汎な領域と種々のケースを含み、法概念にとって必要な限定を欠いている。それは、多くの請求権や種々の保障措置のための法的容器以上のものではない。したがって計画保障の問題は種々の視点から分析されなければならない。

いうまでもなく、計画保障という法思想はドイツの学説によって展開されたものである。以下に、計画保障という視点でとらえられる典型的なケースと計画保障の内容となる請求権についての問題点を、学説の整理するところに従って示しておこう。

（1） H. Maurer, Allgemeines Verwaltungsrecht, 1. Aufl., 1980, S. 297 ff.; F. Ossenbühl, Staatshaftungsrecht, 5. Aufl., 1998, S. 381ff.

（3） 具体的な問題状況

計画保障をめぐる具体的な問題状況は、次の三つのケースによって示されている。

(1)　冷凍食肉事件

第一次世界大戦中、ライヒ政府は、戦時食糧政策の一環として、冷凍食肉の輸入規制を緩和する措置をとり、同時に食肉関税を停止した。戦後、その継続が問題となったが、一九二三年一一月二日の命令一条において、「一九一四年八月四日の暫定的食肉輸入緩和に関する告示により認められた冷凍食肉輸入のための緩和は、追って措置あるまで有効とするが、少なくとも一九三三年一二月三一日までは有効とする」と規定した。この最低十年間の期限は、関係輸入業者と政府との長期にわたる折衝によるもので、輸入規制緩和措置を十年間保証し、冷蔵倉庫の建設など輸入に必要な投資がなされることを目的とするものであった。しかし命令は、一九二五年に廃止され、食肉関税も復活されることになったので、法律の保障を信頼してなされた冷凍食肉輸入業者の投資は無益となった。そこで、ドイツ冷凍食肉等屠殺製品輸入卸売業者ライヒ連合会、ドイツ消費組合中央連合会およびドイツ冷蔵庫業者連合会の三団体が、国に対し五三〇〇万ライヒマルクの損害賠償を請求する訴訟を提起した。

一九三三年一月一〇日の大審院判決（RGZ 139, 177）は、「自己の営業上の対策をその時々の一般的立法の状態に基づいて構成し、万一の補償義務について契約による取り決めをすることなく、また事業の収益性を初めて可能ならしめる法律の存続についての憲法上の保障なしに、自己の企業を形成した……者は、当然ながら、経済をこれやあれやの方向に誘導するその後の法律が、自己の営業上の計画を妨げたり企業の継続を挫折させる、という冒険を引き受けているのである。単に法律が自ら期限をつけたというだけでは右の冒険を引き受けたことにならない。何故なら、法律構成要素としての期限は、法律そのものと同様に、その後の改正に服するのであり、その合目的性と必要性はその時々の経済的または政治的諸関係によって定まる」、「立法者は、自主独立であって、立法者が自ら憲法または他の法律において自らに引いた限界以外、いかなる限界にも拘束されるものでない。」と判示した。

(2)　ベルリン援助事件

一九五九年のベルリン援助法一五条二項は、売上税免除を規定し、この租税優遇措置は、明文の規定により少なくとも五年間、一九六四年一二月三一日までに必要とされた。しかし一九六一年ベルリンの壁の建設によって事態は一層深刻になり、五年の期間満了前にベルリンに対するいっそうの援助措置が必要となった。そのために必要な手段は、財政の枠を著しくこえるものであったので、一部従来のベルリン援助を再配分する方法でなされ、もはや必要でないと思われる租税優遇措置の縮小がなされた。かくして一九六二年七月二六日のベルリン援助法の改正は、タバコの売上げ税免除を一九六三年一月一日以降すなわち当初の最終期限前二年間は三分の一に縮減して適用することを規定した。本件では右の法律改正の憲法適合性が争われたのである。

一九七一年三月二三日の連邦憲法裁判所判決（BVerfGE 30, 392）は、五年間の売上げ税免除を規定した一九五九年のベルリン援助法一五条二項は、信頼保護の要件を創ったのであって、授益的な租税義務者は原則としてそれを当てにすることができる。そのような法律状態の存続に対する信頼は、遡及的な租税法に対して国民に与えられる保護よりも、少なからざる保護を与えられる。国民が立法者による考慮を正当に期待できるかどうかは、信頼保護の程度と公共の福祉に関する立法者の関心の重要性との比較衡量にかかっている、と判示した。

結局、連邦憲法裁判所は立法者の関心を優先させたが、とくにタバコ産業が、一九六三年までに保証された売上げ税免除によって、投資額を上回るタバコ税分を融資のために使用できるほどの利益をあげたという理由が重視された。

(3)　黒パン事件

一九五五年西ドイツは国際関税協定（ガット）の枠内でスエーデンと関税引下げの取り決めを行い、西ドイツにおける黒パン輸入の関税率が二五パーセントから一〇パーセントに引き下げられた。そのため、スエーデンからの黒パンの輸入が増大し、国内市場が圧迫され、国内黒パン製造工場は著しい収益減をうけた。

一九六六年一月三一日の連邦通常裁判所判決(BGHZ 45, 83)は、「企業者……は、原則として、関税の維持によって自己の売上高または市場占有率を保持されることを求める権利を有するものでなく、ただ……外国の競争者が、関税率の廃止または引下げによって、自己に対して、より有利な競争状態に置かれることがないというチャンスをもっているにすぎない」、「別段のことが考えられるのは、事案の特別の事情により信頼保護の要件が創られ、それにもとづいて企業者が保護関税の存続を当てにすることができる場合、例えば、企業者が連邦政府により保護関税の存続を指示され、大きな支出と投資を勧誘された場合だけである。かような場合には、企業者に生じた期待に反して、保護関税が直ちに廃止されたり、または重大な方法で引下げられたりするならば、損失補償請求権が問題になりうるだろう」と判示し、収用を理由とする損失補償を否認した。

（4）　計画保障の態様

計画保障の現象は、請求権、計画形式、計画類型などいろいろの視角から分析することができる。唯一のまたは統一的な計画保障請求権は存在しない。以下には請求権を中心として計画保障の態様を考察しよう。

(1)　計画保障請求権

計画保障は、しばしば、国家による賠償または補償という観点から、計画保障請求権として構成される。しかし、計画保障請求権は、主として、賠償または補償を目的とするものではなく、計画変更にあたって計画存続、計画遵守または経過措置を目的とするものであって、補償は、計画変更または計画不遵守によって財産上の損失が生じた場合に、副次的に、計画保障の内容となるというべきである。計画保障は単なる賠償や補償請求権と同一視することはできない。

(2) 計画の存続を求める請求権

計画一般の存続を求める請求権は原則として成立しえない。それは計画の可変性の要請と合致しないし、計画の存続を求める個人の利益は計画変更における公益に道を譲らなければならないからである。計画を変更できるかどうかは、まず法律の特別の規定によって定まる。根拠規定がないときは計画策定の根拠規定が計画変更のための規定となる。計画の改廃は新計画の策定を含むからである。

① 計画が法律の形式をとっている場合には法律の真正遡及効および不真正遡及効に関する原則が適用される。真正の遡及効を有する計画変更は許されないが、計画したがって計画変更は将来指向であるため、法律形式の計画変更が真正の遡及効を有する場合は殆ど考えられない。それに対して計画変更が不真正の遡及効を有する場合には、利害関係人の計画存続に対する信頼保護が計画変更における公益を優越するときに、計画存続を求める請求権が認められよう（ベルリン援助事件、なお冷凍食肉事件、黒パン事件も参照）。

② 計画が行政行為の法形式をとっている場合には、行政行為の撤回に関する原則が適用され、それが計画改廃の限界となる。

③ 誘導的計画は、命令服従という典型的な支配構造を放棄し、協働から脅迫にいたるまでの多様な手段をもって国民に影響を及ぼし、一定の目標を実現しようとする計画である。このような計画の改廃は、計画策定権者の

形成の自由の問題であり、そこでは比較衡量の要請が働く。行政が特別の確約または契約的な取り決め等信頼保護の要件の存在により拘束される場合にのみ、計画変更に制約が生じる。

(3)　計画の遵守を求める請求権

この請求権は計画の遵守と執行を求め、計画違反の行政行動に反対する請求権である。計画遵守請求権については、計画が法的拘束力を有するかどうか、法的拘束力がある場合にも行政は即時の執行の義務を課せられているかどうか、またどの程度に計画を実現すべきか、といった問題がある。計画遵守請求権は、主として、計画違反を理由とするいわゆる隣人訴訟として構成されることになろう。一般的な計画執行請求権は一般的な法律執行請求権と同様に成り立たない。

(4)　経過規定および適合援助を求める請求権

この請求権は、計画の改廃を阻止できない場合に、計画に対応する措置をとり計画の改廃により財産上の損失を受けた者のために、経過規定および適合援助を要求する。この請求権は利害関係人を漸次的に新しい状況に適応させ損失をできるかぎり回避する機能を有する。これが、計画保障請求権の本来の内容となるべき請求権である。(1)

(5)　損失補償請求権

この請求権は、計画変更を阻止できず計画が遵守されなかった場合に、ultima ratioとして、補償または賠償を求めるものである。計画存続、計画遵守および計画適合援助が排除されたときに、はじめて損失補償または損害賠償請求権が問題となる。通説・判例は、計画保障の問題を、伝統的な国家補償法の枠内で解決しようとし、したがって計画保障請求権というときに、問題を、ありきたりの損失補償および損害賠償請求権に限定する傾向がある。

それに対して有力学説は計画損失に対する計画保障請求権のために独自の法的根拠を提供しようと試みている。独自の計画保障の法的根拠としては、信頼保護の原則、比例原則、社会国家原理、リスク分配の思想および事実上の契約関係の理論など多様である。学説上コンセンサスはまだ形成されていない。

(1) 計画策定手続および計画決定に瑕疵ある場合に、自己の権利を侵害された者は、訴訟要件を具備すれば計画決定の取消訴訟を提起できる。しかし最近のドイツの判例では、取消訴訟と並んで、計画補充請求権が重要な意義をもっており、計画に付着する瑕疵は、もはや計画の全部取消または一部取消とならず、その場合、計画補充請求権が、不十分な計画措置(例えば、騒音防止措置など)を補充することによって、計画全体を維持するものとして機能する。このような考え方は計画保障の場合にも共通するものがあるといえよう。

第二章　計画保障請求権

（1）　わが国の学説の状況

計画保障請求権をどのように規定すべきかについて、学説は一致していない。

①　計画保障請求権は、一般的には、計画の存続や履行を求める請求権を意味するものではなく、原則として、損失補償や損害賠償ないし代償的措置を請求する権利である。(1)

②　計画保障とは、計画変更による損失補償請求権だけではなく、計画変更を阻止しその存続を求める権利をも包含しうる。(2)

③　本来の計画担保責任は、適法な（および違法ではあるが有効な）計画改廃に際し適切な予防的・経過的・代償的措置を講ずる法的責任であり、広義の計画担保責任は、第一に、当該計画ないし計画実施措置に契約的要素を見出しうる限りでは、まず持約の内容、次いで契約責任であり、第二に、それ以外の場合で、(a)計画改廃行為が違法のときは、一次的にその排除、二次的に不法行為の損害賠償責任、(b)計画改廃行為が適法のときは、初め固有の計画担保責任、最終的には公用収用の損失補償責任、(c)計画改廃行為が違法ではあるが有効とされるときは、最初固有の計画担保責往、副次的に不法行為の損害賠償責任である。(3)

計画法は種々の補償問題を孕んでいる法領域である。計画—保障請求権の概念は確固たる法概念として確立したものではない。計画保障請求権の内容は、計画存続請求権、計画遵守権または計画変更を阻止できない場合における種々の適合援助、損害賠償および損失補償を求める請求権にまで及び得る。むしろ計画保障の法思想ないし法制度は、補償を無用とし、損害賠償ではなく、損害回避のための種々の適合援助の措置を本来の内容とするというべきである。(4)

このような計画―保障請求権が、現行法上、成り立つかどうか、また、いかなる要件の下にいかなる効果をもって成り立つかは極めて困難な問題である。学説は、計画保障請求権の成立要件よりは、計画保障請求権の法的論拠および法的性格の探究において多彩である。計画保障請求権の法的論拠としては、①法的安定性、②契約法理、①信頼保護の原則、④禁反言の原則、①財産権の保障などの考え方が示され、また計画保障請求権の法的性格についての学説は、①債務不履行説、②不法行為説、③収用類似侵害説などに整理されている。(5)このような考え方は、判例、したがって個別的なケースに即して展開されたものであって、計画保障の問題の部分的な側面をとらえているにすぎない。法思想、法制度ないし法の一般原則などは、あまりに漠然すぎて直ちに具体的な計画保障請求権の内容、成立要件、効果などを引き出す根拠とはなりえないし、計画保障請求権の法的性格についての説明もすべての計画保障請求権に妥当するものではない。

（1）　保木本一郎「行政活動の変更と補償」二四九頁。
（2）　乙部哲郎「国家計画の変更と信頼保護」三八頁。
（3）　手島　孝『計画担保責任論』一三〇頁以下、二二四頁以下。
（4）　宮田三郎『行政計画法』二九一頁。
（5）　手島　孝『計画担保責任論』二〇八頁以下、安本典夫「行政活動の変更と補償」杉村編『行政救済法２』八一頁以下。

（2）　問題の整理

(1)　計画保障の思想は、結局、つぎの三つの問題となる。

①　計画存続請求権および計画遵守請求権が成立するために、計画変更が法的に不可能になるか。

②　計画変更を阻止できない場合に、(a)経過措置または適合援助を求める計画保障請求権が認められるか、(b)計画変更による財産上の損害または損失の調整を求める計画保障請求権が認められるか。

計画保障の問題は、計画変更によって生じるリスクを、私人にではなく、計画主体たる国または地方公共団体に課せられる場合に生じる。リスクの分配の視点としては、一方における計画に対する私人の信頼の保護と他方における計画の可変性の要請が基準となる。問題は、私人の信頼保護も計画の可変性も損われないような調整を見い出すことにある。その場合、信頼保護と計画の可変性は、それぞれの計画の類型および内容に応じて一様ではない。したがって、個々の具体的な計画保障請求権の理論構成は当然異なりうるのであって、一括して答えることのできる問題ではない。

(2)　計画存続または計画遵守を求める計画保障請求権は、柔軟な行動モデルとしての計画の性質上、原則として存立しえない。行政計画の改廃をめぐる判例も行政計画一般の改廃を阻止しうる私人の請求権を認めていない。

(3)　経過措置ないし適合援助を求める計画保障請求権を認める制定法上の根拠はない。判例理論では、不利益防止ないし損害の賠償などの代償措置を講ずることによってはじめて計画変更が許容せられる旨を判示し（公営団地建設計画廃止事件、沖縄工場誘致政策廃止事件(1)）、不利益防止措置ないし代償措置を求める計画保障請求権が成り立ちうることを認めているように見える。学説は、判例理論に対応して、適合援助を求める計画保障請求権を認め、計画の改廃にいたる前の移行措置体系として、転換補助・奨励金、負担調整金といった金銭・現物による過渡的援助が考えられる、としている。(2)また、法律や条例形式による奨励金制度などの優遇措置の廃止が、経過規定を設けることによって法形式的には法律の不遡及の原則に反しないとしても(釧路市工場誘致条例改正事件(3))、実際上は、経過規定のいかんによって、奨励金制度の存続をあてにしてなされた私人の資本投下は不利益な影響を受ける。代償措置または適合援助措置の内容は、具体的ケースに応じて多様でありうるし、経過措置または適合援助を求める請求権が訴求可能な請求権たりうるためにはその内容を特定しなければならない。むしろ、計画主体側が、進んでみずから経週措置や適合援助措置をとり、それによって私人の受ける不利益の発生を予防し、損害賠償または損失補償請求権を阻止すべきであろう。(4)

(4)　損害賠償または損失補償を求める独自の計画保障請求権も一般的には存在しない。損害賠償は国家賠償法および民法の不法行為法により、また損失補償は各個別的法律の補償規定および損失補償に関する法原則によって解決される。

①　拘束的・規範的計画の場合には、計画の拘束性がリスクを伴う私人の自己決定の余地を排除するから、計画改廃に伴う不利益の救済は計画主体側の責任であるということができる。したがって法律は拘束的・規範的計画の変更については、通常、損失補償規定をおいている。例えば、市街地開発事業等予定区城に関する都市計画に定められた区域が変更された場合につき都市計画法五二条の五の規定、市街地開発事業又は都市施設に関する都市計画に定められた区域又は施行区域が変更された場合についての都市計画法五七条の六の規定などがある。

②　指針的・誘導的計画の場合には、計画と私人との間に介在し計画実現を図るための多様な間接的な力としての行動様式が問題である。伝統的な国家補償法のカテゴリーはそのような行政の行動様式を適切にとらえることができない。計画保障請求権は指針的・誘導的計画において最も複雑な問題性をもっている。問題は、行政の

特殊な行動様式を媒介として形成された特別の事情ないし特別の関係を法的にどのように判断すべきかということに帰着する。この点に関する解決の方法は大体つぎの二つの方向に整理することができるといえよう。

(a) 計画改廃の場合におけるリスクの分配について契約が締結されていない場合でも、行政と私人との相互の接触や話し合いおよび行政側の勧告、勧誘、約束、確言などに基づき、行政と私人間に「協助・互恵の信頼関係」ないし「目的共同的関係」が存在するときは、契約に類似する特別の関係が形成されているのであって、この法的に特別の関係から、計画に対して示した私人の信頼を思いやり、それを考慮しなければならない行政の義務が生じ、この義務に反するときは、行政責任の問題が生じる。行政責任は、判例では、損害賠償の問題として処理されている(公営団地建設計画廃止事件、沖縄工場誘致政策変更事件、郡山市市街土地再開発事業計画事件)。(5)(6)

(b) もう一つの方向は、財産的利益の直接・間接の実質的侵害を伴う行政主体の計画・政策の変更・廃止を「収用類似の侵害行為」と解し、憲法二九条三項(公共のために用ひる)を拡大解釈し、ここに補償の根拠を求めようとするものである。(7) 収用類似侵害説は、特別の事情によって創られた計画実現に対する信頼とそれにもとづく投資を収用に類似する侵害の可能な法的地位とみなしている。したがって信頼をも物権化するという点および指針的・誘導的計画の変更の場合には侵害の直接性を欠くという点、この理論構成には疑問が残るように思われる。

計画保障の抱える問題の解明については、今後の判例・学説の展開に期待がかけられているが、いわゆる固有の計画保障請求権については、立法的措置の浸透が必要であるといえよう。(8)

(1) 公営団地建設計画廃止事件

本件は、熊本県荒尾市の公営住宅団地建設計画を前提とし、それまで同計画の実現は間違いない旨の確言にもとづき公衆浴場の建設を進めてきた者が、市長の交替による方針の変更から突如、団地建設計画が中止、廃止されたことを理由として、市に対し損害賠償の請求をしたものである。

熊本地玉名支判昭四四・四・三〇行集一八巻四号五六〇頁は、「右団地建設計画の変更等についての原告の危惧についてはそのようなことは絶対にない旨確言して安心させ右浴場建設の工事を進行せしめていたものであるから、かかる事情のもとにおいて被告市の執行機関たる首長が、原告の浴場建設を徒労に帰せしめるような該団地建設計画の廃止の挙に出るということは、これによって原告の被むる不利益を防止し、もしくはその損害を賠償することを条件としてはじめて許容されるべきものであり、然らざる限り該行為は違法性を帯びるものといわなければならない。

けだし一般的には、住宅団地の完成を信じ該団地内に団地住民を対象として店舗、工場等の事務所を設けその他各種の先行投資を行った者があって、かかる者が右団地の中途廃止措置により損害を被むったとしても、それは期待利益の反射的な喪失にすぎないので、これをもってたやすく当該団地建設の事業主体に右損害の賠償義務が生ずるものとみることはできない。しかし原告の本件浴場建設は、同人の私企業たる公衆浴場営業開業の目的に出ておるものであると共に、反面住宅団地建設の事業主体として該団地共同施設の一たる共同浴場（公衆浴場）を右団地内に建設するよう努めなければならないという被告市の公営住宅上の義務を実質的に肩替りし、その団地建設の一端を担ったものであり、被告市はこれを利用した関係にあったものであって、原告・被告間におけるかかる目的共同関係から被告市も原告の右浴場建設に積極的に協力してこれを援助すべきであり（被告市の原告に対する浴場敷地の払下げ、同建設についての施工上の助言、該浴場営業を経済的ペースに乗せるに必要な住宅数の建設を確保し、原告の生活基盤を安定させること等は、かかる協力援助の内容として理解すべきものである）、原告は被告市のかかる協力援助を期待してこれに信頼を懸けることができるという協助・互恵の信頼関係が成立しておるものであるというべく、かかる協助・互恵の信頼関係に基づき原告の有する利益は十分法律上の保護に値いするものであるというべきであるから、かかる利益を何らの代償的措置を講ずることなく一方的に奪うことは信義則ないし公序良俗に反し、また禁反言の法理からも許されないところであって、違法性を具備するにいたる」とし、「被告市がその行政施策（財政緊縮政策等）の必要に基き本件団地の建設を廃止する所為には何ら違法と目すべきものがなく、それ自体としては適法」であるとしつつ、原告に対する関係においては、「故意に因り違法に他人の利益を侵害するものとして不法行為（仮に典型的な不法行為でないとしても、すくなくともいわゆる適法行為による不法行為）を構成するものというべきであり、被告市は結局原告の被むった損害を賠償すべき義務を免れ得ない」と判示した。

沖縄工場誘致政策変更事件

本件は、政策変更に基づいて生じた損害の賠償請求事件である。製紙業を目的とする会社である上告人の陳情に応じて、沖縄県宜野座村の村議会が製紙工場の敷地の一部とするため村有地を上告人に譲渡することを議決し、村長も右工場の建設に協力することを約束した。その後上告人は工場敷地の確保・整備、抄紙機械・排水処理設備の発注等逐次工場建設の準備を進め、この間村長と相当緊密な連絡を保って右準備の推進について了解をとっており、村長も積極的にこれを支援してきた。ところが村長選挙の結果、村長の交替があり、新村長は、これまでの施策を変更して右工場建設に反対する意向を固め、工場操業に必要な河川の取水につき協力せず、工場の建築確認にも不同意である旨を表明したため、上告人は、工場建設は不可能になったとして、協力拒否により被った損害の賠償を求めて出訴したのである。

最判昭五六・一・二七民集一五巻一号一五頁は、「地方公共団体のような行政主体が一定内容の将来にわたって継続すべき施策を決定した場合でも、右施策が社会情勢の変動等に伴って変更されることがあることはもとより当然であって、地方公共団体は原則として右決定に拘束されるものではない」。しかし右の継続的施策の決定が「特定の者に対して右施策に適合する特定内容の活動をすることを促す個別的、具体的勧告ないし勧誘を伴うものであり、かつ、その活動が相当長期にわたる当該施策の継続を前提としてはじめてこれに投入する資金又は労力に相応する効果を生じうる性質のものである場合には、右特定の者は、右施策が右活動の基盤として維持されるものと信頼し、これを前提として右の活動ないしその準備活動に入るのが通常である。このような状況のもとでは、たとえ右勧告ないし勧誘に基づいてその者と当該地方公共団体との間に右施策の維持を内容とする契約が締結されたものとは認められない場合であっても、右のような密接な交渉を持つに至った当事者間の関係を規律すべき信義衡平の原則に照らし、その施策の変更にあたっては、かかる信頼に対して法的保護が与えられなければならない。」「すなわち、右施策が変更されることにより、前記の勧告等に動機づけられて前記のような活動に入った者がその信頼に反して初期の活動を妨げられ、社会観念上看過することのできない程度の積極的損害を被る場合に、地方公共団体において右損害を補償する等の代償措置を講ずることなく施策を変更することは、それがやむをえない客観的事情によるものでない限り、当事者間に形成された信頼関係を不当に破壊するものとして違法性を帯び、地方公共団体の不法行為責任を生ぜしめるものといわなければならない。」と判示した。

(2) 手島　孝『計画担保責任論』一二九頁。

(3) 釧路市工場誘致条例改正事件

釧路市は昭和二九年に工場誘致条例を制定し、同市の産業振興に寄与する事業が投資額五〇〇〇万円を超える工場を新設または増設した場合に操業開始後三年間にわたり固定資産税額の一定割合に相当する奨励金を交付することとした。しかし昭和四〇年一二月の条例改正により増設に対する奨励金交付の制度を廃止した。原告は昭和四〇年九月に工場を再建設し市長に奨励金交付を申請したが、改正条例が昭和四〇年度内に完成した増設工事にかかるものを含めて増設奨励金は廃止されたという理由で、奨励金交付申請は却下された。そこで原告が出訴したのである。本件と同様ないし類似の事件は、当時多くの地方自治体が産業重視から福祉優先へ政策転換を図ったことに伴い、各地で争われた。もちろんすべてが裁判所で争われたわけではない。

釧路地昭四三・三・一九行集一九巻三号四〇八頁は、「工場増設に対する奨励金交付の制度を廃止するに当たっては、すでに具体的に発生している奨励金交付請求権は財産権として尊重すべきであるけれども、将来奨励金の交付を受けられるであろうと期待してある種の行為をしたにとどまり未だ右請求権を取得していない者の地位は法律上これを保護しなければならないものでなく、かようなものについて経過規定を設け、特別の取扱いをするかどうかは単に立法政策の間題にすぎない。右改正条例の附則二項は、本件改正がすでに発生している奨励金交付請求権に何ら消長を及ぼすものではないことを定めているばかりでなく、その三項は、未だ交付決定のなされていない工場増設についても、昭和四〇年度を初年度として奨励金交付の対象となるものについては経過規定を設けているのであるから、本件改正条例には法律不遡及の原則に反するというような非難を受けるべきところはない」と判示した。

札幌高判昭四三・三・一九行集二〇巻四〇号四五九頁は、本件の奨励金制度は、「もともと同市の財政状態や政治的、社会的情勢の変動に応じて将来の改廃が予測される性質のもので、永久、不変の制度として存在するわけのものではなく、現に旧条例制定当初の経緯およびその後の数回に亘る改正の経過などはこれを裏付けるものといわなければならない。それればかりでなく、右奨励金制度は、釧路市内に工場を増設した企業に対して何らの反対給付を受けることなく一方的に交付されるものであり、企業は、工場を増設するために資金を投下するであろうが、それは、営利事業に従事し、自由に経済的活動を営むべき当該企業の経営上の理由とその必要に基づくものに他ならないのであって、奨励金と対価関係に立つ出損ないし負担ということはできない。したがって、旧条例による工場増設に対する奨励金は、多分に恩恵的性質を有する給付であって、工場を増設した企業に対し提供される特別の利益に過ぎず、釧路市としては、その政策的考慮に基づき右奨励金制度そのものを廃止すると否との自由を有するものと解するのが相当である」と判示した。

釧路市工場誘致条例改正事件について、遠藤博也『計画行政法』二三六頁は、「工場の新増設はそれ自体としては、企業経営上の理由に基づくにすぎないが、他の場所でなく、他ならぬ釧路市内において新増設をした理由が、そこで約束された優遇措置を企業の計算にとり入れた結果であるとしたならば、信義則違反の問題が生じうる余地がある」という。

(4)　宮田三郎「行政計画」法教二二六号二一頁（平一一）。

(5)　福島地郡山支判平元・六・一五判タ七一三号一一六頁（＝郡山市再開発事業計画事件）は、選挙により交代した新市長が旧市長時代から推進されてきた市街地再開発事業計画の見直しを表明した事案について、「長年に亙り行政主体の施策を信頼し、それに協力しつつ準備活動をしてきた者に対する保護が要請される。法的保護に値する信頼に反する施策の変更により不利益を蒙る者を保護しないことは著しく正義衡平の理念に反するからである。たとえ住民意思が自己の政策を支持し、これに従ったものとしてもこれを免れるものではない。本件に即していえば、原計画の『見直し』、その『撤回』、しかし実質的『変更』という一連の過程をみると、その背景的事情を考慮にいれてもあまりにも唐突であり、その結果行政に対する不信の念を醸成し、施策の重要な要である『郡山そごう』の撤退を余儀なからしめ、長年の間被告市の施策を信頼し、協力し準備活動に入っていた原告らのみをとり残し、今日に至るまでなんら代償的措置が講ぜられていないのである。そればかりか原告らは、本件再開発事業そのものが継続しているがため、昭和五〇年以来その所有する土地、建物の建築や譲渡に関し、今なお都市計画法及び都市再開発法に基づく法的制限規制を受けたまま放置されているのである。

被告市にはこの信頼関係を不当に破壊した違法性が存し、かかる不法行為につき原告らに対しては法的保護が与えられなければならない。」と判示し、慰謝料請求を認容した。

仙台高判平六・一〇・一七判時一五二一号五三頁（＝郡山市再開発事業計画事件）は、市が施行する第一種市街地再開発事業において、従前の計画を変更するに至った事案について、「地方公共団体たる市町村は、将来にわたって継続する施策としての事業計画を事実上あるいは法律上決定した場合にも、それが社会情勢等の変動に伴って住民の利益の観点から見直されあるいは変更されることがあることは当然であって、市町村は原則として右決定に拘束されるものではないのである。このような計画内容の見直し、変更も事業計画を定める手続の一過程にすぎないというべきであって、政策的判断における裁量権の逸脱又は濫用にわたらない限り、それ自体が当然に違法となるものではない。

もっとも、地権者が計画内容の見直しにより社会観念上看過することのできない程度の損害を被り、それが再開発事業の手続内において保障されない性質のものであるときには、右の損害を補償するなどの代償的措置を講ずることなく計画内容を変更することは、それがやむを得ない客観的事情によるものでない限り、当事者間に形成された信頼関係を不当に破壊するものとして違法性を帯び、当該市町村の不法行為責任を生ぜしめる場合がある。しかしながら、地権者が社会観念上看過することができない程度の損害を被るかどうかの判断にあたっては、都市再開発事業は前記一連の過程を経て始めて完了するものであって、これに相当期間を要するのは避けられないところであること、右事業においてはその性質上地権者の協力が当然予定されていること、事業計画は市町村の産業政策の変更等に応じて変更される可能性を有するものであるところ、地権者は一般的に地域住民等として市町村の政策（再開発事業もその一種である）形成に関与する立場にあるほか、再開発事業の手続内部においても前記のとおり事業計画の決定について意見を述べるべき地位が保証されていること、地権者は好むと好まざるとのかかわらず再開発事業に関わらざるを得ない立場に立つ反面、これによる開発利益を享受する機会をも得ること等の点において、いわゆる誘致企業の場合と異なる側面を有することを考慮すべきである。」と判示し、損害賠償請求を棄却した。

（6）乙部哲郎『行政上の確約の法理』二九一頁（昭六三・日本評論社）、安本典夫「行政活動の変更と補償」杉村編『行政救済法2』八五頁。

（7）原田尚彦「企業誘致政策の変更と信頼保護」ジェリ七三七号一七頁以下〈昭五六〉。ドイツにおいても、市民または経済主体が高権的計画を信頼して、信頼に動機づけられた措置をとったあとで計画が放棄され、これが原因となって、特別の犠牲状態が発生した場合には、「収用類似の侵害行為」に該当し、法律の明文規定がなくとも、補償請求権が発生するという主張がある。

（8）宮田三郎『行政計画法』二九二頁以下。

［参考資料］

一九八一年六月二六日の国家責任法

Staatshaftungsgesetz

Vom 26. Juni 1981 (BGBl. I S. 553)

第一章　公権力の違法な行動についての責任

第一条　公権力の責任

① 公権力が他人に対して負うている公法上の義務に違反するときは、公権力の主体は、他人に対しそれから生じる損害について、この法律に従って、責任を負う。

② 行政主体が、人間による代わりに、技術的装置によって公権力を独立に行使せしめ、その機能障害が、人間の義務違反に対応するであろうときは、その機能障害は義務違反とみなされる。

③ 義務違反を行った人は、被害者に対して責任を負わない。

第二条　金銭による損害調整

① 行政主体は損害を金銭で賠償しなければならない。公権力の行使に際して、具体的事情に応じて必要な注意を尽くしても義務違反が避けられなかったであろうときは、金銭賠償は行われない。第二文は、技術的装置の機能障害の場合には（第一条二項）、適用されない。

② 義務違反が違法な基本権侵害となるときは、第一項により必要な注意を尽くしたときでも、損害は金銭で賠償されなければならない。

③ 賠償すべき損害は、事情の通常の経過により、または特別の事情、とくに当該施設および予防措置により、蓋然性をもって予期できる逸失利益をも含み、また技術的装置の機能障害の場合（第一条二項）および基本権侵害の場合（第二項）に、第七条一項の基準による非財産的損害に適用されない。

④ 被害者が主張する事情が損害の原因となるときは、金銭賠償の義務および賠償の範囲は、損害が主として被害者によって生じたか行政主体によって生じたかによる。民法第二五四条二項が準用される。

第三条　結果除去

① 損害が、被害者の不利益となる事実状態の変更であるときは、行政主体は、以前の状態の、これが合目的的でないときには、同価値の状態の復元によって、この結果を除去しなければならない。公権力によって惹起された状態が事後に違法となり、この結果が継続的な侵害となり、かつ、他の法規によって除去されてない場合も、同様とする。

② 結果除去は、復元が可能でなく、許容されず又は期待可能でない場合は、行われない。また現存の状態が、被害者にとって争うことができなくなった行政行為又は他の決定に適合するときも、結果除去は行われない。

③ 被害者が責任を負うべき情況が違法状態の共同の原因であるときは、被害者は、その共同原因の程度に応じて費用を分担する場合にのみ、結果除去を要求することができる。共同原因が優勢であるときは、請求権は行われない。

第四条　責任種類の関係

① 結果除去の代わりに、被害者は、第二条の定めにより、金銭賠償を請求することができる。しかし公権力の主体は、被害者に対し期待できる場合には、第三条第三項による費用分担についても、結果除去を選択することができる。

② 結果除去が、損害の調整について十分でないとき、または、第三条第二項もしくは第三項により行われないときは、被害者は、第二条の定めにより金銭賠償を請求することができる。

第五条　裁判及び立法の場合の責任

① 義務違反が裁判手続を拘束力もって終了せしめる裁判権の違法な裁判若しくは当該裁判の基礎が得られる裁判所の措置において行われたときは、義務違反が犯罪となり、かつ、当該裁判が確定力をもって取消された場合にのみ、この法律による責任が生じる。第三者が裁判の拘束力に関しない義務違反によって損害を受けたときは、適用がない。裁判権のその他の行動については、この法律による責任の影響を受けない。

② 義務違反が立法者の違法な行動において行われたときは、法律の定めがあり、かつ、その範囲においてのみ、責任が生じる。専ら立法者の行動に基づく執行権又は裁判権の義務違反についての責任は、その影響を受けない。

第六条　金銭賠償の場合の法的救済の懈怠

被害者が、公権力の活動の適法性を審査するための訴訟の提起を含む正式の救済手段又はその他の通常の法律上の手続手段の行使により、損害を回避することを怠ったときは、金銭賠償は行われない。被害者が法的救済手段又はその他の手続手段の行使を自己の責めに帰すべき事由なくして怠ったときは、この限りでない。

第七条　非財産的損害

① 身体の無傷、健康、自由の侵害若しくは人格の重大な侵害の場合には、財産的損害でない損害は、第二条第四項を考慮して、相当な金銭で賠償しなければならない。

② 第三条にいう結果除去が、可能で、かつ、十分であり若しくは被害者に他の方法で満足を与えられる場合には、請求権は失われる。

③ 請求権は、それが承認され又は訴訟係属したときに初めて、譲渡又は相続が可能となる。

第八条　年金及び一時金支給

① 身体の無傷又は健康の侵害の結果、被害者の生計能力が消滅し又は減少し若しくはその欠乏の増大が生じた

ときは、損害は、年金の制度によって賠償しなければならない。
② 年金は毎月前払しなければならない。被害者に対しては、支払期間の終わりまで生きることができない期間についても、満額が与えられる。
③ 被害者は、重要な理由があるときは、年金の代わりに、一時金支給を要求することができる。
④ 請求権は、他人が被害者を扶養しなければならないことによって、排除されない。

第九条　間接的被害者の請求権

① ある人が殺されたときは、葬式の費用は、法的義務に基づいてそれを負担しなければならない者に、賠償しなければならない。
② 被殺人者が殺害の時に第三者に対し法律により扶養義務があり又は扶養義務を負うことがあり、かつ、殺害の結果第三者が扶養を求める権利を奪われたときは、損害は、年金の支払いにより、被殺人者が生存の推定期間中扶養義務があつたものとして、賠償されなければならない。賠償義務は、第三者が殺害の時に胎児であって、まだ生まれてなかった場合にも、生じる。
③ 殺害、身体の無償又は健康の侵害の場合並びに身体拘束の場合に、被害者が法律により家政又は営業において職務給付の義務があった第三者に対し、免れた職務について年金の支払いにより、損害を賠償しなければならない。
④ 第三者の請求権には第二条第四項及び第八条第二項から第四項までを準用する。

第一〇条　多数の債務者

① 複数の主体が義務違反に責任を負わなければならないときは、すべての主体が全損害について責任がある。すべての主体は被害者に対し連帯債務者として責任を負う。

② 当該主体と共に第三者が賠償義務を負うときは、第一項が準用される。

③ 賠償義務相互の関係において、賠償義務は、具体的事情とくに義務違反の重大性および損害の共同原因の程度に従う。

第一一条　求　償

ある主体が責任を負うべき義務違反が他の主体の違法な活動に基づくときは、法律に別段の定めがない限り、賠償請求された主体が、他の主体に対して求償することができる。これはとくに、その違法性が、全部又は一部、法律、命令、条例並びに他の行政庁又は行政機関の指示若しくはその他必要な協力に基づく執行権の措置について、適用される。第十条第三項の規定が準用される。

第一二条　委任された権力

行政主体が公法上の法人でないときは、高権力を委任した公法上の法人が責任を負う。過失による義務違反の場合は、法律に別段の定めがない限り、公法上の法人に求償権が帰属する。第二六条は影響を受けない。

第一三条　求償権の消滅

① 第二、三条及び第九条の規定による請求権は、損害の被害者及びその活動から請求権が生じた行政庁または行政機関が、損害を知った時点から三年、それを知ったことにかかわりなく、義務違反後三〇年で、消滅する。第三条第一項第二文の場合には、状態の変化を生ぜしめた損害を知ったことを、状態を違法とした事情を知ったことに読み替える。期間は、第五条一項の場合には、裁判判決も取消されたときに初めて、始まる。年金の未払金請求を求める請求権はその支払期間満了後四年で消滅する。

② 民法第第二〇三条、第二〇五条、第二〇六条第一項及び第二項、第二〇七条第一文、第二〇八条、第二〇九条第一項及び第二項三号から五号まで、第二一一条、第二一二条、第二一五条から第二一九条までの規定が準用される。民法第二〇九条第一項及び第二一一条にいう訴えの提起は、義務違反に対する法的救済の利用と同等である。

③ 行政主体と被害者との間で支払うべき損害賠償に関する交渉が進行中であるときには、一又は他の部分が交渉の継続を拒否するまで、期間進行は妨げられる。

④ 第十条第三項、第一一条第一文及び第一二条第二文による主体の請求権はその成立の時点後三年で消滅する。

第二章　他の法律に対する関係

第一四条　収用及び特別犠牲

① 公共の福祉のための収用又は特別犠牲による補償請求権は、影響を受けない。

② 法律に基づき公共の福祉のために収用又は特別犠牲がもたらす侵害が違法であるときは、侵害を理由に法律により認められた補償請求権は、第二条及び第三条による請求権と共に、主張することができる。

③ 公共の福祉のための収用又は特別犠牲が侵害をもたらし、この侵害についての補償の種類及び程度が法律により規律されていないときは、第二条及び第三条若しくは他の法律によって責任が規定されていない限りにおいて、行政主体は、違法な基本権侵害の場合と同様に、責任を負う。

第一五条　付随的請求権根拠

この法律による請求権のほかに、次項に関する規定により、公権力の主体に対し同一の事実関係により請求権を主張することができる。

1. 公法上の契約及び勤務関係を含む類似の法律関係から生じる責任
2. 危険責任、とくに危険な経営、施設及び物資の所有者又は占有者、有害な環境影響の原因者若しくは動物飼育者
3. 補償請求権が第一四条第二項及び第三項により主張できない限り、高権的に生ぜさせた不利益の調整又は

緩和のための公法上の補償
4.　とくに租税法による公法上の返還請求及びその手続

第一六条　特別の規定による国家責任

請求権は、この法律により、次の事項に関する規定において最終的に規定されていない限りにおいてのみ主張することができる。
1.　ドイツ連邦郵便の責任
2.　連邦公証人法による職務義務違反についての責任
3.　被雇用者、官吏、裁判官、軍人、囚人、幼児、児童、生徒、大学生並びに公権力の主体に対し類似の関係にあるその他の人の事故の場合の公権力の主体の責任の制限
4.　行政執行法の規定を含めた強制執行法の規定及び登記簿法と土地簿記法の規定を含めた非訟事件の規定
5.　租税法による租税事件における責任の制限

第一七条　私法に対する責任の限界

①　私法上の取引に参加することにより生じる公権力の主体の責任は、法律による別段の定めがない限り、それに適用される規定に従う。
②　公権力の主体は、高権的行為についても、次の場合には、私法の規定によつてのみ責任を負う。
1.　土地、地下水、建物及びその他の施設についての安全確保義務違反

2. 陸上、水上及び航空交通への参加
3. ドイツ連邦鉄道及び郵便輸送勤務におけるドイツ連邦郵便を含めた輸送事業による人と物の輸送
4. 患者の意志に反して行われる治療を例外とする、医師又は歯医者の治療
5. 水及びエネルギーもってする介護

第一四条及び第一五条項に示した請求権は、それが同一の事実関係に関するときは、一文に示した請求権と共に主張することができる。

③ 公共の交通のために供用される街路、道路、広場及び水路及び水面のための交通安全のための義務は、この法律の適用について、公法上の義務とみなされる。その違反について、公権力の主体は、この法律によってのみ責任を負う。第二条第二項は、その点で、適用されない。

④ 第一項及び第二項に挙げた作用を行う人は、被害者に対し責任を負わない。それに代わって、その作用を行使させた公権力の主体が責任を負う。

第三章　裁判所の権利保護

第一八条　国家責任争訟の出訴の途

① 第二条、第九条及び第一四条三項による金銭賠償に関する争訟については、通常裁判所への出訴の途が与えられる。

② 第三条による結果除去に関する争訟については、国家責任の理由となった公権力の行使の適法性について裁

判をする裁判所への出訴の途が与えられる。裁判権の行使によるこの種の争訟については、裁判所が意見を聴取し又はそれを形成する裁判所への出訴の途が与えられる。

第一九条　通常裁判所の権限

① 国家責任争訟について通常裁判所への出訴の途が与えられる場合、ラント裁判所は、訴訟物の価格を考慮することなく、専属的に管轄権を有する。国家責任争訟については、その活動から金銭賠償または結果除去を求める請求権が導き出される行政庁または行政機関が所在する区域を管轄するラント裁判所の民事部が、裁判をする。

② ラント政府は、命令により、手続の客観的促進に資する場合、二以上のラント裁判所の管轄区域について、一の裁判所に国家責任争訟を指定する権限を与えられる。ラント政府はこの権限を命令によりラント司法行政に委任することができる。

③ 当事者は、第二項により定められた裁判所において、第二項による規制がなければ当該法的紛争が係属する裁判所が承認した弁護士を、代理させることもできる。

第二十条　通常裁判所及び労働事件裁判所の手続

① 以下の規定に別段の定めがない限り、通常裁判所の国家責任争訟には民事訴訟法が適用され、労働事件の裁判所の国家責任争訟には労働裁判所法が適用される。労働事件の裁判所は判決手続で裁判をする。

② 不行為の場合には、裁判所組織法施行法第二七条が適用される。

③　裁判所は、職権により、事実関係を調査する。裁判所は、証拠の取調べを命じ、当事者を聴聞した後、当事者が陳述しなかった事実を考慮することもできる。被告に対する欠席裁判は許されない。

④　違法措置の執行が取り消され、その他違法な公権力の行使が除去される場合、判決において、結果が除去されるべきこと及びその方法を宣言しなければならない。

［参考資料］

以下、第四章（第二一条〜三四条）および第五章（第三五条〜三八条）は見出しのみを示す。

第四章　連邦法及びラント法の適合（略）

第二一条［行政裁判所法の改正］

第二二条［財政裁判所法の改正］

第二三条［社会裁判所法の改正］

第二四条［内水航行事件の裁判手続に関する法律の改正］

第二五条［郵便に関する法律の改正］

第二六条［連邦公証人法の改正］

第二七条［官吏大綱法及び官吏法の改正］

第二八条［社会法第四部の改正］

第二九条［労働助成法の改正］

第三十条［軍人法の改正］

第三一条［兵役代替社会奉仕勤務法の改正］

第三二条［連邦国境守備法の改正］

第三三条［暴力行為の犠牲についての補償に関する法律の改正］

第三四条［法規定の失効］

第五章　結末規定（略）

第三五条［相互性の確立］

第三六条［経過規定］

第三七条［ベルリン条項］

第三八条［施行］

［参考資料］

ドイツ国家責任法の法文は、Fritz Ossenbühl, Staatshaftungsrecht, 5. Aufl., 1998, S. 649ff. に拠った。

事 項 索 引

あ 行

か 行

さ 行

た 行

な 行

ま 行

や 行

ら 行

判 例 索 引

● 大審院

大判大５・６・１民録22輯1088頁
（徳島市立小学校遊動円棒事件）
……………………………40,142
大判大14・11・28民集４巻12号670頁
……………………………75

● 行政裁判所

行判昭４・６・20行判録40輯648頁
……………………………263
行判昭８・11・25行判録44輯961頁
……………………………263

● 最高裁判所

昭24・７・13刑集３巻８号1286頁
……………………………285
昭27・１・９刑集６巻１号４頁…230
昭27・１・25ジュリスト７号41頁
……………………………44
昭28・12・23民集７巻13号1523頁
……………………………230,254
昭29・１・22民集８巻１号225頁
……………………………231
昭30・４・19民集９巻５号534頁
……………………………132
昭31・11・３民集10巻11号1502頁
……………………………65
昭33・８・５民集12巻12号1901頁
……………………………96
昭34・１・22訟月５巻３号370頁…63
昭35・12・23民集14巻14号3166頁の上告理由……………………………101,204
昭36・２・16民集15巻２号244頁
（輸血梅毒事件）……………57,138
昭36・４・21民集15巻４号850頁
……………………………188
昭37・１・19民集16巻１号57頁…114
昭37・９・18民集16巻９号2030頁
……………………………292
昭38・６・26刑集17巻５号521頁
（奈良ため池条例事件）………246
昭39・１・28民集18巻１号136頁…96
昭40・４・16判時405号９頁
（仙台市穴ぼこ事件）…………163
昭41・９・22民集20巻７号1367頁
……………………………60
昭42・９・14民集21巻７号1807頁
……………………………188
昭43・３・15判時524号48頁……117
昭43・６・27民集22巻６号1339頁
……………………………99
昭43・７・９訟月14巻９号1022頁
……………………………98
昭43・11・27刑集22巻12号1402頁
（名取川事件）……………227,230
昭43・11・27民集22巻12号2808頁
……………………………301
昭44・２・18判時552号47頁………87
昭45・８・20民集24巻９号1268頁
（高知国道落石事件）
……………………143,154,155,163
昭46・６・24民集25巻４号574頁…88
昭46・９・３判時645号72頁……132

昭46・11・ 9 判時649号16頁
（県警ジープUターン事件） …138
昭46・11・30民集25巻 8 号1389頁
……………………………………46
昭47・ 3 ・21判時666号50頁 ……132
昭47・ 5 ・30民集26巻 4 号851頁
……………………………………247
昭48・10・18民集27巻 9 号1210頁
……………………………247,255
昭49・ 2 ・ 5 民集28巻 1 号 1 頁
（太極光明事件） ………………278
昭49・12・12民集28巻10号2028頁
……………………………………88
昭50・ 2 ・25民集29巻 2 号143頁…70
昭50・ 3 ・13民集11巻 4 号343頁判時
771号37頁 ………………………228
昭50・ 4 ・11訟月21巻 6 号1294頁
（平城京訴訟） …………………228
昭50・ 6 ・26民集29巻 6 号851頁
（赤色灯標柱倒壊事件） …155,164
昭50・ 7 ・25民集29巻 6 号1136頁
……………………………………164
昭50・10・24民集29巻 9 号1417頁
（ルンバール事件）…………99,138
昭50・11・28民集29巻10号1754頁
……………………………………183
昭51・ 9 ・30民集30巻 8 号816頁…89
昭52・10・25判タ355号260頁
……………………………101,132
昭53・ 3 ・30民集32巻 2 号379頁
（安曇川堤防事件） ……………168
昭53・ 3 ・30民集32巻 2 号435頁
……………………………………302
昭53・ 5 ・26民集32巻 3 号689頁
（個室付浴場事件） ………………69
昭53・ 7 ・ 4 民集32巻 5 号809頁
（道路防護柵転落事件） ………160
昭53・ 7 ・17民集32巻 5 号1000頁
……………………………………138
昭53・10・20民集32巻 7 号1367頁
（芦別国賠訴訟） ……………82,132
昭54・ 7 ・10民集33巻 5 号481頁
……………………………………180
昭55・ 9 ・11判時984号65頁 ……148
昭56・ 1 ・17日民集15巻 1 号15頁
（沖縄工場誘致政策変更事件）
……………………………………319
昭56・ 1 ・30判時996号66頁 ……140
昭56・ 4 ・14民集35巻 3 号620頁…55
昭56・ 7 ・16判時1016号59頁
（プール転落事件） ……………161
昭56・12・16民集35巻10号1396頁
（大阪国際空港訴訟）
……………………148,158,212,217
昭57・ 1 ・19民集36巻 1 号19頁
（ナイフ一時保管懈怠事件）
……………………………100,107
昭57・ 2 ・ 5 民集36巻 2 号127頁
……………………………………245
昭57・ 2 ・23民集36巻 2 号154頁
……………………………………188
昭57・ 3 ・12民集36巻 3 号329頁
……………………………118,120
昭57・ 4 ・ 1 民集36巻 4 号519頁
……………………………94,138
昭58・ 2 ・18民集37巻 1 号59頁
…………………………247,261,263
昭58・ 2 ・18民集37巻 1 号101頁
（トランポリン喧嘩事件） …55,91
昭58・ 7 ・ 8 判時1089号44頁 ……68
昭58・10・18判時1099号48頁
（大阪城ザリガニ事件） ………160

昭58・10・20民集37巻8号1148頁
(欠陥バトミントン・ラケット事件)
……………………………………………87
昭59・1・26民集38巻2号53頁
(大東水害訴訟) ………………169
昭59・3・23民集38巻5号475頁
(新島漂着砲弾爆破事件)
…………………………………100,107
昭59・11・29民集38巻11号1260頁
……………………………………………153
昭60・3・12判時1158号197頁
(防火用貯水槽転落溺死事件)
……………………………………………161
昭60・3・28民集39巻2号333頁
(加治川水害訴訟) ………………169
昭60・7・16民集39巻5号989頁…69
昭60・11・21民集39巻7号1512頁
(在宅投票制廃止事件)
…………………………………68,77,125
昭61・2・27民集40巻1号124頁
(パトカー追跡事件) ……………81
昭61・3・25民集40巻2号472頁
(点字ブロック事件) ……148,154
昭62・2・6判時1232号100頁……56
昭62・6・26判時1262号100頁
(戦争被害者賠償訴訟) ………127
昭62・10・30判タ657号66頁………76
昭63・1・21判時1270号67頁
(福原輪中堤訴訟) ………248,268
平1・3・8民集43巻2号89頁
(レペタ訴訟) …………………123
平1・3・28判時1311号66頁……139
平1・6・29民集43巻6号664頁
(沖縄ゼネスト訴訟) ……………82
平1・10・26民集43巻9号999頁
……………………………………………184
平1・11・24民集43巻10号1169頁
(宅建業法上の監督権限不行使事件)
…………………………………109,114
平2・2・20判時1380号94頁
……………………………………99,112
平2・7・20民集44巻5号938頁
(弘前大教授夫人殺害事件)
…………………………………119,120
平2・12・13民集44巻9号1186頁
(多摩川水害訴訟) ………154,169
平3・4・19民集45巻4号367頁
(小樽種痘禍訴訟) ……92,272,300
平3・4・26民集45巻4号653頁
(水俣病認定遅延訴訟)
…………………………………70,97,105
平3・5・10民集45巻5号919頁…76
平3・7・9民集45巻6号1049頁
……………………………………………88
平4・3・3判時1453号125頁 …153
平5・1・25民集47巻1号310頁
……………………………………………122
平5・2・18民集47巻2号574頁…54
平5・2・25判時1456号53頁
(横田基地訴訟) ………………215
平5・3・11民集47巻4号2863頁
(奈良民商事件) …………………79
平5・3・16民集47巻5号3483頁
……………………………………………76
平5・3・30民集47巻4号3226頁
(テニス審判台転倒事件) ……161
平5・7・20民集47巻7号4627頁
……………………………………………197
平6・1・20判時1502号98頁
(福岡空港訴訟) ………………215
平7・6・23民集49巻6号1600頁
(クロロキン訴訟) ……………109

平7・7・7民集49巻7号1870頁
(国道四三号線訴訟)
……………………87,159,166,218
平7・12・5判時1563号81頁
(再婚禁止期間違憲訴訟) ……127
平8・3・8民集50巻3号408頁
(京都市屋外広告物条例事件)…83
平8・7・12民集50巻7号1477頁
(平作川水害訴訟) ……………170
平9・3・13民集51巻3号1233頁
…………………………………302
平10・4・10民集52巻3号776頁…77

● **高等裁判所**

東 京 昭26・10・27下民集2巻10号1256頁 ……………………88
東 京 昭29・3・18高民集7巻2号220頁 …………………86,90
札幌高函館支昭29・9・6下民集5巻9号1436頁………………147
東 京 昭29・9・15高民集7巻11号848頁…………………56,145
東 京 昭30・1・28行集6巻1号181頁 …………………………90
高 松 昭30・11・9行集6巻11号2519頁……………………258
福 岡 昭37・3・9訟月8巻4号597頁…………………………147
大 阪 昭37・5・17高民集15巻6号403頁 ……………………135
大 阪 昭39・11・9下民集15巻11号2641頁……………………258
高 松 昭42・5・12高民集20巻3号234頁 ……………………182
札 幌 昭43・3・19行集20巻4号459頁(釧路工場誘致条例改正事件) ………………………321
札 幌 昭43・5・30判時552号50頁…………………………50,86
東 京 昭45・4・30交通民集3巻2号354頁 …………………166
東 京 昭45・8・1判時600号32頁(松川事件国賠訴訟)…………………………75,89
東 京 昭46・11・25高民集24巻4号419頁(八丈島老女殺し事件)…………………44,117,120
札 幌 昭47・2・18高民25巻1号95頁(函館バス海中転落事件)………………………………163
広島高松江支昭49・7・31行集25巻7号1039頁…………………294
大 阪 昭49・9・11訟月20巻12号87頁(平城京訴訟) ………245
大 阪 昭49・9・13判時768号23頁……………………260,263
大 阪 昭49・11・14判時774号78頁………………………………63
名古屋 昭49・11・20高民集27巻6号395頁(飛騨川バス転落事件)…………………………164
東 京 昭50・6・23判時794号67頁…………………………150
大 阪 昭50・11・26判時804号15頁………………………………44
大 阪 昭50・11・27判時797号36頁…………………………158
東 京 昭51・4・28判時826号46頁…………………………280
東 京 昭52・4・27高民集30巻2号78頁 ……………………53

名古屋　昭52・11・10判時870号76頁……139

大　阪　昭52・12・20判時876号16頁（大東水害訴訟）…153,168

札　幌　昭53・5・24高民集31巻2号231頁……50

福　岡　昭53・7・3判タ370号107頁……113

東　京　昭53・12・21判時920号126頁……145,149

名古屋高金沢支昭54・4・20訟月25巻8号2077頁……182

大　阪　昭55・1・31判時964号64頁……191

東　京　昭55・6・23判時973号94頁……57

名古屋　昭55・7・17判時987号57頁……139

東　京　昭56・11・13判時1028号45頁……53

東　京　昭57・5・19高民集35巻2号105頁……179

名古屋　昭58・4・27行集34巻4号660頁……294

大　阪　昭58・9・30判時1102号73頁……98,112

大　阪　昭59・8・29判タ544号152頁……160

大　阪　昭59・9・28判タ544号150頁……162

高　松　昭和59・12・24行集35巻12号2333頁……293

名古屋　昭60・4・12判時1150号30頁（東海道新幹線訴訟）……146,217

東　京　昭60・5・17判時1159号98頁……122

東　京　昭60・8・28行集36巻7＝8号1250頁……290

福　岡　昭60・11・29判時1174号21頁（水俣病認定遅延訴訟）……90,104,193

名古屋　昭61・3・31判時1204号112頁……62

東　京　昭61・4・9判時1192号1頁（厚木基地訴訟）…213,217

札　幌　昭61・7・31判時1208号49頁……94

東　京　昭61・8・6判時1200号42頁……68,132

広　島　昭61・10・16判時1217号32頁……120

仙　台　昭61・11・28判時1217号32頁……120

大　阪　昭62・2・24判時1227号51頁……92,121

東　京　昭62・2・25判時1231号112頁（個室付浴場事件）…112

大　阪　昭62・4・10判時1229号27頁（大東水害訴訟）……170

東　京　昭62・7・15訟月34巻11号2115頁（横田基地訴訟）……78,210,218

東　京　昭62・8・31訟月34巻4号656頁……192

大　阪　昭62・11・17判時1275号62頁……66

東　京　昭63・3・11判時1271号3頁（クロロキン訴訟）……108

東　京　昭63・4・20行集39巻3＝4号281頁……276

大　阪　昭63・4・27判時1303号82頁

……………………………149
東　京　平1・1・24高民集42巻1号1頁……………………122
福　岡　平1・2・27高民集42巻1号36頁……………………71
大　阪　平4・7・30訟月39巻5号827頁……………………97
東　京　平4・12・18高民集45巻3号212頁（予防接種禍訴訟）……………93,270,272,301
東　京　平5・2・24判時1454号97頁……………………149
東　京　平5・6・24判時1462号46頁（日本坂トンネル事件）……………………165
福　岡　平5・8・10判時1471頁（予防接種禍訴訟）……………93,273,301
東　京　平5・8・30行集44巻8＝9号720頁……………274,283
大　阪　平5・10・15判例地方自治1245号50頁……………69
東　京　平5・10・28判時1483号17頁……………………54
大　阪　平6・3・15判時1525号71頁……………………140
大　阪　平6・3・16判時1500号15頁（予防接種禍訴訟）……………93,271,273,301
東　京　平6・5・20判時1495号42頁……………………101
東　京　平6・5・24判時1503号79頁……………………91
仙　台　平6・10・17判時1521号53頁……………………270,322
大　阪　平6・10・28判時1513号71頁（指紋押捺拒否国賠訴訟）……………………120
札　幌　平6・12・6判時1526号61頁（＝小樽種痘訴訟）……………………273,301
名古屋高金沢支平6・12・26判時1521号3頁（小牧基地訴訟）……………………215
仙　台　平7・12・11判タ911号100頁……………………56

● 地方裁判所

東　京　昭28・11・21下民集4巻11号1740頁……………………52
福　島　昭30・3・18下民集6巻3号488頁……………………67
大　阪　昭30・4・2行集6巻4号1048頁……………………293
徳　島　昭31・5・2行集7巻11号2830頁……………………268
大　阪　昭33・7・15下民集9巻7号1291頁……………………290
福島地平支昭34・2・10訟月5巻3号402頁……………………68
東　京　昭34・3・17訟月5巻4号522頁……………………93
東　京　昭34・8・4判タ98号60頁……………………98
広島地呉支昭34・8・17下民集10巻8号1686頁……………………66
福岡地飯塚支昭34・10・9下民集10巻10号2121頁……………………55
旭　川　昭35・1・22訟月6巻2号315頁……………………145
東　京　昭35・8・3行集11巻8号

2382頁……………………292
大　阪　昭35・12・19訟月7巻2号447頁…………………………190
名古屋　昭37・10・12下民集13巻10号2059頁（伊勢湾台風事件）……………………………171
高松地丸亀支昭37・12・14訟月9巻1号14頁……………………153
仙　台　昭38・5・22下民集14巻5号1011頁……………………181
横　浜　昭38・10・30下民集14巻10号2135頁……………………58
東　京　昭39・3・11訟月10巻4号620頁…………………………190
佐　賀　昭39・4・14判時374号50頁……………………………149
東　京　昭39・6・19下民集15巻6号1438頁（安保教授団事件）……………………………49
東　京　昭39・12・17行集15巻12号2447頁……………………291
松山地西条支昭40・4・21下民集16巻4号662頁…………………57
大　阪　昭40・11・30訟月12巻3号367頁…………………………190
徳　島　昭41・8・30訟月12巻12号1608頁……………………172
新潟地高田支昭41・10・29訟月13巻2号170頁……………………291
大　阪　昭41・10・31訟月13巻6号669頁…………………………67
東　京　昭42・1・28下民集18巻1＝2号77頁……………………180
東　京　昭42・4・25行集18巻4号560頁…………………………293
熊　本　昭42・7・27訟月13巻10号1198頁……………………291
釧　路　昭43・3・19行集19巻3号408頁（釧路工場誘致条例改正事件）………………………320
津　昭43・3・21訟月14巻7号753頁…………………………190
広　島　昭43・3・27訟月14巻6号614頁…………………………96
横　浜　昭43・10・31判時545号20頁（相模原堰堤水死事件）………………………156,171
東　京　昭44・3・11判時551号3頁（八丈島老女殺し事件）……………………………118
東　京　昭44・3・27判時553号26頁（東京中央卸売市場事件）……………………………278
熊本地玉名支判昭44・4・30行集18巻4号560頁（公営団地建設計画廃止事件）……………318
東　京　昭44・9・25判時576号46頁……………………………204
東　京　昭44・12・25判時580号42頁……………………………111
神　戸　昭45・1・12判タ242号191頁……………………………146
東　京　昭45・1・28下民集21巻1＝2号32頁………………89,93
松　江　昭45・3・25行集21巻3号603頁……………………258,293
札　幌　昭45・4・17判時612号48頁……………………………191
大　阪　昭45・6・16判時614号79頁……………………………112
東　京　昭46・7・16判タ267号286頁……………………………96

東　京　昭46・10・11下民集22巻9＝10号994頁（警察官暴行事件）……135
神　戸　昭46・12・14判タ274号192頁……147
札　幌　昭46・12・24判時653号22頁（芦別国賠訴訟）……136
東　京　昭47・1・28判時677号71頁……150
山口地下関支昭47・2・10判時667号71頁……147
東　京　昭47・2・26判時676号49頁……112
東　京　昭47・2・29行集23巻1＝2号93頁……294
京　都　昭47・7・14判時691号57頁……53,78
東　京　昭47・8・28判時691号40頁（カジバシ映画館事件）……279
秋　田　昭47・11・10下民集23巻5〜8号616頁……139
東　京　昭47・12・25下民集23巻9〜12号703頁……58
京　都　昭48・1・26判時705号47頁……228
名古屋　昭48・3・30判時700号3頁（飛驒川バス転落事件）……164
大　阪　昭48・9・19下民集24巻9〜12号650頁……57,60
東　京　昭48・12・21労民21巻6号610頁……147
東　京　昭49・3・18下民集25巻1〜4号181頁……60
東　京　昭49・3・25下民集25巻1〜4号196頁……145
千　葉　昭49・3・29判時953号67頁……144
広　島　昭49・5・15判時762号22頁……283
大　阪　昭49・9・27判時729号3頁（大阪国際空港訴訟）…157
札幌地小樽支昭49・12・9判時762号8頁（在宅投票制度廃止事件）……127
広　島　昭49・12・17判時790号50頁……195,283
高　松　昭50・3・31訟月21巻6号1239頁……193
大　阪　昭50・5・19訟月21巻7号1425頁……191
新　潟　昭50・7・12訟月21巻8号1577頁……182
名古屋　昭50・11・28判時802号21頁……123
金　沢　昭50・12・12判時823号90頁……61
大　阪　昭51・2・19訟月22巻4号940頁（大東水害訴訟）……183
大　阪　昭51・2・27判時827号85頁……154
大　分　昭51・3・16交通民集9巻2号391頁……176
東　京　昭51・5・31判時843号67頁……75,124
東　京　昭51・8・23下民集27巻5〜8号498頁（ゴンドル・デリンジャー事件）……53
横　浜　昭52・1・25判時855号95頁（パトカー追跡事件）……80
東　京　昭52・1・31下民集28巻1

～4号50頁………………181
津　昭52・3・11訟月23巻3号516頁…………………………245
大阪　昭52・4・26行集28巻4号354頁…………………………255
東京　昭52・10・12訴月23巻11号1895頁……………………259
金沢　昭53・3・1判時879号26頁……………………………89
東京　昭53・3・30訟月24巻5号92頁…………………………181
東京　昭53・6・26行集29巻6号1197頁（多摩川河川敷ゴルフ場事件）…………………281
東京　昭53・8・3判時899号48頁（スモン訴訟）…………111
東京　昭53・9・18下民集33巻1～4号285頁……………184
横浜　昭53・9・27判時920号95頁（＝川崎ゴルフ場事件）……………………………280
福岡　昭53・11・14訟月25巻3号566頁……………………89,100
千葉　昭53・12・4判時925号101頁……………………………150
長野地松本支昭54・3・1判時941号89頁……………………149
東京　昭54・3・28判時921号18頁……………………………100
広島地福山支昭54・6・22判時947号101頁……………………61
静岡　昭54・7・19判時950号199頁（スモン訴訟）…………111
前橋　昭54・8・21判時950号305頁（スモン訴訟）……111,114
大阪　昭54・9・13判時947号95頁…………………………147
富山　昭54・10・26判時951号102頁（パトカー追跡事件）……80
福岡　昭54・10・26判時961号99頁……………………………90
福岡　昭54・11・14判時910号33頁（スモン訴訟）…………111
神戸　昭55・2・6判時971号91頁……………………………146
岐阜　昭55・2・25行集31巻2号184頁…………………………273
名古屋　昭55・3・28判時975号73頁…………………………149
津　昭55・4・24判時994号94頁………………………………61
東京　昭55・6・18下民集31巻5～8号428頁………57,59,61
大津　昭55・8・6訟月26巻12号2092頁……………………151
東京　昭55・8・28判時989号71頁……………………………90
名古屋　昭55・9・11判時976号40頁（東海道新幹線訴訟）……………146,147,158,209
東京　昭56・3・26判時1013号65頁…………………………148
岐阜　昭56・7・15判時1030号77頁……………………………62
札幌　昭56・10・22判時1021号25頁（一票の重み北海道一区訴訟）……………………127
津　昭56・11・5判時1026号43頁（志登茂川水害訴訟）…168
東京　昭57・2・1判時1044号19頁（クロロキン訴訟）……101
仙台　昭57・3・30行集33巻3号692

頁 ……………………………59
東　京　昭57・5・31行集33巻5号1138頁………………246,276
福　岡　昭57・11・19下民集33巻1～4号781頁（宇美川訴訟）………………………………172
岐　阜　昭57・12・10判時1063号30頁（長良川安八水害訴訟）………………………169,173
静　岡　昭58・2・4判時1079号80頁………………………………53
大　阪　昭58・5・20判時1087号108頁 ……………………………62
大　阪　昭58・6・8判時1089号80頁………………………………57
熊　本　昭58・7・20判時1086号33頁（水俣病認定遅延訴訟）……………………80,86,191
横　浜　昭58・10・17判時1109号121頁…………………………191
神　戸　昭58・12・20判時1105号107頁…………………………184
高　松　昭59・4・10判時1118号163頁（予防接種禍訴訟）…270
大　阪　昭59・4・27判時1136号98頁……………………………119
東　京　昭59・5・18訟月30巻11号2011頁……………………224
東　京　昭59・5・18判時1118号28頁（予防接種禍訴訟）………………………271,300
東　京　昭59・7・6行集35巻7号846頁……………………283,285
東　京　昭60・1・30行集36巻1号42頁…………………………290
広島地尾道支昭60・3・25判時1158号32頁（因島集団骨関節結核訴訟）………………………113
名古屋　昭60・10・31判時1175号3頁（予防接種禍訴訟）………………………271,272
名古屋　昭60・10・31訟月32巻8号1629頁……………………224
大　阪　昭61・1・27判時1208号96頁………………………………145
東　京　昭61・3・17行集37巻3号294頁……………………244,276
神　戸　昭61・3・22判時1212号132頁……………………………123
大　阪　昭61・5・26判時1224号60頁………………………………121
高　知　昭61・6・23判時1248号108頁 …………………………62
神　戸　昭61・7・17判時1203号1頁（国道43号線訴訟）……211
東　京　昭61・7・30判時1232号127頁……………………………192
東　京　昭61・9・25行集37巻9号1122頁 ……………………90
大　阪　昭61・9・26判時1226号89頁………………………………66
那　覇　昭61・10・28訟月33巻10号2445頁……………………192
東　京　昭61・12・16判時1220号47頁（衆議院議員定数配分規定国賠訴訟）…………………126
大阪地堺支昭62・2・25判時1239号77頁 …………………………54
東　京　昭62・5・27判時1268号58頁………………………………97
東　京　昭62・5・29判時1270号106頁 …………………………98

大　阪　昭62・9・30判時1255号45頁（予防接種禍訴訟）…………………………271,300
大　阪　昭62・11・27判時1275号62頁……………………………148
東　京　昭62・12・21判時1295号77頁……………………………122
東　京　昭63・6・28行集39巻5＝6号535頁 ………274,283,285
大　阪　昭63・7・13訟月35巻7号1149頁（大迫ダム水害訴訟）……………………………171
福　岡　昭63・12・16判時1298号32頁（福岡空港訴訟） ………213
東京地八王子支平1・3・15判タ705号205頁（横田基地訴訟）……………………………211
東　京　平1・3・29判時1315号42頁…………………………79,193
福　岡　平1・4・18判時1313号17頁（予防接種禍訴訟）…………………196,271,300
福島地郡山支平1・6・15判タ713号116頁（郡山市再開発事業計画事件）……………269,321
東　京　平2・3・7行集41巻3号379頁…………………………294
東　京　平2・3・13判時1338号21頁（日本坂トンネル事件）……………………………165
東　京　平2・6・12判タ727号238頁……………………………92
東　京　平2・9・18判時1372号75頁…………………………244,277
大　阪　平2・10・29判時1398号94頁……………………………115
福島地いわき支平2・12・26判時1372号27頁……………………100
京　都　平3・2・5判時1387号43頁……………………………69
神　戸　平3・2・20判時1407号97頁…………………………173,182
金　沢　平3・3・13判時1379号3頁（小松基地訴訟） …218,219
東　京　平3・3・25判時1397号48頁……………………………54
東　京　平4・2・7訟月38巻11号1987頁 ……………………78
横　浜　平4・3・9判時1432号109頁 …………………………91
甲　府　平4・4・20判時1424号3頁……………………………171
金　沢　平4・4・24行集43巻4号651頁…………………………260
大　阪　平4・6・24行集43巻6＝7号847頁 …………………294
大　阪　平4・11・24訴月39巻8号1576頁 ……………………97
広島地呉支平5・3・19判時1480号129頁 …………………………67
京　都　平5・5・28判時1472号100頁 …………………………71
徳　島　平5・6・25判時1492号128頁…………………………180
奈　良　平5・8・25判タ834号72頁……………………………140
東　京　平5・9・20判時1490号103頁…………………………121
大　阪　平5・12・3判タ868号234頁……………………………71
大阪地堺支平5・12・8判タ844号105頁…………………………156

大　阪　平6・7・11判時1506号5頁（水俣病訴訟）…………151
静　岡　平6・8・4判時1531号77頁……………………………91
東　京　平6・9・6判時1504号40頁（日本共産党幹部宅盗聴事件）…………………………136
東　京　平6・12・1判タ883号163頁……………………………118
大　阪　平7・7・5判時1538号17頁（西淀川大気汚染公害訴訟）……………………………210
徳　島　平7・10・3判時1553号44頁（日本脳炎予防接種禍訴訟）……………………92,273
長　崎　平7・10・17判タ901号160頁……………………………101
東　京　平7・10・27判タ915号100頁……………………………139
浦　和　平8・2・21判タ919号94頁……………………………62
東　京　平8・3・19判時1582号73頁…………………………82,120
東　京　平8・5・10判時1579号62頁……………………………97
東　京　平8・7・9判タ924号167頁……………………………109
長　野　平9・6・27判時1621号3頁（地附山地すべり災害訴訟）……………………………146
山口地下関支平10・4・27判時1642号24頁（慰安婦事件）……128
千　葉　平10・11・24判例自治188号104頁　……………………155
神　戸　平12・1・31（尼崎公害訴訟）……………………………216

■著者紹介

宮田三郎（みやた・さぶろう）

1930年　秋田県に生れる
1953年　東北大学法学部卒業
専修大学法学部教授、千葉大学法経学部教授を経て、
現在、朝日大学大学院法学研究科教授

〈主要著書〉

行政法［学説判例事典］（東出版、1974年）
行政計画法（ぎょうせい、1984年）
行政裁量とその統制密度（信山社、1994年）
行政法教科書（信山社、1995年）
行政法総論（信山社、1997年）
行政訴訟法（信山社、1998年）
行政手続法（信山社、1999年）
国家責任法（信山社、2000年）

国家責任法

2000年(平成12年) 5月30日　第1版第1刷発行

著　者　宮　田　三　郎

発行者　今　井　　貴

発行所　信山社出版株式会社
〒113-0033　東京都文京区本郷6-2-9-102
電　話　03 (3818) 1019
FAX　03 (3818) 0344

Printed in Japan.　発売所　信山社販売株式会社

印刷・製本／勝美印刷・文泉閣

ISBN4-7972-1649-2 C3332

1649-012-040-040
NDC分類　323. 961

ISBN4-88261-660-2
NDC 分類 323.221
660

栗城 壽夫 著
名城大学法学部教授

新刊案内 1997.8

一九世紀ドイツ憲法理論の研究

Ａ５判変型上製箱入 総 640頁　定価：本体 15,000 円（税別）

☆今から 30 数年前に最初の単著『ドイツ初期立憲主義の研究』を公刊したとき、亡くなられた恩師・林和博先生から学位申請の手続きをとってはどうかというお手紙を頂いたのに対して、学位の申請はドイツ憲法理論誌に関する研究を完結してからにしたいという趣旨の返事を差し上げた。当時はドイツ憲法理論史に関する研究の完結はそれほど遠い先のことではないと楽観的に考えていたのであった。その後、30 数年の月日が経過してしまったが、19 世紀に限ってみてもドイツ憲法理論史の研究を未だに完結するにいたっていない。それにもかかわらず、この時点で論文集を刊行することにしたのは、ひとえに、これまでの研究の成果を一冊の著書にまとめて公刊することによって研究に一応の区切りをつけ、それを完結に向かっての一心を新たにしての一再挑戦のための励みと弾みにしたいと思うようになったからである。
☆本書は様々な時期に発表された論文を集めたものであり、緊密な同質性によって貫かれているわけではない。しかし全編を貫くモチーフは存在する。それは 19 世紀 60 年代までのドイツ憲法学とそれ以降のドイツ憲法学とを対比することである。この対比は、私が長い間抱懐してきている基本思想に基づいて行われている。これをテーゼの形式で表現するとすれば次の如くである。
☆第一にドイツにおける憲法学は、通常言われているように、19 世紀 60 年代になって初めて成立したのではなく、既にそれ以前に成立し豊かな展開を示していたと言うことである。第二に、19 世紀を大まかに時代区分すれば、その 30 年代までは自然法的憲法理論が、30 年代から 60 年代までは有機体的憲法理論が、60 年代以降は実証主義的憲法理論が、憲法理論の主流の座を占めたと言いうるということである。第三に、国家の法的人格を承認したのは国家法人説と呼ばれている実証主義的憲法理論が最初ではなく、自然法的憲法理論も有機体的憲法理論もそれに先立って国家の法的人格を承認していたのである。実証主義的憲法理論の特色は、自然法的憲法理論や有機体的憲法理論が国民の法的人格を承認し、その結果として国家の法的人格を承認したのに対して、国民の法的人格を否定し、国家の法的人格のみを承認したというところにあるといえる。第四に、国民の法的人格の否定は、国民全体が主体的に国家権力を担うべき論理的必然性を否定するという意味と、国民全体の利益が国家権力に対して課すべき拘束の法的性格を否定するという意味とをもったということである。

［目 次］

信山社 〒113-0033 東京都文京区本郷 6-2-9-102 TEL 03-3818-1019
FAX 注文制 FAX 03-3818-0344

ISBN4-7972-1632-8　C3332　　　新刊案内2000.1
NDC分類323.001憲法

ドイツ憲法判例研究会編

栗城壽夫　戸波江二　青柳幸一　編集代表

人間・科学技術・環境

―日独共同研究シンポシウム―

A5判変上製箱入　総608頁　　　本体12,000円(税別)

☆「科学技術の発展と人間の尊厳」「科学技術の発展と環境」という二つの基本テーマについての日・独両国の理論的・実践的取組み方が、幾つかの問題分野に分れて報告されている。それぞれの報告においては、第1回シンポジウムの趣旨に即して、それぞれの国における問題の受止め方・取組み方についての情報の提供が行われているだけでなく、情報提供の域を超えて、科学技術の発展が人間につきつけた生命倫理の問題・環境保全の問題についての、人間の尊厳を準拠枠組みとする、掘下げた論究が相当程度行われている。そのためもあって、既に日・独の取組み方・解決の仕方の違いがある程度浮かびあがってきている。

［目　次］

〈著者紹介〉[編者紹介]栗城　壽夫（くりき・ひさお）　名城大学法学部教授／戸波　江二（となみ・こうじ）　早稲田大学法学部教授／青柳　幸一（あおやぎ・こういち）横浜国立大学経営学部教授

〈日本側報告者〉　栗城壽夫（名城大学教授）／塩野　宏（成蹊大学教授）／平松　毅（関西学院大学教授）／戸波江二（早稲田大学教授）／斉藤　誠（東京大学助教授）／岩間昭道（千葉大学教授）／松本和彦（大阪大学助教授）／阿部泰隆（神戸大学教授）／青柳幸一（横浜国立大学教授）

〈ドイツ側報告・翻訳者〉　小山　剛（名城大学助教授）／中野雅紀（茨城大学助教授）／押久保倫夫（東亜大学専任講師）／古野豊秋（桐蔭横浜大学教授）／岡田俊幸（兵庫教育大学助教授）／小野寺邦広（埼玉大学講師）／神橋一彦（金沢大学助教授）／山本悦夫（熊本大学教授）／飯田稔（明海大学助教授）／斉藤　孝（聖徳学院岐阜教育大学助教授）

〈ドイツ関連法令翻訳者〉　川又伸彦（県立長崎シーボルト大学助教授）／藤原静雄（國學院大学教授）／有澤知子（大阪学院大学助教授）／森　保憲（青森中央学院大学専任講師）／嶋崎健太郎（埼玉大学助教授）／畑尻　剛（城西大学教授）／牧野忠則（帝京大学助教授）／根森　健（埼玉大学教授）／柏崎敏義（千葉商科大学助教授）

〈ドイツ側報告者〉　ライナ・ヴァール（フライブルク大学教授）／ホルスト・ドライヤー（ヴュルツブルグ大学教授）／ハッソー・ホフマン（ベルリン・フンボルト大学教授）／ゲオルク・ヘルメス（フランクフルト大学教授）／ミヒャエル・クレプファー（ベルリン・フンボルト大学教授）／ルドルフ・シュタインベルク（フランクフルト大学教授）／ディートリッヒ・ムルスヴィーク（フライブルグ大学教授）／エックハルト・レービンダー（フランクフルト大学教授）

信山社　ご注文はFAXまたはEメールで
FAX 03-3818-0344　　Email：order@shinzansha.co.jp
〒113-0033 東京都文京区本郷6-2-9-102　TEL 03-3818-1019
信山社のﾎｰﾑﾍﾟｰｼﾞ　　http://www.shinzansha.co.jp